Un altro genere di sport

Storie di eterni maschilismi
e qualche ribellione

Pasquale Mallozzi

Published by Pasquale Mallozzi

Imprint: Lulu.com

ISBN 978-1-304-05304-6

UN'INTRODUZIONE

Allorché l'uomo dette un genere maschile o femminile a tutte le cose, non pensava di giuocare, ma d'aver acquisito una profonda penetrazione; assai in ritardo, e forse ancora oggi non del tutto, egli ha confessato a se stesso l'immensa importanza di questo errore.

Similmente, l'uomo ha attribuito a tutto quanto esiste un rapporto con la morale e ha appeso alle spalle del mondo un significato etico. Ciò finirà per avere altrettanto valore, e non più, di quanto abbia oggi la credenza nel genere maschile o femminile del sole

Friederich Nietszche

La cultura non è figlia del lavoro ma dello sport.
Si sa bene che, attualmente, mi trovo solo tra i miei contemporanei nell'affermare che la forma superiore dell'esistenza umana è proprio lo sport.

J. Ortega y Gasset

Coco Gauff, vent'anni, tennista americana, è una delle 5.633 atlete che compongono la metà della delegazione di Parigi 2024, un segno tangibile dei Giochi della parità di genere. O quasi: gli uomini sono 5.842. Accanto alla Gauff, a sventolare sulla Senna la bandiera statunitense, un maschio particolarmente ingombrante: LeBron James, 206 cm, quattro anelli Nba con tre squadre diverse. Il gigante e la bambina, una rappresentazione simbolica, aldilà dei numeri, della differenza di potere. E di visibilità. Nonostante i progressi, le disparità tra uomini e donne nello sport, come nella società, sono ancora evidenti: un report[1] del World Economic Forum stima che serviranno altri 131 anni per raggiungere la piena uguaglianza.

La parità di genere è una delle priorità del Comitato Olimpico Internazionale. In Italia, nel 2024, solo il 28,2% degli atleti tesserati sono donne, e solo due delle 48 federazioni affiliate al CONI hanno una donna ai vertici. Nella giunta del CONI, cinque membri su tredici sono donne, tra cui due vicepresidenti, ma nessuna è mai stata presidente. Nel Comitato Olimpico Internazionale, le figure femminili sono il 50% nelle commissioni, ma nel board esecutivo scendono al 33%, e mai nessuna è stata presidente.

A livello globale, il gap tra allenatori uomini e donne è drammatico: ai Giochi Olimpici di Tokyo 2020, solo il 13% degli allenatori erano donne, una percentuale invariata a Parigi 2024, dove comunque va segnalata qualche "prima volta" nel segno dell'equità. Tanto per iniziare l'*Olympic Broadcasting Service* ha aumentato significativamente la presenza di donne nello staff di commentatori. Nel villaggio olimpico e paralimpico, è stato allestito uno spazio dedicato ad atlete e atleti con bambini. Inoltre, il CONI ha supportato economicamente le atlete madri con figli molto piccoli, attribuendo borse di studio per permettere loro di avere a Parigi le figure di cura necessarie.

Particolari importanti se pensiamo che non c'erano donne ai primi Giochi voluti da De Coubertin nel 1896: l'importante è partecipare ma se si è uomini è meglio. Il barone riteneva lo sport femminile "la cosa più antiestetica che gli umani possano contemplare". Nelle prime Olimpiadi dove alle donne viene concesso di partecipare, Parigi 1908 ça va sans dire, le atlete sono solo il 4,4%. A Tokyo 1964, la percentuale aumenterà appena al 13%.

La storia dello sport è anche la storia di incredibili figure di atlete che hanno compiuto coraggiosissime azioni di rivolta contro apparati che le ignorano o le respingono. Alice Milliat organizza nel 1922 (dove? a Parigi, naturalmente) le Olimpiadi femminili per protestare contro la Federazione Internazionale di Atletica. Ondina Valla, prima italiana a conquistare la medaglia d'oro a Berlino nel 1936, deve rinunciare a partecipare ai Giochi di Los Angeles quattro anni prima a causa delle pressioni del Vaticano.

Ma mentre si cerca di raggiungere parvenze di parità uomo-donna emergono nuove questioni di genere che per molto tempo abbiamo fatto finta di non vedere: se lo sport vuole essere effettivamente inclusivo non può continuare a ragionare in termini esclusivamente binari maschio/femmina (quando va bene). Per mantenere equità e inclusività nello sport, qualche studioso propone di sostituire il sistema di genere uomo/donna nello sport d'élite con un sistema che crei spazio per tutti gli atleti introducendo, nel definire le diverse categorie, una gamma di fattori fisiologici e sociali a seconda delle capacità di influenzare le prestazioni atletiche. Ipotesi. L'importante è saper valutare i pro e i contro, i diversi approcci e la loro fattibilità. Il rapporto tra le regole dello sport e l'identità sessuale è un tema complesso e attuale: lo sport deve integrare e accogliere le diversità trovando un equilibrio tra questioni etiche e sportive.

Il CIO ha invitato le federazioni internazionali a definire linee guida per la partecipazione degli atleti transgender su un tema che divide opinioni e cerca risposte dalla scienza. Alcune federazioni, come World Athletics, ciclismo, rugby, tennis e nuoto, hanno imposto restrizioni, mentre altre sono più flessibili. Il caso della sollevatrice neozelandese Laurel Hubbard, prima atleta transgender a partecipare alle Olimpiadi, ha dimostrato che le preoccupazioni sulla superiorità fisica possono essere infondate. Un altro esempio significativo è quello di Lia Thomas, nuotatrice esclusa dalle Olimpiadi di Parigi dopo aver gareggiato con successo nelle categorie femminili, e la ciclista britannica Emily Bridges, a cui è stata vietata la partecipazione a un campionato nazionale dopo aver iniziato la transizione di genere. Anche il caso di Caster Semenya, mezzofondista sudafricana con alti livelli di testosterone, ha segnato un punto di svolta. Semenya ha affrontato esclusioni, riammissioni e numerosi esami per dimostrare la sua femminilità, vincendo due titoli olimpici e tre mondiali. La sua vicenda ha evidenziato le difficoltà nel bilanciare correttezza delle competizioni e i diritti delle persone.

La gestione di queste nuove situazioni è urgente. Lo sport, come la società, deve garantire equità nelle competizioni rispettando l'identità di ogni individuo. In questo senso, lo sport ha la capacità di anticipare e riflettere i cambiamenti sociali, rendendo necessario un dialogo continuo. Storicamente, la società ha concepito il sesso e il genere come categorie binarie (maschio/femmina e uomo/donna o ragazzo/ragazza). Lo sport competitivo, con poche eccezioni, è organizzato in queste categorie per garantire equità a causa dei vantaggi fisici naturali degli atleti maschi nella maggior parte degli sport. La classificazione binaria, fornendo un quadro standardizzato e coerente, ha un valore pratico significativo ma è un quadro troppo semplicistico: il numero di fattori che influenzano le prestazioni atletiche è ampissimo e rischia di perpetuare lo status quo patriarcale ed escludere individui la cui identità di genere o struttura biologica non si adatta perfettamente alle categorie date.

La politica sportiva relativa all'idoneità degli atleti transgender, intersessuali e non binari è notevolmente sviluppata negli ultimi 60 anni. Negli anni '60 è stata introdotta una politica formale di test del sesso nello sport d'élite, richiedendo agli atleti che partecipano a eventi femminili di sottoporsi a esami visivi e ginecologici. Il Comitato Olimpico Internazionale (CIO) ha introdotto il test cromosomico nel 1968 per i concorrenti negli eventi femminili, ma questi test sono stati abbandonati prima delle Olimpiadi di Sydney del 2000 a causa dell'inefficacia e dell'ambiguità. Da allora, il CIO e la Federazione Internazionale di Atletica Leggera (IAAF) non praticano più test del sesso obbligatori per gli atleti che partecipano agli eventi femminili, ma hanno sviluppato linee guida di idoneità per l'inclusione nelle gare di atlet* transgender ma sono carenti in relazione all'inclusione degli intersessuali e dei non binari. Sapendo anche che la discriminazione si annida anche nell'attività sportiva quotidiana: la mancanza di istruzione/consapevolezza, le classificazioni di genere binarie, le aree di spogliatoio separate per sesso possono portare a molestie, stigmatizzazione, isolamento e insoddisfazione corporea.

Lo sport è uno spazio ambiguo di identità corporee visibili e marcate: i discorsi di potere dominanti nella società costruiscono arene sportive che diventano prigioni per coloro che sono classificati come "altro" nella vita quotidiana.

In quanto pratica che coinvolge il corpo, il gioco e il movimento in un'unitarietà indissolubile, rappresenta un universale culturale e un modello etico per la società. E lo sport può diventare sia l'ultimo baluardo dell'omofobia e del razzismo che la palestra sociale dove le identità possono essere costantemente modellate e rimodellate, create e ricreate, presentate e rappresentate. Lo sport è una forza sociale e culturale dinamica: la sua natura mutevole, sia nell'identità che nelle relazioni, offre possibilità di resistenza, contestazione e trasgressione nelle relazioni egemoniche di potere, di genere di sesso.

Ma lo sport soffre anche la sempre più evidente dicotomia e lontananza di valori e filosofie tra sport d'élite e sport di base, tra spettacolo e benessere psicomotorio in un mondo sempre più fluido, liquido, allergico alle frontiere. E con nuovi protagonisti, a diverso titolo: ai divi calcistici, agli eroi olimpici, grazie a inediti strumenti comunicativi si affiancano richieste di visibilità e partecipazione sulle tribune come nei parchi cittadini.

Lo sport non rappresenta in sé stesso un valore, una pratica "buona" e "salutare" (non solo in termini fisici ma soprattutto in termini sociali) e non si identifica neppure in un bene assoluto. Il suo valore non si trova in sé stesso ma negli obiettivi e nelle finalità che esso può perseguire in un quadro di possibili funzionalità che può svolgere. Questi obiettivi e queste finalità sono sempre dati dall'educazione. Il "bene" dello sport e la sua straordinaria portata sociale non stanno dunque in sé stessi ma nella finalità educativa che intendono perseguire e negli obiettivi educativi che, nell'ambito di questa finalità, possono conseguire.

Nato in Gran Bretagna in risposta a esigenze educative e democratiche, nato per contenere le pulsioni giovanili nella società industriale, lo sport ha cercato di rispondere all'automazione e alla scarsa igiene con l'attività motoria; l'iniziale proclamazione del valore assoluto del dilettantismo e la lotta contro il professionismo nascondevano tentativi delle classi aristocratiche di escludere quelle inferiori, utilizzando argomenti come il vantaggio competitivo.

L'attività sportiva è stata strumentalizzata dai regimi dittatoriali, per promuovere i loro "successi" politici: le grandi manifestazioni olimpiche e i campionati del mondo di calcio dimostrano che lo sport può esser visto sia come strumento di pace e uguaglianza sociale, che come vetrina e parvenza di "washing" per Paesi con democrazie poco o niente rispettose dei diritti civili. L'uso dello sport da parte degli inglesi per controllare le classi sociali nelle colonie, soprattutto quelle superiori, mostra come esso potesse essere uno strumento di anglicizzazione. Allo stesso modo, i regimi fascisti europei, in particolare il nazismo, hanno utilizzato lo sport come strumento di propaganda e controllo. Hitler, pur personalmente disinteressato allo sport, usa le Olimpiadi di Berlino del 1936 per esibire i successi del suo regime, analogamente a quanto fatto da Mussolini con la vittoria ai mondiali della nazionale di calcio di Pozzo. Anche il sistema sovietico ha utilizzato lo sport a fini di visibilità internazionale e controllo interno delle masse giovanili. Il doping di Stato e l'organizzazione delle "spartachiadi" come alternativa alle Olimpiadi basata su uno sport proletario, sono esempi di come il regime sovietico ha cercato di utilizzare lo sport per legare meglio a sé i Paesi socialisti.

L'invenzione britannica dello sport incontra subito l'entusiasmo degli educatori inglesi e del pedagogista Pierre de Coubertin: il pacifismo della sua idea iniziale, maschera anche la necessità di rinforzare i giovani in vista degli impegni militari dopo le cocenti sconfitte con la Prussia. E accanto allo sport decoubertiniano ci sono gli inventori della ginnastica paramilitare europea, dal Turnen tedesco di Jahn alla ginnastica francese del colonnello Amoros, direttore della scuola militare di Joinville, fino a quella svedese del Dr. Ling: forme di attività fisica, idonee a forgiare un popolo in armi, come richiesto dall'ideologia delle "nazioni" del tempo.

Uno sport che educa, ma che può essere anche strumento politico di affermazione di un potere specifico: bianco e maschile. Lo sport possiede un carattere neutro che può variare a seconda dell'uso che ne fa chi lo utilizza: rappresenta una metafora dell'esistenza dove la realtà esterna influisce e viene influenzata dai valori specifici dello sport stesso.

Attraversando il Novecento, lo sport si è allontanato dagli ideali originari, inserendosi nel contesto di massa e delle possibilità di consumo, sottostando a nuovi imperativi economici, in sinergia con la logica dei mass media. Antesignano della globalizzazione e con un forte carattere di internazionalità, lo sport è contemporaneamente contenitore di valori indispensabili per la nuova società, ma anche nuova religione, con spettatori come "fedeli", giocatori come "sacerdoti" e stadi come "templi".

Lo sport, attraversando il Novecento, si è integrato ancor più profondamente con la società, assorbendone sia gli aspetti positivi che quelli negativi. Mezzo di comunicazione tra i mezzi di comunicazione lo sport è stato influenzato dalla società ma è anche stato capace di influenzarla A partire dall'Ottocento si è assistito a una progressiva sportivizzazione della cultura e all'assurgere dello sport a tema centrale, influenzando stili di vita, modi di pensare, atteggiamenti mentali delle persone.

Lo sport "insegna" ma non "educa": può sviluppare competenze, attitudini, comportamenti, convinzioni e abilità (che possono anche essere eticamente e moralmente discutibili o inaccettabili), ma non trasmette valori. Lo sport è "subalterno" all'educazione: rappresenta, come altri dispositivi sociali, uno strumento che l'educazione ha a disposizione per il conseguimento del bene comune. Per concepire realmente lo sport nella prospettiva di un autentico strumento educativo e di miglioramento della vita sociale, è necessaria una vera e propria rivoluzione etica e culturale innanzitutto nella nostra società. Lo sport rappresenta lo specchio dei suoi valori e ne incarna i difetti, le contraddizioni così come i buoni comportamenti.

Per tutto questo lo sport deve dividere in maniera più netta le su due dimensioni che rispondono a principi educativi opposti: da una parte il versante spettacolare e professionale, che attira masse di spettatori appassionati e coinvolti con fondamentali momenti di aggregazione e intrattenimento collettivo. Accanto c'è il sempre più vasto popolo dei praticanti, degli amanti del benessere psicofisico, che fanno una qualche attività motoria per ragioni igieniche, turistiche, di socializzazione o semplicemente per moda: sostituiscono i "dilettanti" di un tempo senza condividerne gli ideali. È il crescente fenomeno sociale dell'attività sportiva liberamente praticata, individuale e destrutturata, che porta a parlare di processi "desportivizzazione dello sport", come definito dal sociologo olandese Paul De Knop. Un fenomeno che accompagna la già descritta "sportivizzazione della società" e che vede lo sport diffondersi come pratica quotidiana e libera, coinvolgendo un numero sempre maggiore di persone che scelgono di "muoversi" per benessere e piacere personale. E che aprono la strada a discipline olimpiche (arrampicata, skate, basket a tre, breaking) che i più tradizionalisti definiscono quantomeno stravaganti ma che aprono la strada a un nuovo genere di filosofia e modo di intendere lo sport anche d'élite.

Lo sport rappresenta, dunque, una straordinaria occasione di riflessione filosofica ed educativa della contemporaneità a cominciare dal tema dell'inclusione. La pratica femminile nello sport, storicamente un campo della virilità, contribuisce alla crescita e all'affermazione della donna nella società moderna. L'inclusione di persone con disabilità promuove l'equità e l'integrazione, superando barriere storiche.

Ultima delle grandi narrazioni forti dell'Occidente lo sport sconta però una pratica sociale e culturale molto maschile e maschilista. La gara e la competizione sportiva vengono viste come performance sociali nelle quali degli attori sociali (gli atleti, ad esempio) si scontrano per affermare la loro superiorità come individui o come gruppo. C'è sempre un "io" individuale o di gruppo che cerca di affermarsi su altri "io" – anch'essi individuali o collettivi – visti come "altri" e/o "diversi" secondo una logica oppositiva e intrinsecamente binaria che ha il suo punto di partenza nell'affermazione di un'identità forte. E non è un problema economico o di marketing: si giudica la capacità, anche politica, di un Paese in base al medagliere trasformando lo sport "in una guerra combattuta con altri mezzi" come ha scritto Giorgio Triani nella voce della Treccani "Sport, pubblicita e sponsor nella società moderna".

Nello sport non conta il cosa ma il come. Lo sport deve rendere le sfide dell'uomo interessanti, vincere nel rispetto di regole inefficienti. Un'inefficienza regolata e perfidamente, maniacalmente, misurata secondo un'idea di "modernità" che tiene insieme secolarismo, eguaglianza, specializzazione, razionalismo, organizzazione burocratica. Nello sport come nella società. *"Gli sport sono al tempo una alternativa e un rispecchiamento dell'età moderna (...) Il funerale e il circo non sono le metafore più adeguate, ma la forma degli sport moderni appare in netto e chiaro contrasto quando la si osserva sullo sfondo degli sport primitivi, antichi e medioevali.*[2] Nel corso del tempo lo sport ha subito le più disparate influenze culturali assumendo significati diversi:[3]:
  • *pratica rituale di esaltazione della cultura del corpo;*
  • *mezzo di mantenimento della superiorità aristocratica;*
  • *formazione culturale e spirituale del soggetto*[4].
Nel corso dei secoli lo sport ha vissuto momenti di luce e ombra, conformandosi agli ideali educativi più in voga di corpo e di movimento., di relazione mente/corpo[5], influenzando il modo di guardare all'uomo, al mondo, alla vita. Lo sport non può essere a-politico: nel momento in cui assume dimensioni di massa entrano in gioco contaminazioni e sovrapposizioni con la politica, con l'economia, con gli accadimenti sociali. Senza dimenticare che la nascita dello sport moderno, in Inghilterra,

vede la coincidenza dei ruoli di *sportman* el *gentleman* (sempre al maschile).

La storia dello sport si intreccia inesorabilmente con la storia e lo sviluppo dei mezzi di comunicazione più o meno di massa. Il numero, il record per poter diventare "pubblico" si deve conoscere e far conoscere: deve diventare racconto, storia, spettacolo. E come tutti i racconti viene reinterpretato, rivissuto, ridefinito, usato. Simboli e narrazioni vengono prodotti dalla sfera sociale, politica ed economica all'interno di una particolare congiuntura e sistemi di potere e di controllo.

Il sociologo tedesco Norbert Elias nella sua opera fondamentale, *Über den Prozess der Zivilisation (Il processo di civilizzazione)*, pubblicato nel 1939, introduce un'analisi sociologica che evidenzia e sottolinea le dinamiche e i processi dei rapporti sociali che si svolgono ed evolvono nel tempo.

Elias lega lo sviluppo del processo di civilizzazione nelle società occidentali ad alcuni importanti cambiamenti nel gusto, nel costume e, conseguentemente, nella struttura sociale di quelle comunità.

Elias dà importanza allo stretto rapporto tra dimensione sociale e dimensione psicologica: il concetto di configurazione dinamica è uno strumento che consente al sociologo di osservare le attività quotidiane e le loro connessioni con la società presa nel suo insieme. Lo sport deve essere dunque visto come un mondo strettamente legato agli altri aspetti della società e attraverso il quale si può avere accesso a questioni di ampio respiro: il potere, la politica, l'economia, l'eguaglianza tra classi e tra sessi, l'identità, il nazionalismo e il colonialismo, l'umano e il postumano.

Il richiamo agli antichi ideali olimpici è puramente retorico: lo sport è figlio della Rivoluzione industriale, dell'Illuminismo, dell'urbanizzazione, della modernità. Nasce con la società "razionale" cercando di attingere e conservare gli elementi caratteristici della *gemeinschaft*[6], della comunità. Lo sport è un fenomeno sociale che esprime, interpreta e racchiude in sé la modernità industriale, ma anche i suoi percorsi verso tutto quello che, con diverse denominazioni, ha superato lo stesso concetto di modernità. Uno sport fatto di sudore, fatica fisica, ma anche dell'ingenuo bisogno di svago interclassista. Uno sport fatto di passioni popolari inevitabilmente accompagnate dalla diffidenza suscitata dal crescente successo dei moderni giochi di squadra. Un successo troppo superficialmente considerato come pericoloso diversivo dagli imperativi di lotta e/o di integrazione. Quello sport utilizzato dai totalitarismi del Novecento a fini di propaganda, ma anche strumento di teatralizzazione della politica: contemporaneamente corpo espressivo in azione e metafora del corpo della nazione; libera espressione e regolamentazione del gioco. Natura e cultura, competizione e cooperazione, disciplinamento e liberazione.

"*La società influisce sullo sport, ne plasma le forme, le regole e le stesse appartenenze culturali. Ma anche lo sport influenza la società in quanto spazio normativo in cui si impongono regole condivise, si sviluppano e si sottopongono a controllo dinamiche emozionali e si stabiliscono regole del gioco. Norme, statuti, configurazione tecnica delle specialità, calendari competitivi ed eventi agonistici descrivono questo spazio come un'area ad alta regolazione e fortemente codificata. Nello stesso tempo la dialettica fra l'emozione e la regola che fornisce ingredienti essenziali all'evento sportivo disegna uno spazio sottratto alla dittatura della norma*"[7].

Alla fine degli anni Settanta, lo storico sociale Allen Guttmann, pubblicando il suo *From Ritual to Record*[8], comincia ad analizzare la sportivizzazione delle società contemporanee: lo sport del record perfettamente misurato e misurabile rappresenta per Guttmann un caso di scuola della modernizzazione occidentale che affianca la formazione degli Stati nazione e il processo di industrializzazione. L'identificazione nazionale produce in tutto il mondo quell'opposizione noi-loro che infiamma l'immaginario dei moderni giochi di squadra. Contemporaneamente l'industrializzazione proietta sulle discipline individuali il laboratorio della possibile dominazione tecnologica del tempo e dello spazio.

Nel 1899 Thorstein Veblen, economista e sociologo, nella sua *Teoria della classe agiata*[9] ironizza sull'istinto predatorio dei nuovi ricchi che, per accreditarsi socialmente, emulano le pratiche distintive della vecchia aristocrazia europea. Veblen sfotte i paffuti imprenditori del New England che si dedicano a dare la caccia a un animale non commestibile come la volpe, quando la possono tranquillamente acquistare, magari affidandosi alla servitù. Nell'Ottocento i ceti borghesi iniziano a trasformare in sport le antiche abilità aristocratiche: cavalcare, cacciare, tirare di scherma diventano sport mutuando vecchi riti e antiche culture. *"Gli sport sono, quindi, il mezzo di ricreazione più idoneo nelle attuali circostanze, nel senso che altre forme di ricreazione e di esercizio sono moralmente impossibili a persone di buona educazione e di gusti delicati"*[10]. Per Veblen, quel mettersi in divisa da caccia suona come rito di conferma delle gerarchie sociali, serve a costruire nuovi invalicabili confini fra le classi subalterne e i signori del nascente capitalismo: *"Il legame tra il secolare e il sacro si è spezzato, l'attaccamento al regno del sacro è stato reciso. Gli sport moderni sono attività in parte perseguite come fini a se stesse e in parte per altri fini che sono altrettanto secolari. Noi non corriamo affinché la terra sia più fertile. Noi coltiviamo la terra o lavoriamo nelle nostre fabbriche e nei nostri uffici in modo da poter avere del tempo per giocare"*[11].

Lo sport è un elemento importante del processo di modernizzazione delle società occidentali: le classi agiate inglesi hanno utilizzato lo sport come forma di distinzione e di stabilizzazione dei loro codici di comportamento civile. La civilizzazione, come sarà indagata nella seconda metà del Novecento dalla teoria configurazionale di Norbert Elias[12] produce una rigorosa tavola dei comportamenti "socialmente appropriati" utili a distinguere le classi dominanti dal resto dell'umanità. La standardizzazione e l'organizzazione di attività come il rugby, il calcio, la boxe e il cricket, ma anche la caccia alla volpe, sono strettamente intrecciate al processo di civilizzazione, nella pratica fisica come nella spettatorialità, secondo un processo che può essere paragonato a quello della parlamentarizzazione. Ma mentre giocatori e spettatori delle *middle classes* hanno interiorizzato le regole del gioco, i membri alienati delle *lower classes* hanno continuato a perpetrare rituali di mascolinità violenta, partecipando al "processo di civilizzazione" in forma surrettizia: gli sport vengono mostrati e resi esemplari, diventando strumento di disciplinamento e di trasmissione dei codici e dei valori civilizzati attraverso una partecipazione emotiva. Nello sport, praticato o vissuto come spettatore, si cercano, e si trovano, eccitazione ed emozioni in forme anche apparentemente contraddittorie divise come sono tra paura e piacere. Lo sport diventa dunque un importante strumento di pacificazione sociale e di trasmissione di valori attraverso una piacevole evasione dalla monotonia della vita quotidiana.

Con l'avanzata secolarizzazione della società, insieme a progresso scientifico, urbanizzazione, scoperta del tempo libero, il *game*, inteso come espressione del bisogno spontaneo di gioco da parte del bambino, si trasforma nella sua versione competitiva, in un agonismo misurabile e organizzato. Almeno questo è l'intento e la consacrazione che arriva alla fine dell'Ottocento con la formazione di un sistema sportivo internazionale e la costituzione del movimento olimpico. Le esibizioni di abilità proprie delle comunità primitive, i ludi funerari dell'antichità classica o le competizioni medievali diventano "residui e derivazioni" del passato preindustriale e premoderno. Il passaggio decisivo allo sport della modernità industriale è rappresentato dalla ricerca dell'attestazione oggettiva della prestazione con relativa misurazione standardizzata. E dunque scientifica.

Il mondo dello sport ha sempre svolto, o pensato di svolgere, un ruolo educativo e pedagogico proprio esaltando una diretta discendenza dal gioco. E partendo dal concetto di gioco lo sport ha rivendicato e rivendica quell'alterità rispetto alle questioni sociali, alla ferialità della vita quotidiana per esaltare la sacralità e la festività dei suoi confini, fisici e culturali.

Nei primi anni Settanta l'antropologo americano Clifford Geertz[13], partendo dai combattimenti dei galli cui si trovò ad assistere nell'isola di Bali, affermava che gli sport costituiscono una sorta di *deep play*, di "gioco profondo": riflettono e si esprimono i valori culturali più radicati di una comunità. Come ha anche osservato Roland Barthes[14], lo sport ha una dimensione eroica e mitica, una narrazione che rappresenta e contribuisce a definire in modo univoco culture di Paesi che presentano condizioni e livelli di sviluppo economico e materiale simili.

Durante il Medioevo, e soprattutto nel Rinascimento, emerge quel significativo cambiamento che darà a Norbert Elias occasione e modo di affrontare il processo di civilizzazione come un fattore centrale dello sviluppo della società occidentale e strumento esplicativo determinante per comprendere un'ampia gamma di fenomeni sociali. La società di corte, a partire dal XV secolo, segna una svolta nelle usanze, nelle mentalità, nelle abitudini e nelle relazioni: un nuovo sistema sociale basato sulla mobilità attraverso il denaro e sulla possibilità di raggiungere posizioni non legate alla nascita, ma attraverso l'emulazione dei potenti. La società di corte diventa emblematica: si riorganizzano gli equilibri di potere tra individui e istituzioni emergenti. Nasce una cultura in cui le buone maniere sono l'espressione visibile di un processo più ampio di sviluppo dei codici di comportamento e di autodisciplina degli impulsi.

I cavalieri, una volta selvaggi e guerrieri, vengono addomesticati e conformano i loro comportamenti all'etichetta, conquistando così il favore del potente di turno. La società di corte stimola una nuova visione delle relazioni, basata sull'osservazione costante, su un atteggiamento attento alle dinamiche sociali e su una comprensione sottile delle azioni e delle reazioni dei pari. Questa trasformazione va oltre la violenza e lo scontro diretto, richiedendo un'impegno continuo nell'osservazione delle azioni dei coetanei, per interpretare le complesse dinamiche sociali che ora dettano i movimenti dell'ascesa e della caduta. L'approccio della società di corte richiede una nuova forma di intelligenza sociale, una capacità di leggere i segni sottili e i codici non scritti che definiscono le gerarchie e le opportunità. È questo il brodo di coltura delle forme regolamentate dello sport: le nuove norme di condotta vengono trasmesse dalle classi più elevate verso gli strati più bassi. La coscienza pubblica assume gli standard "civili" che vengono interiorizzati insieme, e inconsapevolmente, ai un controllo individuale: ogni eccesso, comportamentale ed emozionale, viene relegato nel retroscena delle vite personali: uomini e le donne si ammantano di una corazza protettiva che dovrebbe tenere a bada le pulsioni aggressive.

Lo sport diventa uno straordinario mezzo di comunicazione dei valori della nuova società: una società comunque maschilista che tiene ai margini le donne. Occorre costruire un uomo nuovo, spinto a colonizzare, modellare e sfruttare l'ambiente esterno e interiore grazie alla propria volontà e intelligenza nella società. Nello sport entrano in gioco anche forza, capacità fisiche e un pizzico d'astuzia. Ma soprattutto emergono attività, passioni che la civilizzazione, o la conseguente teoria, aveva dimenticato nella definizione degli sport moderni: l'influenza dei processi socio-economici legati al mercato moderno e al consumo, così come il ruolo delle classi operaie e dei folk-games. Tutto sempre declinato al maschile.

Lo sport che meglio rappresenta un esempio di industria sportiva è il calcio. Per la teoria critica, il calcio ha costituito un eccellente laboratorio di osservazione delle dinamiche di sfruttamento economico e alienazione esistenziale connesse alla pratica sportiva. La diffusione di massa, lo spostamento della sede della pratica sportiva dai centri periferici alle grandi città, la fruizione commerciale di massa e la spettacolarizzazione del gioco hanno trasformato il calcio in una delle principali arene in cui osservare le contraddizioni dell'economia liberista. Le grandi squadre di calcio diventano i centri di investimenti, il luogo dove la logica economica di ottimizzazione dei profitti e la politica di consenso si mescolano in un amalgama che è simbolo dei processi di globalizzazione. Le derive dello sfruttamento si vedono nel mercato dei calciatori, nella costruzione di nuovi stadi, nel merchandising e nel brand delle squadre, nel ruolo degli sponsor e nella gestione dei diritti televisivi.

La comunicazione, con i suoi strumenti sempre più nuovi, accompagna e accelera il passaggio alle diverse aggettivazioni della modernità. Vengono superate, almeno potenzialmente, mo le barriere a cominciare da quelle spaziali, vengono disseminate tradizioni e culture in forme nuov,e introducendo nuovi modelli di intrattenimento. Un processo che, spesso, sfocia in una tensione tra la sua originale intenzione di collegare le comunità e il suo adattamento alle dinamiche di una società in rapida evoluzione.

Il passaggio dalla comunità alla società industriale ha provoca un afflusso di persone nelle città, portando a un'espansione delle metropoli e a un'evoluzione delle dinamiche spazio-temporali. I confini tra pubblico e privato sono sempre più sfumate, mentre l'individuo si trova immerso in una realtà in cui anche i confini tradizionali si sono dissolti.

A metà del Novecento, la visione di un mondo binario, diviso tra luce e ombra, bene e male, è stata sfidata una prima volta: la visione razionalista e cartesiana basata sulla ragione è stata messa in discussione da guerre che hanno distrutto intere città e frantumato l'illusione di una razionalità assoluta.

Con la fine dell'era dominata dalla ragione si aprono nuovi spazi e un'attenzione, forse, più equilibrata alle emozioni, all'immaginario, ai sensi, ai corpi. E lo sport può fare molto: nato, di fatto, agli inizi del Novecento con l'istituzionalizzazione delle attività del tempo libero ha consentito un accesso egualitario al consumo degli eventi sportivi. Lo sport ha fatto i conti con la spettacolarizzazione della società: la televisione, con dentro tanto sport, si è trasformata in un enorme dispositivo pedagogico e una straordinaria agenzia di socializzazione. Attraverso la tv, e lo sport sempre più popolare, abbiamo imparato, nel bene e nel male la grammatica del vivere. Ora serve un nuovo passo: mostrare e dimostrare la bontà e l'efficacia di una effettiva pratica inclusiva. Partendo da un nuovo genere di sport, dagli insegnamenti del passato e dalle storie delle donne che hanno dovuto combattere per fare sport.

---

[1] https://www3.weforum.org/docs/WEF_GGGR_2023.pdf

[2] Guttmann, A., 1994, *Dal rituale al record. La natura degli sport moderni*. Ed. scientifiche italiane, Napoli, pp. 27-28)

[3] Bausinger, H., 2008, *La cultura dello sport*, Armando Editore, Roma

[4] Ravaglioli, F., *Filosofia dello sport*. Armando Editore, Roma

[5] Galimberti, U., 2002, *Il corpo*, Feltrinelli, Milano

[6] Tönnies, F., 1887, *Gemeinschaft und Gesellschaft. Abhandlung des Communismus und des Socialismus als empirischer Culturformen*, Fues, Leipzig

[7] Porro, N., *Come prendere a calci la civilizzazione Fenomenologia del tifo violento* iris.unicas.it/retrieve/de2a6153-0acc-86a2-e053-1705fe0a3017/Tifo_violento.pdf

[8] Guttmann, A., 1994, *Dal rituale al record. La natura degli sport moderni*, Edizioni Scientifiche Italiane, Napoli

[9] Veblen, T., 1999, *La teoria della classe agiata*, Edizioni di Comunità, Torino

[10] id., p. 200

[11] Guttmann, A., *op. cit.*, p 38

[12] Elias, N., 1980, *Il processo di civilizzazione*, Il Mulino, Bologna
Elias, N., Dunning, E., 1989, *Sport e aggressività*, Il Mulino, Bologna

[13] Geertz, C., 1972, *Deep Play: Notes on Balinese Cockfight* , Dedalus, n. 101, Winter, 1 - 37

[14] Barthes, R., 2007, *Lo sport e gli uomini*, Torino, Einaudi

GIOCHI POCO OLIMPICI

Quando si parla di sport si fa sempre riferimento al gioco. Serve anche a stare in pace con la coscienza: il gioco, nella sua essenza più pura, rappresenta un'attività naturale e spontanea.

I bambini, guidati da una predisposizione innata, si dedicano al gioco senza la necessità di un insegnamento formale, acquisendo così abilità e conoscenze in modo intuitivo. Ma il gioco non è solo un atto istintivo: è anche profondamente influenzato dal contesto culturale in cui si sviluppa. Ogni società imprime al gioco forme e modalità che riflettono e modellano le identità di genere, i ruoli sociali e le relazioni. Della tradizione del gioco e del giocattolo si hanno testimonianze archeologiche, artistiche e letterarie che risalgono al V millennio a.C. Passatempi e giocattoli dei più piccoli, sono molto simili ai divertimenti (pre-digitali) dei bambini di oggi. Poi c'erano i giochi degli adulti: giochi atletici e di squadra, d'azzardo, da tavolo e da banchetto.

COLPA DEGLI ASTRAGALI

Le prime fonti scritte che inquadrano i giochi all'interno di un contesto sociale, si trovano nelle civiltà greca e romana. Una delle prime testimonianze letterarie è rappresentata da un passo dell'Odissea in cui viene narrato l'episodio dei Proci intenti a giocare con delle pedine nell'atrio esterno del palazzo di Ulisse. In un altro poema epico, l'Iliade, il gioco è trattato in un'altra declinazione, tutt'altro che ludica: Omero attraverso la voce di Patroclo racconta che Achille ha ucciso il figlio di Anfidamonte per una disputa dovuta al gioco degli astragali.

Giochi che divertono molto i Romani sono quelli con la palla, di cui esistono diverse tipologie variamente documentate. Sulla base delle prove offerte da letteratura, oggetti, iscrizioni, graffiti, affreschi, mosaici Greci e Romani si dilettano con molti tipi di gioco con una palla protagonista: in tutti i casi non si punta sull'agonismo ma sull'esercizio fisico e sul relax. Il trattato di Galeno di Pergamo *Sul gioco della piccola palla (Perì mikrâs spháiras)* è forse il testo più significativo sui benefici dell'attività motoria: esercitando il corpo si può migliorare anche la mente.

La cultura romana raccoglie i riflessi di quella greca dove l'agonismo è legato all'individualismo degli atleti: al riparo dalla sacralità delle competizioni olimpiche, trova spazio qualcosa di più giocoso, con al centro il concetto di squadra. Momenti e occasioni di piacere e svago tra amici si trovano nell'antico ginnasio, dove un elemento essenziale è lo *sphaeristerium*, il campo da gioco con la palla.

Il gioco non è solo divertimento, ricreazione: nel mondo antico si scommettono beni sull'esito di un evento futuro: "azzardo" deriva dall'arabo *az-zahr*, che significa dado. I più antichi giochi d'azzardo si fanno utilizzando dadi e scommettendo sul numero che sarebbe uscito: indovinare un evento futuro, da pratica esclusiva di indovini e sacerdoti, diventa occasione di sfida tra uomo e fato e tra uomo e uomo.

Giocare d'azzardo è una "democratica" pratica sociale. Ragioni di ordine pubblico lo proibiscono, ma la sera le bettole greche e romane si trasformano in bische: ci si gioca qualunque cosa, il denaro, la casa, la vita. Le leggi *De Aleatoribus* sono tanto severe quanto poco decisive, anche se consentono ai privati cittadini di sporgere denuncia contro chi trasgredisce. E le ammende possono raggiungere fino a quattro volte la posta in palio, e in alcuni casi, ci sono anche pene detentive: carcere o lavoro forzato nelle cave.

Il gioco d'azzardo è sempre stato ritenuto socialmente pericoloso. Soprattutto perché può turbare l'ordine pubblico, come rileva Ovidio (43 a.C.-17 d.C.) nell'Arte amatoria (III, 371-377): «*Privi di ogni freno, nella febbre del gioco ci scopriamo: | nel gioco i nostri sentimenti si rivelano nudi. Ci assale l'ira, vergognoso male, e l'ansia del guadagno; poi insulti, risse, e il rancore che tormenta.* | *Si scambiano accuse e l'aria risuona di grida: a suo favore ciascuno invoca l'ira degli dèi (non c'è lealtà al tavolo da gioco: con le preghiere che cosa non si chiede?)»*. Il giocatore, prima di essere un problema sociale, è anzitutto qualcosa di moralmente riprovevole: mosso dalla posta di denaro in palio, perde il dominio su di sé e l'ira lo spinge all'aggressività verbale e fisica. Per la brama di vincere, si è disposti a commettere ogni slealtà e, cosa ancor più grave, non ci si fa scrupolo di chiamare in causa anche le divinità, compromettendo il sistema stesso dei valori tradizionali.

Cicerone, intanto, pone i giocatori d'azzardo sullo stesso livello di commedianti, ruffiani o debitori, accomunati dall'appartenenza alle classi del popolo più basse, ma la frenesia e la passione esasperata coinvolge anche gli imperatori. Svetonio (Vita di Augusto, 71) rivela che Augusto *"non si preoccupa affatto della sua reputazione di giocatore e continua a giocare, senza farne mistero, perché si diverte, fino alla vecchiaia, non solo in dicembre ma anche in tutti gli altri mesi, nei giorni lavorativi e festivi"*. In una lettera a Tiberio, Augusto racconta di aver perso 20.000 sesterzi.

Dopo la disfatta di due flotte, nel 38 a.C., durante la guerra di Sicilia, circola un malizioso epigramma secondo il quale Ottaviano, per vincere una buona volta, si affida ai dadi (Vita di Augusto, 70, 2), mentre Svetonio rivela che Nerone scommetteva somme di denaro elevatissime *"ai dadi giocò fino a quattrocentomila sesterzi per punto e andò a pescare con una rete doratatrattenuta da corde intrecciate di porpora e filo scarlatto"* (Vita di Nerone, 30 , 3). In una feroce satira contro Claudio (Seneca, Apocolocyntosis, 14, 4 s.), si ironizza sul vizio dell'imperatore per le *tesserae* e viene raffigurato nell'oltretomba mentre tenta invano di giocare a dadi con un bossolo (il recipiente dove si agitano i dadi) forato. Claudio, oltre a giocare con fervore, diventa persino un maestro, scrivendo un libro sull'arte del gioco. Un diletto che mantiene anche durante i viaggi: alla sua lettiga è fissato un tavoliere per evitare movimenti e sobbalzi del tavolo.

Gioco, azzardo: per il momento, sempre roba da uomini.

ANNIENTARE L'AVVERSARIO

La pratica dei giochi e degli esercizi fisici serve anche preparare il guerriero e a tenerlo in forma. E qui cominciamo a trovare qualche analogia con il moderno concetto di sport, allontanandoci dalle attività più o meno ludiche. Nella Grecia arcaica la difesa militare della comunità è un problema molto sentito. Le aristocrazie militari hanno la necessità di tenersi in forma e prepararsi a eventuali attacchi: ogni festa civile e religiosa diventa un pretesto per simulare in modalità incruenta le azioni tipiche dello scontro armato. Cosi nascono i primi giochi di corsa, di lancio del giavellotto, di lotta, accattivandosi anche i favori degli dei.

A Sparta, i bambini lasciano la famiglia a sette anni e vengono istruiti e preparati alla dura vita militare: a diciassette anni diventano soldati e rimangono nell'esercito fino a sessant'anni. Per preparare un buon cittadino/soldato sono previsti indurimento fisico e disciplina, una salda coscienza morale e una chiarezza d'idee supportata da una tenace destrezza. I giochi sorti per allenare i militari e per rendere omaggio agli dei, finiscono per esser funzionali all'esaltazione della bellezza fisica e del valore individuale. Il gioco diventa sempre più una attività istituzionalizzata, idonea al confronto tra atleti di diverse comunità, in gare contro il tempo, le distanze e le altrui abilità. Serve un vincitore, per esaltarne le qualità e per elevarlo al rango degli dei di cui l'atleta rispecchia le qualità. E ci allontaniamo da quell'idea di gioco come istinto primordiale di ogni essere umano. Ma siamo ancora molto lontani da quel concetto moderno di sport che prevede norme ben delineate, una regolamentazione dettagliata, un risultato soggetto a una misurazione o a un'effettiva valutazione. Nell'antichità non c'è niente di tutto questo: qualche parvenza di attività che oggi potremmo definire antenata dello sport, possono essere rintracciati, tanto nel mondo classico che tra gli Aztechi o gli Indiani d'America, non nell'attività ludica e ricreativa, ma nei riti religiosi o funerari. È in quei riti che possiamo ritrovare il fondamentale principio delle regole.

Regole, però, assolutamente inviolabili: erano state stabilite, anzi erano diretta emanazione della volontà divina.

Anche i cosiddetti "giochi" agonali esprimono sin dalle origini forme e funzioni connesse con i culti divini ed eroici. Nel desiderio di eccellere e conseguire la gloria del primato, l'atleta greco non rifugge da astuzie di ogni genere. Nel V secolo a.C. Pindaro, il cantore delle vittorie agonali, nell'ode per Melisso di Tebe, vincitore nel pancrazio (Istmica 4,67), perentoriamente enuncia: "Con ogni mezzo bisogna annientare il nemico". Altro che fair-play.

Lo "sport" dell'antichità greca è tutt'altro che democratico, ma appannaggio esclusivo, sociale e ideologico, dell'aristocrazia guerriera. Più tardi si affermerà un'impostazione altrettanto esclusiva, ma fondata su un atteggiamento marziale, autonomo e istituzionalizzato, che comporta l'allenamento e la specializzazione atletica.

Anche i Giochi olimpici, quelli con la maiuscola, traggono origine dai giochi funebri presso la tomba dell'eroe Pelope.

Il mito di Pelope, figlio di Tantalo, capostipite di una stirpe leggendaria, da cui discendono Agamennone e Menelao e soprattutto, secondo la mitologia, padre dei Giochi olimpici, è tutto da raccontare. La sua vita è segnata da eventi straordinari e da maledizioni divine che ne influenzano il destino suo e quello dei suoi discendenti. Tanto per cominciare, Pelope, viene ucciso dal padre per mettere alla prova gli dei offrendo le membra del figlio morto come banchetto divino. Gli dei, indignati, lo riportano in vita grazie a Ermete, che gli sostituisce anche la spalla mancante, in gran parte mangiata da Demetra, con una d'avorio. La conseguente maledizione divina colpisce tutta la famiglia di Tantalo, Pelope compreso che, dopo diverse peregrinazioni, giunge in Elide, dove Enomao, re della regione, ha promesso la mano della figlia Ippodamia a chiunque riesca a rapirla durante una corsa con i carri. Il vincitore deve toccare l'ara di Posidone sull'Istmo di Corinto sfuggendo alla lancia e alla furia dello stesso Enomao, che per garantirsi il successo, ha pensato bene di procurarsi due cavalli divini (Psilla e Arpinna) donatigli da

Ares. E, per mettere ancor più in difficoltà gli sfidanti, li obbliga a gareggiare tenendosi al fianco la ragazza. Ben tredici giovani avevano accettato la sfida, ma tutti e tredici erano stati uccisi, le loro teste mozzate e appese all'ingresso del palazzo reale. Ma l'astuto Pelope, inganna Enomao, utilizzando un cocchio aureo trainato da cavalli alati donati da Poseidone in persona. Enomao viene travolto dal suo stesso carro, muore, Pelope riesce a vincere la gara, conquista Ippodamia e diventa re di Elide. (Esiste anche una versione meno "sportiva", ma altrettanto cruenta: in realtà Pelope ottiene la vittoria grazie all'inganno: con l'aiuto di Ippodamia corrompe Mirtilo, l'auriga di Enomao, promettendogli metà regno e, pare, anche una notte con la futura moglie. Ma lungo il tragitto di ritorno Mirtilo tenta di baciare Ippodamia, pensando a un anticipo del premio: Pelope, furibondo, lo uccide gettandolo in mare e guadagnandosi una nuova maledizione).

Le nozze di Pelope e Ippodamia sono segnate dalla sventura, d'altro canto già prevista dagli dei a partire dal figlicidio di Tantalo: Pelope avrà un figlio illegittimo dalla ninfa Assioche, Crisippo. Ippodamia, temendo che i sei figli "legittimi" possano essere diseredati da Pelope, incita i due maggiori, Atreo e Tieste, a uccidere il fratellastro. Scoperto il delitto, Pelope scaccia moglie e figli che si distribuiscono nel Peloponneso. Ippodamia muore poco dopo a Midèa, nell'Argolide e celebrata a Olimpia, dove, a ricordo delle sue nozze con Pelope e in onore di Era, patrona del matrimonio, vengono istituite le feste *Eree*, durante le quali sedici fanciulle, disputano una gara di corsa.

Pindaro sostiene che sia stato proprio Pelope, tra una sventura e l'altra, a fondare i Giochi olimpici, come tributo a Zeus dopo la vittoria su Enomao, re di Pisa (a pochi chilometri da Olimpia...). In ogni caso, e a prescindere dalla premessa, tragica, nel 776 a.C si organizza l'evento centrale della storia greca quello che segna l'inizio dei calendari. L'evento degli eventi, quella prima volta a Olimpia, è, in realtà, una semplice manifestazione locale, con un'unica competizione: la gara di corsa. Dopo, con il passare del tempo, si aggiungeranno altre discipline: la corsa con i carri, il pugilato, la lotta e il pentathlon. E solo allora l'importanza dei Giochi crescerà in tutta la Grecia antica. L'apice viene raggiunto nel VI e V secolo a.C.: il numero delle gare aumenta fino a venti e le celebrazioni si estendono per diversi giorni. I vincitori, celebrati e ammirati, diventano figure leggendarie, immortalate nella memoria collettiva. In ogni caso i Giochi non vengono mai considerati una celebrazione atletica: per i greci rappresentano un rito religioso in onore di Zeus, che controlla dall'alto della sua imponente statua che domina Olimpia. La partecipazione ai Giochi è riservata ai greci liberi, che possono vantare un lignaggio ellenico. Solo i membri delle classi più abbienti, capaci di dedicare tempo e risorse agli allenamenti, possono aspirare a competere. Dalle gare sono esclusi gli schiavi, gli stranieri, gli assassini, i sacrileghi. E, naturalmente, sono escluse anche le donne. Insomma nei Giochi si riflette la struttura, le gerarchie, i valori e le tradizioni culturali della società greca dell'epoca. E anche la tregua olimpica, l'*ekecheiria*, è una norma pragmatica senza aspirazioni etiche: è una reciproca assicurazione di tutte le città appartenenti alla comunità di garantire agli atleti e agli spettatori la possibilità di recarsi nel luogo della festa senza difficoltà. Non rappresenta una pace universale per tutto il mondo greco, bensì un salvacondotto temporaneo e regionale per coloro che si dirigono a Olimpia o alle altre sedi degli agoni panellenici. Insomma la "pace positiva" capace di prevenire conflitti bellici è un fraintendimento moderno: secondo Manfred Lämmer[1], la "tregua sacra" dei Giochi Olimpici è una questione "cittadina", entra in vigore nelle diverse *poleis* quando viene annunciata dagli ufficiali dei messaggeri Elei (*theoroi* o *spondophoroi*). Nessuna unità fraterna tra gli stati greci, solo una tregua temporanea che garantisce l'inviolabilità del territorio dello stato organizzatore dell'agone panellenico.

Anche l'atleta che concorre ai giochi panellenici, cantato negli epinici di Pindaro e Bacchilide, è tutt'altro che uno sprovveduto dilettante: è un giovane aristocratico che dedica la maggior parte del suo tempo agli allenamenti e alle gare. Già ricco di famiglia, acquista privilegi, onori e vantaggi materiali grazie alle vittorie sportive. Un cambiamento avviene tra il VI e il V secolo a.C.: il conflitto tra oligarchia e democrazia si acuisce, con la guerra del Peloponneso, c'è il trionfo definitivo della democrazia e nel campo "atletico" aumenta il numero degli "specialisti". Il professionismo diviene sempre più spinto e l'atletismo si trasforma in un mestiere redditizio, consentendo un afflusso maggiore di atleti dai ceti inferiori. La vittoria si laicizza, perdendo il carattere religioso e sacrale, e i partecipanti ai Giochi non sono più celebrati con tratti mitici ed eroici. Emergono corruzione e scandali e arrivano critiche piuttosto aspre da poeti e filosofi. Scrive Euripide nell' "Autolico": *"finché sono giovani girano pieni di boria, quasi fossero l'ornamento e la gloria della città, ma poi da vecchi vanno vagando come mantelli scoloriti"* .

I giochi si succedono regolarmente sino al 200 a.C. Poi si svolgono in maniera meno rigorosa fino alla loro definitiva sospensione nel 393 d.C. con la Grecia ormai sotto la dominazione romana. La fine dei Giochi viene sancita da un editto dell'imperatore Teodosio, sotto l'influenza del vescovo di Milano Ambrogio (S. Ambrogio): sono riti pagani, quindi in contrasto con la religione cattolica.

Prima della conquista della Grecia nel 186 a.C., i giochi ginnici, noti come *certamina graeca*, erano stati introdotti a Roma dal console e censore Marco Fulvio Nobiliore. Il Senato romano osteggia immediatamente lo "sport" greco: sono esibizioni immorali con atleti nudi e senza finalità militari. Gli imperatori, Caligola e Nerone su tutti, sono invece affascinati dalla civiltà greca e si cimentano personalmente nei Giochi. La consacrazione arriva un secolo dopo, nell'86 d.C., quando l'imperatore Domiziano istituisce l'Agone Capitolino (gara in onore di Giove Capitolino), che si svolge con cadenza quinquennale: ci sono esercizi ginnici, e, sull'esempio delle manifestazioni greche, gare musicali e di poesia, ospitate nell'deon appositamente costruito nelle vicinanze dello stadio. Il programma delle gare è simile a quello del ciclo antico: corsa, lotta, pugilato, pancrazio e il pentathlon, la più importante tra le gare. Comprende il lancio del disco e del giavellotto, il salto in lungo, la corsa dello stadio, la gara di lotta. Ma mentre in Grecia i giochi agonistici assumono un significato spirituale, con l'esercizio fisico come mezzo per perseguire l'ideale di una perfetta fusione tra bellezza esteriore e nobiltà d'animo, a Roma, l'elevazione morale e la gloria degli atleti vengono sostituiti dall'aspetto spettacolare e dal desiderio di intrattenimento collettivo. Le discipline che ottengono il consenso unanime del popolo sono quelle più violente, come il pugilato e la lotta. Particolarmente apprezzato è il pancrazio, un agone da combattimento totale in cui tutte le tecniche sono ammesse, eccetto mordere, graffiare e accecare. Gli atleti sono, generalmente, professionisti di nazionalità greca o orientale, riuniti in associazioni che contrattano con gli organizzatori premi e onori. Per le loro vittorie c'è denaro, privilegi fiscali, l'esenzione dal servizio militare come pure la cittadinanza romana. Una condizione sociale ben diversa da quella, infamante, dei diversi tipi di gladiatori.

DONNE DA SPOSARE

Ci sono poche testimonianze della partecipazione, durante tutto l'anno, delle donne a feste e a Giochi, magari in onore di qualche dea. Fanno eccezione i Giochi Erei, citati nella leggenda di Pelope e dei quali Pausania il Periegeta ci offre un vivido racconto (Grecia, 5.16.2-4).

Ogni quarto anno, le dodici donne indossavano una veste particolare per Era e tenevano anche i Giochi Erei. I Giochi consistevano in gare di corsa per ragazze. Queste ragazze non avevano tutte la stessa età ma prima correvano le più giovani, poi il gruppo di età immediatamente più vicino e infine quello con le fanciulle più grandi. Correvano in questo modo: i capelli sciolti, le tuniche appena sopra al ginocchio e lasciavano la spalla destra nuda sopra il seno. Anche lo stadio ad Olimpia veniva riservato per loro ma accorciavano la lunghezza del percorso di circa un sesto. Le vincitrici venivano premiate con corone di ulivo e con una porzione della vacca sacrificata ad Era, e venivano erette loro statue con inciso il nome.

I Giochi sono riservati esclusivamente alle ragazze ancora vergini: le donne già sposate supervisionano l'opportunità, per le più giovani, di dimostrare la forza necessaria in preparazione e in funzione dei ruoli che le aspettano con il matrimonio. I Giochi Erei vengono istituiti intorno al 580 a.C i da Ippodamia, grata a Era per il matrimonio con Pelope: ogni quattro anni, sedici matrone, aiutate da altrettante assistenti, tessono un peplo per vestire la statua della dea e sovrintendono alle gare di corsa per ragazze di varie età. La lunghezza del percorso, nello stadio di Olimpia, è ridotta di un sesto rispetto agli uomini: circa 160 metri. Le vincitrici vengono premiate con corone di ulivo e una porzione della vacca sacrificata a Era: a loro possono essere erette statue con inciso il nome.

BERENICE, IL BUON ALLENATORE

Nei Giochi Olimpici, iniziati due secoli prima, la partecipazione delle donne, invece, è vietata. Le donne sposate non possono neppure assistere: gli Ellanodici, i giudici che hanno il compito di far rispettare la norma, condannano a morte chiunque la violi, gettandola dalle alture del monte Tipeo. Secondo Pausania la sanzione non è mai stata applicata (Grecia, 5.6.7):

Andando da Scillunte lungo la strada per Olimpia, prima di attraversare l'Alfeo, si trova un monte con alte rupi a precipizio. È chiamato Monte Tipeo. Vi è, ad Elide, la legge di farvi precipitare qualsiasi donna scoperta ad assistere ai Giochi Olimpici o anche solo si trovasse da quel lato dell'Alfeo durante i giorni proibiti alle donne. Si dice però che non sia mai successo di trovarvi una donna, con la sola eccezione di Callipatera. Alcuni danno a questa donna il nome di Berenice e non di Callipatera.

Molti autori sostengono che, una volta nota la sua storia, si inizia a parlare di Berenice con il nome di Callipatera, che alcuni traducono come "di buon padre". Forse un soprannome legato all'essere un "Buon padre", un "buon allenatore" per suo figlio, visti i rischi corsi per allenarlo e accompagnarlo all'Olimpiade.

Berenice/Callipatera diventa famosa per aver messo in gioco la sua vita in favore della vittoria di suo figlio e della reputazione della sua famiglia, ideali ai quali i Greci danno grande valore. La sua bravura avrebbe potuto incoraggiare gli uomini a mettere in discussione le norme sulla partecipazione delle donne alle

Olimpiadi, soprattutto considerando che la sfida di Berenice avviene solo quattro anni dopo che Cinisca di Sparta era diventata la prima donna a vincere l'agone olimpico. Invece, si preferisce istituire una nuova norma per assicurarsi che tutti gli allenatori siano uomini: anche loro nudi alla meta.

Berenice l'eccezione citata da Pausania appartiene a una nobile famiglia di Rodi, famosa per le sue tradizioni atletiche. Figlia del celebre Diagora di Rodi, e madre del corridore Pisidoras, cresce in un ambiente di atleti illustri. Rimasta vedova, si occupa personalmente dell'allenamento del figlio e decide di accompagnarlo alle Olimpiadi travestendosi da uomo per entrare nello stadio, visto l'impedimento per le donne sposate. Racconta sempre Pausania (5.6.8):

Lei, essendo vedova, si travestì esattamente come un allenatore sportivo e portò suo figlio a competere ad Olimpia. Peisirodo, così era chiamato il figlio, vinse e Callipatera, mentre saltava al di là della divisione che teneva gli allenatori separati, si denudò. Fu così che fu scoperto il tuo sesso ma la lasciarono andare senza punirla per rispetto verso suo padre, i suoi fratelli e suo figlio, tutti vittoriosi ad Olimpia. Ma fu promulgata una legge che, in futuro, gli allenatori si sarebbero dovuti spogliare prima di entrare nell'arena.

Durante la gara, travolta dalla gioia per la vittoria del figlio, Berenice scavalca la barriera e perde il travestimento, rivelando la sua identità. Sorprendentemente, non viene punita, grazie al rispetto che le autorità nutrono per la sua famiglia. Dopo questo episodio, viene introdotta la regola che obbliga gli allenatori a entrare nudi negli agoni olimpici, per evitare ulteriori inganni. Lo storico Eliano, vissuto tra il 175 e il 235 d.C., riporta le sue peripezie olimpiche nella sua "Varia Historia" (10.1), aggiungendo un lieto fine non supportato da altre fonti.

"Le guardie si rifiutarono di ammettere Berenice come spettatrice ma lei parlò in pubblico e giustificò la propria richiesta ricordando che suo padre e i suoi tre fratelli erano stati campioni olimpici. Convinse l'assemblea, la legge che escludeva le donne fu abolita e lei potette assistere ai Giochi".

Secondo Eliano, dunque, alle guardie che si rifiutano di ammetterla come spettatrice, Berenice contrappone un discorso pubblico dove giustifica la propria richiesta ricordando che suo padre e i suoi tre fratelli sono stati campioni olimpici. Con la sua eloquenza, convince l'assemblea, la legge che esclude le donne viene abolita e lei può assistere ai Giochi. Eliano potrebbe voler dire che viene fatta un'eccezione per Berenice solo per quel giorno o forse per quella Olimpiade, ma non ci sono evidenze che il divieto per le donne sposate sia stato abolito nel 388 a.C. Filostrato (170-250 d.C.) nel suo *Gymnasticus* (ca. 220 d.C.), racconta:

"Gli abitanti di Elide raccontano di una donna chiamata Berenice, il cui aspetto fisico era tale che fu scambiata per un uomo. Ad Olimpia, si era coperta con un mantello da allenatore per allenare suo figlio Peisirodo. Quando gli abitanti di Elide scoprirono l'inganno, esitarono nell'uccidere Berenice, a causa dell'ammirazione verso Diagora e i suoi figli. Promulgarono una legge, però, che da quel momento gli allenatori dovessero togliersi le vesti".

Il divieto per le donne di guardare le gare maschili deriva dalle stesse ragioni che presiedono al controllo di ogni ambito della vita di una donna sposata: mancano di autocontrollo e possano abbandonarsi a desideri "peccaminosi" soprattutto in presenza di un giovane atleta nudo.

Molti degli atleti hanno poco più di vent'anni, sono vicini all'età del matrimonio: il divieto non vale per le vergini che, anzi, possono cogliere, insieme ai loro padri, l'occasione per scegliere potenziali mariti. Si sposavano, solitamente, attorno ai 14/16 anni e dopo il matrimonio era vietato anche assistere agli spettacoli teatrali.

L'esclusione delle donne dai giochi è frutto di una concezione sociale patriarcale diffusa in tutta la Grecia, come riflette la letteratura omerica. In generale, le donne non hanno diritti di cittadinanza e quindi non godono di diritti civili: non possono possedere proprietà, votare, né ereditare. Il loro ruolo è limitato a fare figli e prendersi cura della casa, rimanendo confinate nel gineceo, lo spazio riservato a loro e alle servitrici.

Secondo Aristotele (Politica, 1254b2):

"Gli animali domestici hanno una natura migliore di quelli selvatici, e tutti gli animali domestici sono resi migliori sotto il governo dell'uomo; poiché è così che possono essere preservati. Allo stesso modo, il maschio è, per natura, superiore e la femmina inferiore; l'uno domina, l'altra è dominata. Questo principio di necessità si estende a tutto il genere umano.

Fattori come età, stato civile e classe sociale influenzano ulteriormente questa condizione, poiché, paradossalmente, le giovani e le donne di origine umile non sono soggette a tale rigidità. Nel mondo greco-romano le donne vivono una condizione peggiore rispetto ad altre civiltà antiche, come quella egizia: le fonti documentarie, sono, però, per lo più riferite ad Atene. In altre città-stato, la situazione è, in parte, diversa. Sparta, ad esempio, nonostante la rigidità della sua società rappresenta un'eccezione per le donne, che possono ereditare proprietà e gestire l'economia familiare.

Le ragazze spartane sono educate con gli stessi obiettivi delle altre ragazze greche, ma cambia il sistema a cominciare dall'attività fisica considerata essenziale per crescere forti e sane. Le donne sono escluse dall'addestramento militare, ma sono obbligate a praticare esercizi atletici che irrobustiscono i loro corpi e riducono la sentimentalità, considerata secondaria rispetto all'obiettivo del matrimonio come strumento per produrre prole. Le ragazze spartane indossano un peplo aperto su un lato suscitando derisione tra le altre donne greche, soprattutto le ateniesi, che le chiamano sprezzantemente *phainomerides*, "quelle che mostrano le cosce". Durante le feste e le cerimonie religiose, partecipano nude, senza abiti, come avviene per gli uomini in generale durante la pratica sportiva, che rimane cessenzialmente confinata nell'ambito educativo.

A Sparta, le competizioni femminili sono frequenti: Plutarco racconta di gare di corsa, lotta e lanci, del disco e del giavellotto, dove le donne gareggiano senza vesti davanti ai giovani maschi, sempre stimolando il desiderio del matrimonio. Le atlete spartane, sono allenate tanto quanto i maschi, ma con diversa motivazione: devono poter affrontare il parto con vigore. Plutarco spiega che le gare rappresentano un passaggio fondamentale per la futura condizione di sposa e madre e di conseguenza per il rafforzamento della razza spartana. Ad Atene la pensano diversamente: nell'Andromaca di Euripide, Menelao si lamenta dei costumi disinvolti della moglie Elena, abituata a dividere gare e ginnasi con i giovani maschi. Altri Giochi sembrano ammettere le donne alle gare, non solo come proprietarie di cavalli: un'iscrizione trovata a Delfi e databile intorno al I secolo d.C. riporta l'orgoglio di un padre, Ermesianasse di Cesarea, per i successi delle sue tre figlie. Trifosa è la prima giovane donna a vincere lo stadio ai Pitici e agli Istmici, Edea vince la gara dei carri con auriga in armi agli Istmici, lo stadio a Sicione e ai Nemei, e Dionisia vince lo stadio in quelli di Epidauro. L'iscrizione suggerisce che le gare femminili siano state introdotte in epoca romana.

A Piazza Armerina in Sicilia, c'è invece un mosaico del V secolo d.C., che mostra le famose "ragazze in bikini": atlete che giocano con la palla, corrono e lanciano disco e giavellotto. Non si esclude, però, la semplice, coreografica esibizione come contorno di gare vere e proprie.

CINISCA, IL PRIMO ALLORO

Secondo Pausania una sola donna sposata, ha potuto assistere ai Giochi: è la sacerdotessa di Demetra, Regilla, moglie di Erode Attico, spettatrice d'eccezione dall'altare della dea.

La prima donna vincitrice di un'Olimpiade è Cinisca, figlia di Archidamo e sorella del re spartano Agesilao, che trionfa due volte, nel 396 a.C. e nel 392 a.C., nella corsa delle quadrighe impiegando aurighi maschi. Nonostante il divieto per le donne i giudici accettano l'iscrizione della quadriga di cavalli di Cinisca su pressione degli Spartani: Cinisca figura come organizzatrice della squadra e preparatrice dei cavalli. Nei Giochi le donne, sebbene private della possibilità di correre, lanciare, saltare e combattere, possono competere negli sport equestri, almeno le spartane, purché non lo facciano personalmente. E poiché in passato anche gli allenatori venivano premiati, Cinisca ha l'opportunità di far parte del gruppo dei "coronati d'alloro". La sua fama è tale che viene eretto un *heroon* in suo onore

Cinisca nasce intorno al 442 a.c., eredita il soprannome del nonno Zeuxidamos, noto come Cinisco, di origine dorica; il suo nome significa "piccola cagna," probabilmente derivato dalla passione della famiglia per la caccia. Figlia del re Euripontide Archidamo II e di sua moglie Eufolia, ha come fratelli Agesilao II e Agide II, entrambi successori al trono. Cinisca, proviene dall'élite sociale, non deve lavorare e può dedicarsi al tempo libero; dopo aver completato l'educazione, che include esercizi fisici e la caccia, si dedica alla sua grande passione: le corse delle quadrighe, cosa impossibile se fosse nata ad Atene. Pausania racconta che Cinisca, fin da bambina, aspiri a vincere ai Giochi: intorno ai quarant'anni, viene incoraggiata a partecipare dal fratello Agesilao, secondo quanto riportano Senofonte e Plutarco.

Le motivazioni non sono chiare, ma secondo alcuni storici Agesilao voleva dimostrare che le vittorie olimpiche non fossero necessariamente un segno di eccellenza personale, ma potevano essere raggiunte an anche grazie ad abbondanti risorse economiche: vincere senza partecipare direttamente, come avviene per gli uomini, non ha alcun merito, dimostra solo ricchezza, non virtù maschile. Comunque Cinisca dopo la vittoria, segue la consuetudine di erigere statue di se stessa. Le statue, realizzate dallo scultore Apellas di Calcide, la raffigurano con i suoi cavalli, il suo carro e l'auriga, e sono collocate all'ingresso del Tempio di Zeus a Olimpia. Sul piedistallo si leggono iscrizioni che celebrano il suo trionfo come la prima donna a vincere.

A Sparta, viene costruito per lei un *heroon*, un santuario onorifico vicino al campo di esercitazione per i giovani spartani, il primo dedicato a una donna e il segno che conquista anche l'ammirazione maschile. L'eredità di Cinisca è raccolta da altre donne come Euryleonis, figlia di un allevatore di cavalli, e Bilistiche, concubina di Tolomeo II, entrambe vincitrici di gare negli anni successivi.

[1] **Lämmer, M**, *Myth or Reality: The Classical Olympic Athlete*, International Review for the Sociology of Sport, Volume 27 Issue 2, June 1992

IL POPOLO MASCHIO

Durante il Medio Evo, in un mondo diviso in classi sociali e dove, ma solo per il popolo, vita e lavoro spesso coincidono, esistono momenti e ricorrenze in cui la gente si abbandona a passatempi e svaghi. Ma le attività ricreative, sempre e solo per il popolo, vengono quasi tutte stigmatizzate. Anche a prescindere dalla loro dose di violenza intrinseca, provocano disordini, risse e danni: gli sport violenti rischiano di formare uomini violenti. Nei giorni festivi, comunque, quando contadini e agricoltori si riuniscono per mangiare, bere e danzare non manca lo spazio per il gioco. E per le scommesse. A Carnevale, insieme ai riti di liberazione degli istinti repressi, ampio spazio alle attività ricreative. Non ci sono regole ma ci si organizza attorno alle convenzioni abituali: niente di scritto, variazioni e rivisitazioni variabili anche a distanza di pochi chilometri.

Si gioca con la palla, si fanno corse, si praticano diverse forme di lotta. Spesso vengono coinvolti gli animali: i galli vengono presi di mira con lancio di pietre o per cruenti combattimenti, mentre il *bull-baiting* consiste nel far combattere uno o più cani contro un toro che viene morso ai genitali e immobilizzato. La violenza è parte integrante: i giovani la usano per mostrare la propria mascolinità e per mettersi in mostra agli occhi delle ragazze in età di matrimonio.

Guai a parlare di sport: siamo sempre nel campo di attività di intrattenimento, spettacolari anche quando hanno declinazioni ginniche o acrobatiche. È il caso di Matilda. Fin da bambina, ama ballare. Talentuosa e allenata dalla tenera età, si esibisce alla corte inglese già durante l'infanzia. Nel 1296, all'età di 13 anni, durante le festività natalizie, danza per il principe Edoardo, che allora ha un anno meno di lei: è una "salatrix", deve intrattenere e sollevare l'umore durante le celebrazioni di corte. Oltre ai movimenti ritmici che seguono la musica, Matilde arricchisce la sua esibizione con elementi di ginnastica, tra cui salti, capriole, ruote, spaccate, verticali e giravolte. A volte utilizza anche oggetti di scena come palle, campanelli, bastoni o coltelli. Seguendo la tradizione di Salomè, l'abbigliamento è colorato, leggero e comodo, permettendo libertà di movimento senza nascondere le forme: l'espressione e la visibilità del corpo è una caratteristica fondamentale. Ed è per questo che la Chiesa condanna la professione con, in sovrappiù, l'accusa generica e indifferenziata di un'offerta di favori sessuali, tra un salto e l'altro.

Il principe, che diventerà re Edoardo II, comunque apprezza l'esibizione di ginnastica artistica e ricompensa Matilda con due scellini.

PATTINAGGIO REALE

A partire dal XIII secolo, per evidenti ragioni climatiche, uno dei passatempi più diffusi nel Nord Europa, è il pattinaggio su ghiaccio, praticato soprattutto dalla nobiltà. È probabile che la fabbricazione dei pattini nel tardo Medioevo sia costosa e solo i benestanti se li possano permettere. O forse fanno notizia solo le persone facoltose e quindi mancano informazioni sulla popolarità dei passatempi tra i meno abbienti.

Un testo del 1481 su Maria di Borgogna "la Ricca" che pattina tra la folla suggerisce che il pattinaggio sia comunque piuttosto popolare alla fine del XV secolo: Bruges, il luogo della passeggiata su ghiaccio, è una città prospera con un bel numero di commercianti e artigiani benestanti. La popolarità del pattinaggio si allarga nei secoli successivi facendo cadere anche distinzioni sociali e di genere: una descrizione del capitano spagnolo Alonso Vázguez, risalente all'ultimo quarto del XVI secolo, indica che le donne non sono pattinatrici inferiori agli uomini... *le donne sono molto agili e svolgono lavori manuali senza cadere*. I pattinatori di rango più elevato, però, spesso pattinano su stagni separati, di proprietà privata. Col tempo il pattinaggio, scende di categoria, e diventa un'attività tipica delle classi "inferiori". Anche perché le donne di staus più elevato hanno smesso di pattinare per motivi morali. Nel 1793 Gutsmuths cita il pedagogo Frank, che afferma: *"Il genere femminile trova abbastanza forza nei Paesi Bassi per sfidare il freddo, mentre le nostre ragazze ipersensibili lavorano a maglia dietro la stufa"*.[1]

MOB, PIÙ CALCI PER TUTTI

Tra le pieghe della storia ci arrivano notizie di giochi molto più "estremi". Un esempio è il mob football[2], che consiste nel portare una palla (realizzata con una vescica di maiale riempita di fieno, crusca e muschio e rilegata in pelle) in una meta avversaria: l'ingresso di una chiesa, un muro, un ponte, non necessariamente dietro l'angolo. Ogni squadra può avere anche centinaia di partecipanti ed è consentito usare indistintamente mani, piedi o bastoni. La vastità dei terreni può far sì che le partite durino giorni.

Il "calcio" viene utilizzato come pretesto per regolare vecchi dissapori e risolvere controversie tra fazioni rivali sulla spartizione delle terre. In più di una occasione si narra del ferimento o la morte di qualche giocatore. La tolleranza per queste condotte sregolate e indisciplinate ha vita breve: a partire dal XIV secolo, viene richiesto un maggiore controllo e l'adozione di una politica intransigente. Il motivo non è tanto dettato dall'inquietudine morale sollevata dagli esiti brutali del gioco, ma dal fatto che le persone vengono distolte dagli affari recando notevole disturbo alla quiete pubblica.

LA MANO DI MARGOT

Prima della Riforma non ci sono prove di un calcio, nelle sue diverse versioni, aperto alle donne. Sicuramente praticavano altri giochi con la palla: ci sono rappresentazioni visive di donne che giocano durante il XIV secolo. Ad esempio in un manoscritto francese con illustrazioni di Jehan de Grise di Bruges, (*Ro-*

mance of Alexander, 1338-44), o in alcuni salteri fiamminghi (circa 1320-1330). Esiste anche un poema francese della metà del XIV secolo, *Il pellegrinaggio della vita umana*, di Guillaume de Deguileville con il passaggio su una ragazza, simbolo di giovinezza, che gioca a palla. Esiste anche una traduzione inglese da parte del monaco John Lydgate (circa 1370-1449/50?), che in un poema satirico della metà del XV secolo aumenta le grazie della *"fair lady"*, che indossa un cappuccio verde e *"had two small breasts squeezed together so they appeared like a large camping ball"*[3].

Siamo ben lontani da qualunque idea di sport. Con un'eccezione: Margot, Nata nel 1401 nell'Hainaut, durante il periodo borgognone, fin da giovane, Margot sfoggia tutta la sua abilità in un gioco che sta rapidamente conquistando la nobiltà europea: *jeu de paume* o pallacorda o trincotto. Inventato in Francia dai monaci, il gioco si diffonde in tutta Europa. Già nel 1292, Parigi conta tredici campi dedicati alla pallacorda. Sotto il regno di Enrico IV, diventa una vera e propria passione collettiva, riservata ai fisici più potenti per l'energia che richiede. Le donne, in genere, rimangono semplici spettatrici, con un'eccezione, appunto. Lo storico Pasquier racconta che Margot si distingue per la sua sorprendente destrezza, soprattutto perché all'epoca l'*esteuf*, la palla, si colpisce solo con la mano nuda o con un guanto doppio. Il gioco prende il nome di pallacorda proprio perché, in origine, si gioca ricevendo e rinviando la palla con il palmo della mano. Nel *Journal d'un bourgeois de Paris* si racconta un episodio del 1427: Margot, età 28-30 anni, fa parte della corte di Filippo il Buono, duca di Borgogna e signore dei Paesi Bassi borgognoni. Il duca e la sua corte soggiornano a Parigi per tre settimane, e Filippo, grande appassionato, non può fare a meno della pallacorda. Scende in campo Margot e stupisce tutti: *"Gioca con una potenza, astuzia e abilità che rivaleggiano con quelle dei migliori giocatori maschi. Pochi uomini riescono a batterla, se non i più forti"*. Con il tempo la pallacorda si modifica: alcuni iniziano a utilizzare corde e tendini per aumentare la potenza dei colpi. Risultato: l'idea della racchetta.

Il medico inglese del XVI secolo, John Caius, raccomanda diversi sport vigorosi per migliorare la salute. Ai maschi sconsiglia il calcio per il rischio di fratturarsi le gambe, mentre le donne sono vivamente invitate a darsi al *bowling*. Ne è convinto anche il drammaturgo James Shirley (1596-1666) che nel suo *The Bird in a Cage*, del 1633, fa dire a uno dei suoi personaggi comici che le donne sono inadatte al calcio perché troppo leggere e possono essere facilmente travolte.

Morello.
Your Lordship may make one at Football,
'Tis all the sport now a dayes.
What other is the world then a Ball,
Which we run after with whoope and with hollow,
He that doth catch it is sure of a fall,
His heeles tript up by him that doth follow.
Dondolo.
Doe not women play too?
Grutti.
They are too light, quickly downe.
Morello.
O yes, they are the best Gamesters of all,
For though they often lye on the ground,
Not one amongst a hundred will fall,
But under her coates the Ball will found.[4]

Un altro drammaturgo, Thomas Killigrew (1612-1683), nella tragicommedia *The first part of Cicilia&Clorinda, or, love in arms.* del 1664 descrive una principessa che gioca a calcio e svolge altre attività maschili tanto bene quanto suo fratello, dimostrando coraggio e virtù.

Marius.
I find Orante has no great kindness for the Prince nor People; yet he cannot deny the Princess Clorinda is a strange example of Virtue and Courage; she fears no wounds nor dangers.
Orante.
She will play at foot-ball, thresh, and hew woods, as well as her Brother; Alass, Sir, 'tis not there as in Rome, and the Eastern World, where

the Women are soft, bred nice, and full of tender thoughts; Here is no dif-
ference betwixt the Sexes, but that they esteem them less then Men: Their
Cowes plow too, and their Mares bear burthens, and their Women fight.
No beast of that Country has any priviledge; and I wonder at nothing so
much as the Roman Curiosity, that has made Warr thus long against this
waspes nest in a Rock. By all our Gods, we never thought their Country
worth asking for, we onely banish'd Malefactors thither; and they have
chosen rather to return and die here, then live and wither out their daies
in that nest of Winter. Cold, Poverty, and Ignorance, are the onely com-
modities, I know, their Country affords[5].

IL GOLF DI MARIA STUARDA

Donne importanti appaiono invece sugli spalti degli incon-
tri/scontri di calcio del XVI secolo: un posto d'onore spetta a
Maria Stuarda, regina di Scozia. Nonostante il regno di Maria sia
stato disastroso, nel giugno 1568, dopo aver abdicato e essere
fuggita in Inghilterra, trova il tempo per assistere a una partita
di calcio in un "prato da gioco" tra il Castello di Carlisle e il
confine scozzese: in campo ci sono una ventina di membri del
suo seguito che giocano per due ore con agilità, abilità e vigore.
E senza farsi male. L'interesse di Maria Stuarda per il calcio è
confermato dalla scoperta, fatta nel 1981 nelle travi della Camera della Regina nel Castello di Stirling, di una palla di circa 15
cm di diametro, fatta di pelle di mucca e gonfiata con una vescica di maiale. Ora è orgogliosamente esposta nella Stirling Smith
Art Gallery and Museum e si ritiene sia "il più antico pallone da
calcio del mondo". In realtà Maria è molto più legata al golf. Nel
bene e nel male: è la prima donna a giocare regolarmente nel
XVI secolo. Ha imparato il golf in giovane età e praticato durante la sua infanzia in Francia. Come membro della famiglia reale
francese, sono i cadetti militari a portare le sue mazze: p0ortan-
do questa pratica in Scozia il termine si evolve in "caddy". Il
famoso campo da golf è stato costruito durante il suo regno, e
verosimilmente, la regina ne ha commissionato la costruzione.
Ma l'amore della regina per il golf potrebbe anche aver contribuito alla sua caduta: nel 1567, suo marito, Lord Darnley,

viene assassinato e solo pochi mesi dopo Maria sposa il principale sospettato, il conte di Bothwell. Si ipotizza che la regina sia coinvolta nel complotto per l'assassinio e lo scandalo viene aggravato dalle voci secondo cui Maria ha interrotto il lutto pochi giorni dopo l'omicidio per giocare a golf. Con il conte di Bothwell.

MARTEDÌ GRASSO: NUBILI CONTRO AMMOGLIATE

Anche uno degli esempi più antichi di donne che non si limitano a guardare, ma giocano proprio a calcio, arriva dalla Scozia, la vera patria del football. Le tracce sono in una lamentela del ministro John Lindsay e riportata in un documento ecclesiastico: il 21 agosto 1628, nel villaggio di Carstairs, denuncia la violazione del Sabbath con il *"comportamento insolente di uomini e donne che giocavano a calcio, ballavano e partecipavano a giochi di inseguimento"*.

"Mr. John Lindsay, minister at Carstairs, having regretted the break of the Sabbath by the insolent behaviour of men and women in footballing, dancing and Barley Breaks, ordains every Brother (Minister) to labour to restrain the foresaid insolence and break of Sabbath, and to that effect to make intimation thereof into their several kirks next Sabbath day."

In un altro documento del 28 gennaio 1656, si descrive la riprovevole usanza di uomini e donne che giocano a calcio in maniera decisamente promiscua durante il *Fastern's Een*[6] con conseguenti comportamenti immorali come l'ubriachezza e la violenza.

In un primo tempo le istituzioni educative non solo tollerano, ma incoraggiano lo sport. La *St Andrew's University* fornisce palloni ai college durante il *Martedì grasso* negli anni '30 del Cinquecento, e i registri scolastici di Alexander Gilmour di Craigmillar nel 1673 includono la spesa per *"un pallone a fastern's een"*. Dopo la Riforma, l'incoraggiamento declina, portando a una condanna del gioco o a una sua accettazione riluttante. Nelle grandi città, le istituzioni cercano di controllare la violenza o, quantomeno, trasformarla in una cerimonia istituzionalizzata. A

Glasgow, per esempio, dal 1574 al 1614, la corporazione paga i calzolai per fornire sei palloni ogni anno per la *Fastern's Een*. Stessa usanza a Chester e Carlisle. A Perth, e in molte zone della Gran Bretagna, c'è una sorta di sponsorizzazione dell'attività calcistica, c on versioni, cerimoniali, istituzionalizzate che derivano da una pratica popolare chiamata *"ba' money"* o *"ba' siller"*: a ogni matrimonio uno degli sposi dona alla comunità un pallone, o 18 penny per acquistarne uno. E il *martedì grasso*, culmine della stagione invernale del calcio e della stagione dei matrimoni, diventa il giorno per eccellenza della c erimonia calcistica e nuziale.

Nel XVIII secolo, le fonti relative al coinvolgimento femminile diventano più abbondanti. A Bath il 4 ottobre 1726 un giornale locale racconta di un "nuovo e straordinario intrattenimento" per la società elegante: una partita di calcio giocata su un campo da bowling da dodici giovani donne, sei per squadra. Probabilmente si tratta di una versione ingentilita e creografica, ma cinquant'anni dopo si ha notizia di una donna che partecipa a una "vera" partita a Walton, vicino Wetherby: dà una mano al marito durante un incontro intenso e come al solito senza esclusione di colpi. Per la cronaca la vittoria va proprio alla squadra dei coniugi.

Un medico di Inveresk, in Scozia, nell'East Lothian, a sud di Musselburgh, riporta che le donne del suo villaggio partecipano ogni anno, il giorno di "martedì grasso", a una partita di calcio tra nubili e ammogliate. Come spesso accade le vittorie arridono quasi sempre alle donne sposate, più mature ed esperte.

A Brighton, il 25 agosto 1790, si celebrano i compleanni del Principe di Galles e del Duca di York con una partita di calcio per uomini e una partita di *stoolball* per donne: ricchi premi in denaro per le due competizioni. Lo *stoolball* è uno sport tradizionale, giocato principalmente nel sud-est dell'Inghilterra. Documentato per la prima volta nel 1450, menzionato persino nell'opera di Shakespeare, *The Two Noble Kinsmen*, lo stoolball è stato giocato su campi prestigiosi come quello di Lord's Cricket Ground e nei giardini di Buckingham Palace. È uno sport prevalentemente femminile, giocato tra due squadre di 11 giocatori ciascuna. Il campo, rettangolare, è simile a quello del cricket, ma con dimensioni variabili. Le regole di base somigliano molto a quelle del baseball: al centro di ciascuna estremità del campo, a circa 16-19 metri di distanza l'una dall'altra, si trovano gli "stool" (sgabelli), che fungono da bersagli per le lanciatrici. Nella sua forma originale, lo *stool* era un semplice sgabello da mungitura, posizionato su una siepe o su un ramo all'altezza delle spalle, per rendere più comoda la difesa con la mazza. Lo stoolball si è diffuso anche all'estero, lungo le rotte della colonizzazione: Sri Lanka, India e Australia, soprattutto. Negli Stati Uniti lo hanno portato i Padri Pellegrini, come testimoniato nel 1621 dal diario del Governatore William Bradford. La nave *Fortune* ha appena recapitato un altro carico di piantatori che non vogliono lavorare il giorno di Natale:

"Only I shall remember one passage more, rather of mirth then of weight. On the day called Christmas day, the Governor called them out to work, (as was used,) but the most of this new-company excused themselves and said it went against their consciences to work on that day. So the Governor told them that if they made it matter of conscience, he would spare them till they were better informed.

So he led-away the rest and left them; but when they came home at noon from their work, he found them in the street at play, openly; some pitching the bar, & some at stool-ball, and such like sports. So he went to them, and took away their implements, and told them that it was against his conscience, that they should play & others work. If they made the keeping of it a matter of devotion, let them keep to their houses, but there should be no gaming or revelling in the streets.

Since which time nothing hath been attempted that way, at least openly."[7]

LA DONNA È PUGILE

Nel XVIII secolo, in Inghilterra, corse, combattimenti, cricket, equitazione, vedono in qualche modo un coinvolgimento femminile. Non si può e non si deve parlare di "atlete", un termine anacronistico anche per gli uomini, ma si hanno notizie di un discreto numero di donne che gareggiano in competizioni dure e fisicamente impegnative.

A Londra nel settembre del 1730 viene pubblicizzata una serie di tre gare con percorso di 8 miglia dal Buckingham Gate (vicino all'attuale Buckingham Palace) fino al nuovo, in realtà ancora non inaugurato, ponte di Fulham, e ritorno. In gara sei "giovani donne o fanciulle, una delle quali è una ragazza nera". Il formato della competizione è un *best-of-three*. Tre manche, un'ora di riposo tra una corsa e l'altra: bisogna vincerne due. Un impegno e una determinazione notevole per le concorrenti.

Elizabeth Wilkinson (poi Stokes), invece è una vera combattente, nel senso più letterale del termine: nel 1723 viene descritta come la "Campionessa della Città", nel 1726 diventa la "Campionessa d'Inghilterra" e nel 1728 la "Campionessa d'Europa". Spade, coltelli, bastoni, mani nude è la protagonista di nove anni di incontri proto-pugilistici nei teatri di Londra. Nessuna sceneggiata: è sempre presente un chirurgo, pronto a ricucire le ferite e consentire il proseguimento del combattimento. The show must go on. I suoi avversari la definiscono una fortezza inespugnabile, lodando la sua risolutezza. Altri dicono che è stata addestrata sin dalla culla alle fatiche della guerra. Lei stessa non è certamente modesta, definendosi invincibile e di essere uscita sempre imbattuta. Da quegli incontri

Dopo il matrimonio con il pugile James Stokes, la Wilkinson-Stokes diventa una presenza fissa nella palestra-teatro del marito sulla Islington Road. La coppia rivoluziona il mondo del combattimento femminile, non solo organizzando incontri seri e ben strutturati, ma anche insistendo affinché le combattenti indossino "giacche di stoffa, sottogonne corte fino appena sotto il ginocchio, mutande di tela, calze bianche e scarpe." A quel tempo, era più comune che le donne combattessero a torso nudo: promuovendo un abbigliamento confortevole, Wilkinson-Stokes trasforma le "combattenti" in vere atlete. Il suo contributo è paragonabile a quello di James Figg, definito "il padre del pugilato", ma poi si è perso nella ricostruzione maschilista della storia dello sport. Forse lo stesso Figg, che nel suo teatro ha ospitato incontri della Wilkinson, fa immortalare la pugnace Elizabeth nell'angolo in alto a sinistra del manifesto che William Hogarth in persona realizza per Figg. Si sostiene che "la storia moderna del pugilato sia iniziata con James Figg". Bisognerebbe aggiungere Elizabeth Wilkinson, che apre la strada a molte altre combattenti che lottano a lungo e con coraggio in questo mondo violento: Hannah Hyfield, Joanna Heyfield, Mary Welch, Ann Field, Mary Garvin, Mary Barker, Moll Buck … e Sarah Barret che afferma di aver combattuto in più di 40 incontri.

Nel 1745 si svolge una partita di cricket tra due squadre di "ragazze", descritta come "la più grande partita di cricket mai giocata nella parte meridionale dell'Inghilterra". Le giocatrici vengono elogiate per aver "lanciato, battuto, corso e catturato come avrebbero fatto gli uomini". Le giocatrici di cricket, rappresentanti il loro villaggio, parrocchia, città o contea, lanciano sfide e le accettano, con grinta e orgoglio. Nel 1756, Sarah Chase e Mary Coote, due di queste giocatrici, vengono descritte come "le due donne più famose del Regno". Attirano grandi folle che ammirano la loro abilità e atletismo. Nel 1792, le giocatrici di una partita tra Rotherby e Hoby, due villaggi del Leicestershire, vengono elogiate per aver compiuto "straordinarie prodezze di abilità e agilità", e dopo la partita, le lanciatrici della squadra vincente vengono "subito messe su una sorta di carro trionfale, precedute da musica e bandiere svolazzanti, e condotte a casa dai giovani di Rotherby, tra le acclamazioni di un folto gruppo di spettatori soddisfatti."[8]

La folla più numerosa attratta dalla promessa di una performance atletica femminile, però, si raduna nell'agosto del 1804, quando 100.000 persone si recano a Knavesmire, a York, per assistere al più grande scontro di genere che si ricordi: il sauro del colonnello Thornton, Vinagarella montato da Mrs Thornton sfida il baio di Mr. Flint, Brown Thornville (o Black Strap), montato da Mr. Flint. Distanza di quattro miglia e premio di 500 ghinee, più 1.000 extra.

Mrs Thornton, la prima fantina a gareggiare contro uomini in una corsa ufficialmente riconosciuta, viene descritta come la *Chère Amie* del colonnello Thornton. Il suo vero nome è Alicia Meynell, è figlia di un rispettabile orologiaio di Norwich. Ha circa 22 anni, è "molto bella, con carnagione chiara, capelli biondi, occhi azzurri, e molto affascinante." Il capitano William Flint, l'avversario è, invece, "uno sportivo di grande celebrità, un audace cavaliere con i segugi e un pescatore esperto." Il colonnello Thornton, è un eccentrico sportivo che spende senza ritegno per le sue passioni dominanti: caccia, falconeria e tiro. Ha anche commissionato a Thomas Rowlandson un ritratto di Alicia. I Dragoni Leggeri del 6° reggimento vengono chiamati per aiutare a mantenere il percorso sgombro. Verso le 4 del pomeriggio, appare Mrs Thornton, accompagnata dal colonnello Thornton e dal signor Boynton: monta all'amazzone e indossa un corpetto color leopardo e giallo, maniche blu, cappello coordinato e una lunga gonna fluttuante. Mr. Flint è vestito di bianco. Vinagarella prende il comando per circa tre miglia, ma Brown Thornville lo supera e vince facilmente. Vinagarella si infortuna a circa un miglio dal traguardo e viene fermato. Alla partenza, Vinagarella è quotato 5 a 4, in corsa, 2 a 1 contro di lui. La gara si conclude in 9 minuti e 59 secondi.

Alicia non demorde e l'anno successivo corre di nuovo a Knavesmire, questa volta contro Francis Buckle, il fantino più vincente della Gran Bretagna con 11 classiche e ben tre Derby all'attivo. Mrs Thornton monta Louisa, una saura di 6 anni. Frank Buckle è su Allegro, anche lui 6 anni, sauro di Mr. Bloomfield. In palio una Coppa del valore di 700 ghinee, mentre la distanza da percorrere è di due miglia. Stavolta ci sono solo 30.000 spettatori. Due giorni prima della gara, Alicia provando il percorso ha rischiato un grave incidente: a tutta velocità, di fronte alla tribuna principale, ha rischiato di essere sbalzata da Louisa che s'impenna e, prima di poter essere controllata, rimane incastrata sotto le barriere. Nessun problema. Sabato, 24 agosto, la gara inizia verso le 3,30 del pomeriggio. Alla partenza, Louisa prende il comando e conduce per una buona parte della corsa. Allegro la supera per qualche metro, ma Mrs Thornton, dopo un "bel duello," vince la gara con stile, tagliando il traguardo con mezzo collodi vantaggio. "La sua audacia e la sua eccellente abilità da fantina suscitano l'ammirazione delle migliaia di spettatori presenti, che salutano la sua vittoria con grida di entusiasmo e congratulazioni", si racconta nella cronaca del giorno dopo. Francis Buckle continuerà a vincere altre 16 Classiche nella sua carriera, rimanendo il fantino britannico di maggior successo per i successivi 150 anni, di Mrs Thornton, anzi di Alicia Meynell non si hanno più notizie.

PUBLIC SCHOOLS, ARNOLD E IL RUGBY

Donald Walker nel suo *Games And Sports* (1837) descrive i campi di calcio come delimitati da *"porte piazzate a una distanza di 80 o 100 yard, formate da due bastoni conficcati a terra e distanti fra loro due o tre piedi (60-90 cm)"*. Le partite si disputano negli stessi posti in cui si gioca a cricket e a volte perfino negli stadi di cricket, come annuncia una nota su un giornale di Leicester per il Venerdì Santo del 1838 fra *"undici (in maggioranza tipografi) di Derby e altrettanti della nostra città. I vincitori sfideranno una qualsiasi squadra inglese per una borsa non superiore alle 25 sterline"*. Le partite sono spesso organizzate dai pub: nella zona di Holmfirth, Yorkshire, Mr Charles Whitehead, proprietario del Blue Cup Inn, raccoglie nel 1843 cinque sterline da sei giocatori del villaggio di Totties che sfidano quelli di Thurstone, come da tradizione il giorno di martedì grasso al meglio di tre gol (*"e i signori di Thurstone sono pregati di depositare il denaro"*). Il numero dei giocatori varia, da un minimo di 3 a 6, 8, 12, 15, 20 o perfino 30. Si gioca per la borsa, ma anche per premi in natura: una sostanziosa cena, mezzo barile di gin Old Tom, 40 libbre (una ventina di chili) di formaggio; un bel maiale; o una cena e una bottiglia di vino a testa. Al di là di formule diverse (come quella usata dalle parrocchie di Enderby e Whetstone, Leicestershire, che nel 1852 si sfidano su due partite ed eventuale bella, ogni partita finisce appena un gol viene segnato), le partite durano in genere un'ora. Ma vicino a Ashton-under-Lyne, Lancashire, il giorno di Natale del 1846, otto di Charlestown e otto di Boston giocano dalle 11 alle 15: vince "chi segna più" e chi perde paga il conto del pranzo all'Old Ship pub. Nel frattempo, i gestori accettano scommesse. Nel 1843 si sfidano due villaggi dalle parti di Rugby, 12 contro 12. Al mattino Grandborough è dato 100 a 1 contro Flecknoe, ma poco prima dell'inizio della partita la quota scende a 12. Si fanno buoni affari, tanto che alcuni pub decidono di mettere in piedi le loro squadre di football: a Rochdale, che adesso è un sobborgo di Manchester, nel 1839 per una borsa di 20 sterline si affrontano il White Lion Inn e il Barley Mow, questa volta al meglio delle 11 partite, sempre con il criterio che ogni gara finisce appena si segna un gol.

Nato dunque nelle strade come una pratica locale e successivamente diffusosi a livello regionale e nazionale, il calcio diventa uno sport popolare e globale grazie alla semplicità e alla naturale condivisione, almeno per molto tempo, delle sue norme. Sono attività agonistiche vissute come diretta prosecuzione della vita comunitaria, del pub.

È anche per questo che tutte le evoluzioni storiche del calcio non vedono significative partecipazioni femminili. Allo stesso modo il processo che vede la nascita del calcio, come di gran parte dello sport moderno, all'interno degli aristocratici college inglesi segue un percorso di tutt'altro genere, pedagogico, regolamentato, propedeutico, finalizzato alla costruzione di un cittadino modello e che, quindi, esclude le "cittadine" dallo sport (come dalla società).

L'attività sportiva, come la conosciamo oggi, è figlia della rivoluzione industriale così come del progresso tecnico e scientifico che ha attraversato il XIX secolo. L'efficienza del corpo umano diventa uno spazio di sperimentazione e messa in prova così come le macchine e i congegni: si scoprono i principi del motore e della forza di propulsione dal vapore, al carburante, all'elettricità. Ma i primi passi dello sport non avvengono in fabbrica, ma nei grandi e aristocratici campus: Harrow, Rugby e Charterhouse... Un processo che trova le fondamentali radici nella Gran Bretagna della seconda metà dell'Ottocento all'interno delle *public schools*, le scuole secondarie private di Inghilterra e Galles, caratterizzate da costi di retta elevati, sostenibili solo dalle famiglie privilegiate. A dire il vero nascerebbero come scuole per poveri: "pubbliche", in quanto l'accesso dipende da religione, mestiere o residenza. Fino al tardo Medioevo, la maggior parte delle scuole è controllata dalla Chiesa che fissa rigorosi criteri d'accesso, ma, in una società sempre più secolarizzata, il sopravvenuto bisogno di una formazione più professionale rende necessaria l'istituzione di scuole aperte a tutti e indipendenti dall'autorità ecclesiastica. A partire dagli anni trenta dell'Ottocento, nascono così le *preparatory schools*, propedeutiche all'ingresso dei ragazzi nelle *senior schools* e con un'età minima per l'ammissione di 12 o 13 anni.

Tra il 1861 e il 1864 la Commissione Clarendon svolge un'inchiesta su nove fra le più importanti *public schools*: sette collegi (Charterhouse, Eton, Harrow, Rugby, Shrewsbury, Westminster e Winchester) e due scuole diurne (St Paul's e Merchant Taylors'), con una relazione finale pubblicata nel 1864. Sulla scorta di questa relazione, il *Public Schools Act* del 1868 introduce un regolamento comune, dando, per la prima volta, una definizione giuridica di *public school*, ovvero di una scuola che, a differenza delle scuole locali, dove possono iscriversi solo i ragazzi del luogo, o delle scuole religiose, aperte solo ai membri di una certa confessione, è aperta agli studenti di qualunque parte della nazione. Purché paganti.

Uno dei nove istituti esaminati dalla Commissione Clarendon è la *Rugby School*, fondata nel 1567 per lascito testamentario di Lawrence Sheriff, che aveva fatto fortuna come fornitore di drogheria alla corte di Elisabetta I d'Inghilterra. La scuola nasce come *grammar school* gratuita per i ragazzi di Rugby, cittadina di cui Sheriff è originario. Rugby è una città a una ventina di chilometri ad est di Coventry e a 140, più o meno, da Londra. Nei primi decenni del XVIII secolo è la seconda più grande scuola d'Inghilterra, organizzata con un sistema di *houses* per ospitare gli alunni provenienti da tutte le isole britanniche e non solo. Con la costruzione attorno al 1770 dell'Oxford Canal, iniziano a sorgere industrie e manifatture: circa sessant'anni dopo verranno aperte le prime linee ferroviarie e i collegamenti con Londra, Birmingham e tutta l'Inghilterra. Nel 1797 la scuola di Rugby è teatro di una protesta violenta conosciuta come la *Great Rebellion*: alcuni ragazzi, dopo aver fatto saltare con esplosivi la porta dello studio del preside, bruciano i loro libri in cortile, si ritirano all'interno della scuola, scavano un fossato e alzano un ponte levatoio. Nasce uno stato d'assedio che termina solo grazie all'intervento della milizia locale chiamata dal preside. Seguono arresti e flagellazioni.

Nel 1828 il teologo e storico Thomas Arnold accetta l'incarico di preside della scuola di Rugby, incarico che mantiene fino alla morte avvenuta per infarto cardiaco nel 1842. Nei quattordici anni di direzione Arnold introduce ideali di comportamento e riforme pratiche che gettano la basi del modello della *public school* dell'epoca vittoriana.

Arnold è un devoto cristiano e crede che la vita umana sia una costante lotta contro il male: considera le dimensioni morali e spirituali della vita molto più importanti di quella meramente intellettuale. Per lui, il sistema scolastico deve principalmente servire a costruire il carattere dei ragazzi e a preparare i giovani studenti alla vita adulta. Il suo scopo ultimo è formare dei *Christian gentlemen*: la religione deve influenzare ogni aspetto della vita quotidiana. Arnold non rivoluziona il sistema scolastico: lo migliora secondo le sue convinzioni, rifiutando alcune parti e sviluppandone altre. Decide di sradicare dalla vita degli studenti alcune cattive abitudini, come il gioco d'azzardo, la distillazione dei liquori nelle loro stanze, il possesso di armi e la piaga del bullismo. Crea, inoltre, una struttura gerarchica che insegna il servizio, il controllo e l'affidabilità, valori che sono considerati fondamentali per il funzionamento della società vittoriana. Sono anche più importanti della curiosità intellettuale e della brillantezza. A Thomas Arnold è stato spesso attribuito un ruolo importante nello sviluppo dell'*athleticism* e dei "giochi organizzati" nell'educazione dei ragazzi. Il maggiore contributo diretto della famiglia Arnold alla pratica sportiva viene, in realtà, dalla moglie di Thomas, Mary, che ha l'idea di riservare abiti speciali per il football per risparmiare dal fango i normali vestiti dei ragazzi. O dal quarto figlio, William Delafield, studente a Rugby, che non molto tempo dopo la morte del padre nel 1842, insieme a WW Shirley e Frederick Hutchins redigerà le prime regole scritte per il football[9].

Arnold riforma le scuole pubbliche cambiando il comportamento dei ragazzi, sviluppando il ruolo degli studenti creando la filosofia dell'importanza di menti e corpi sani. Con l'aumento della popolarità delle scuole pubbliche, aumentano anche i finanziamenti e lo sviluppo di magnifici campi da gioco, uniformi e regole. Le competizioni interscolastiche portano alla nascita dei simboli dell'atletismo come combinazione di sforzo fisico e integrità morale (sportività). Gli studenti andando poi all'università si portano dietro l'"etica del gioco": carattere completo, maniere impeccabili e qualità personali invidiabili. Avendo guidato una squadra sul campo, si dà per scontato che possa guidare un reggimento sul campo di battaglia.

Seguendo l'esempio di Arnold, in Inghilterra gli sport iniziano ad avere un ruolo chiave nella formazione fisica e morale dei giovani destinati a formare la classe dirigente. Le scuole che alcuni decenni prima della dichiarazione dell'Impero avevano già enfatizzato i valori di sportività, virilità, senso del dovere e lealtà si impegnano per forgiare servitori fedeli capaci di difendere gli interessi della Gran Bretagna in Asia e in Africa attraverso un'attività sportiva impregnata di quel carattere militarista utile a disciplinare i futuri amministratori e "civilizzatori" del *British Empire*.

La gestione di Arnold a Rugby è fondamentale per lo sviluppo dei giochi organizzati, ma la strada seguita non è diretta. Fino al suo arrivo i ragazzi praticano molti tipi di giochi e competizioni atletiche che, però, non fanno parte del programma scolastico: nel tempo libero gli studenti possono scorrazzare per la campagna pescando e cacciando. Gli insegnanti non sono interessati, tollerano e si limitano a punire occasionali comportamenti scorretti. A partire dalla seconda metà del Settecento, il football aveva iniziato a riempire le giornate dei giovani dell'alta borghesia: gli incontri si svolgono su campi delimitati da due cancelli alle estremità, precursori delle attuali porte: si stabilisce una divisione equa dei giocatori tra le squadre, ma la natura violenta del gioco rimane immutata, tanto da destare preoccupazione, almeno in questi casi, tra gli educatori. Arnold crede fermamente in un caposaldo dell'ortodossia educativa liberale: la necessità di sviluppare negli studenti un'autonomia responsabile. Attraverso commissioni (*levies*), i ragazzi governano attività ricreative, iscrizioni agli sport, gestione dei fondi necessari per ingaggiare sportivi professionisti come istruttori. In cambio Arnold ottiene la cooperazione dei ragazzi nel mantenere la disciplina e realizzare le riforme che desidera, a cominciare dal sistema del *prefect-fagging*, ossia il potere concesso, dai vertici scolastici, ai ragazzi tra i sedici e i diciotto anni di utilizzare praticamente come servitori personali i ragazzi più giovani. Arnold si adopera affinché questa libertà sia esercitata per il bene comune e non diventi sinonimo di licenza incondizionata a compiere abusi, torture e umiliazioni. Agli elementi che garantiscono leadership morale viene delegata anche l'organizzazione e la gestione delle attività ludico-ricreative degli studenti. Il *prefect-fagging* diventa uno strumento di controllo sociale con cui Arnold legittima il football sotto una nuova veste, spingendo gli studenti a formalizzare una serie di regole per governarlo. Senso dell'onore e della lealtà diventano fondamentali: la competizione può essere rude e virile, ma non deve mai sfociare in rissa o in atteggiamenti antisportivi o scorretti. Il disordine e l'aggressività incontrollata vengono riformati e controllati per lasciare spazio alle neonate qualità signorili dello sport che assume un ruolo essenziale nel processo generale di costruzione del carattere. Nella Rugby School di Arnold ci sono giochi "pagani" e giochi "cristiani". Le attività "pagane" includono forme di caccia e pesca di frodo e, naturalmente, il gioco d'azzardo. Invece, i giochi sono cristiani se praticati entro i limiti di una "condotta da gentiluomini". Anche il cricket, che era già un gioco molto popolare sia tra le classi alte che tra la gente comune, acquista in questa fase lo status di disciplina morale, capace di infondere valori come spirito di squadra, cooperazione, lealtà, rispetto della leadership, rispetto delle decisioni dell'arbitro, dignità sia nella vittoria che nella sconfitta. Carattere ed eccellenza morale uniti nelle nozioni di sportività e *fair play* che il cricket rappresenta al più alto livello. La nuova Inghilterra delle classi medie figlie della rivoluzione industriale esalta il controllo e la moderazione: proprio il contrario di quanto caratterizzava i giochi popolari tradizionali. Giochi che, oltretutto, cominciano a lamentare l'assenza di tempo, spazio e libertà necessarie: il lavoro si è spostato dalle campagne alle fabbriche e la qualità della vita dei cittadini ne risente in maniera significativa. Gli sport violenti come il calcio vengono ulteriormente stigmatizzati e criticati: la preoccupazione non è legata ai molti infortuni e alla salute dei giocatori, ma alle assenze dal lavoro. Gli orari nelle fabbriche aumentano a livelli inumani: va quindi evitata qualsiasi possibilità di intrattenimento ricreativo che possa compromettere la produttività. E mentre la classe lavoratrice fatica a trovare momenti di svago, gli studenti delle prestigiose *public schools* godono di lunghi pomeriggi per le più varie attività ricreative. Non solo: a Rugby, ad esempio, hanno un pezzo di terra recintato, *the Close*, adeguato allo scopo. Non devono più dedicarsi a giochi improvvisati nei cimiteri locali, come facevano una volta: i loro giochi, pur discendendo da quelli tradizionali, vengono continuamente rinnovati grazie alle novità introdotte dai ragazzi in arrivo da altre regioni o addirittura da altri Paesi. E senza interferenze da parte delle autorità scolastiche o civili.

Ogni *public school* ha la propria versione di football: tutti usano sia le mani che i piedi, ma in misura diversa a seconda del posto.

La conoscenza e la diffusione del rugby devono molto a un romanzo *Tom Brown's Schooldays*, di Tom Hugues. La descrizione di una partita attraversata da virilità, sportività, dovere cristiano, resistenza fisica e morale al bullismo, diventa una sorta di ortodossia morale, educativa e sportiva in tutto l'impero britannico. Hughes porta il gioco e i suoi valori anche negli Stati Uniti (dove fonda due città chiamate Rugby) e in Francia attraverso scrittori come Hippolyte Taine e Pierre de Coubertin. Grazie ad Arnold e Hugues il modello della Rugby School si diffonde in tutto il Paese. Le scuole più vecchie, come Harrow, riformano il curriculum secondo le linee dettate da Arnold; i nuovi istituti, come Hailebury e Clifton, adottarono integralmente la filosofia di Rugby. Nel 1870, undici docenti che avevano prestato servizio a Rugby agli ordini di Arnold o dei suoi successori, diventano presidi di altre importanti scuole, creando una rete professionale e favorendo, nelle scuole, il moderno concetto di sport imparato a Rugby. Ovvero: un football giocato entro tempi certi e luoghi fissi; terreni contrassegnati da linee; squadre con un numero di giocatori definito e guidate da "capitani"; esistenza di regole scritte e stampate; nascita di una terminologia specifica; divise da gioco, come le maglie bianche della School House di Rugby, presto adottate dalla nazionale inglese.

Gli sport diventano obbligatori in molte *public schools* e le abilità atletiche cominciano ad avere la precedenza sul profitto accademico. In Arnold non c'è grande entusiasmo per l'elemento fisico e atletico: una quindicina di anni dopo la sua morte prende il sopravvento la *Muscular Christianity* che abbina la cura della salute e della "mascolinità" allo sviluppo della moralità cristiana e alla formazione di "virili" cristiani attraverso la pratica sportiva. La frase più comunemente usata per condensare la nuova filosofia è il motto di Giovenale *"Mens sana in corpore sano"*: per Thomas Hughes e altri, muscolari, pensatori britannici, una mente sana non significa soltanto una mente colta, ma una mente moralmente pura.

CRISTIANESIMO MUSCOLARE

Oltre a Thomas Hughes, la *Muscular Christianity* si ispira *a* Charles Kingsley, autore di *Westward Ho!*. Sia Hugues che Kingsley ritengono la Chiesa Anglicana troppo morbida ed effeminata: i protagonisti dei loro libri incarnano, dunque, un ideale controbilanciamento. Spazio a giovani, uomini, che riescono a combinare la virtù e l'etica del gentleman, cristiano, con l'atletismo, maschile, la solidarietà e l'onore. Hughes parla anche della necessità di usare, a volte, la violenza per le giuste ragioni:

"Il mondo potrebbe essere un posto migliore senza combattimenti, per quanto ne so, ma non sarebbe il nostro mondo; e perciò sono assolutamente contrario a gridare pace quando non c'è pace, e non è destinata a esserci. Mi dispiace quanto chiunque altro vedere gente combattere contro le persone e le cose sbagliate, ma preferirei di gran lunga vederli fare ciò, piuttosto che non avere alcuno spirito combattivo."

La filosofia del Cristianesimo Muscolare sostiene che la cura del corpo sia essenziale per seguire il Vangelo, poiché la salute fisica può diventare un potente alleato o un ostacolo insormontabile nella vita spirituale. Questa corrente, non trovando nella tradizione cristiana una forte "teologia del corpo", ne sviluppa una propria, legando indissolubilmente la salute fisica a quella spirituale. Rafforzare il corpo non è visto come un mero esercizio di salute o piacere, ma come un dovere sacro: la forza fisica è un riflesso della forza morale e allenare il corpo significa rafforzare la volontà, una qualità cruciale per resistere alla tentazione. Lo sport e l'esercizio fisico vengono così elevati a strumenti per sviluppare il carattere, insegnando valori fondamentali come il fair play, la resilienza e la disciplina. Non solo: lo sport diventa anche un mezzo per avvicinare i "non credenti" alla fede, offrendo loro un'alternativa costruttiva e salutare a comportamenti violenti. Il Cristianesimo Muscolare mira a far riconnettere uomini e ragazzi con la loro mascolinità, vista come un valore positivo, profondamente intrecciato alla fede. Gli sport, specialmente quelli marziali come il pugilato, sono incoraggiati perché sviluppano tratti maschili quali la forza, il coraggio e l'onore, preparando i giovani a ruoli di leadership e servizio, inclusa la guerra. La combinazione di forza fisica e virtù cristiane è considerata essenziale per formare uomini rispettabili, capaci di difendere con fermezza e coraggio i propri ideali.

I sostenitori del Cristianesimo Muscolare cercano di convincere le chiese a promuovere e supportare l'esercizio fisico e l'atletismo. Prima degli anni 1880, molte chiese cristiane rimangono contrarie, vedendo lo sport come un'attività sacrilega e una distrazione frivola dalla fede. Presto cambiano idea e si allineano al movimento, non solo perché credono che lo sport possa costruire il carattere cristiano, ma anche per interesse personale. Mentre l'atletica cresce in popolarità nella cultura secolare, soprattutto tra i giovani, le chiese comprendono che un coinvolgimento nello sport può aiutarle a rimanere rilevanti, attrarre nuovi membri e mantenere un legame con la nuova generazione. Le chiese assumono un ruolo attivo e indiretto nel movimento del Cristianesimo Muscolare. Alcuni ministri del culto incoraggiano semplicemente i membri a fare più esercizio, mentre altri fondano leghe sportive e costruiscono strutture atletiche, come piscine e palestre, accanto ai luoghi religiosi. A New York, una "Lega Atletica della Chiesa" riunisce club di 15 chiese cattoliche e protestanti, attirando 3.000 membri e ottenendo un successo notevole sia fisicamente che moralmente.

Il più grande sostenitore dell'atletica religiosa, però, non è una chiesa, ma la *Young Men's Christian Association* (YMCA). Fondata a Londra nel 1844, la YMCA nasce come rifugio per i giovani che si trasferiscono in città, offrendo sale di lettura, studi biblici e biblioteche. Nel 1869, la YMCA di New York apre la sua prima palestra, che si dimostra così efficace nel raggiungere i giovani che altre sedi nel mondo seguono l'esempio. Entro il 1900, la maggior parte delle YMCA costruisce palestre, piscine e campi da basket, attirando migliaia di persone.

Da allora l'ideale dell'*athleticism* si è affermato definitivamente e l'esercizio fisico diventa un mezzo altamente produttivo per inculcare preziosi e funzionali obiettivi educativi: coraggio fisico e morale, lealtà e cooperazione, capacità di agire in modo equo accettando la sconfitta, capacità di comandare e di obbedire. Sono soprattutto gli sport di squadra a essere considerati efficaci per insegnare quei principi essenziali per il buon funzionamento della società vittoriana: i funzionari, la nuova élite della società vittoriana, nobiltà e alta borghesia, condivide la stessa educazione, gioca insieme sugli stessi campi scolastici creando un legame che garantisce la coesione sociale.

Questa idea dell'attività sportiva è molto più lenta e complicata nelle scuole pubbliche femminili dove già la sola istruzione è vista come una minaccia alle norme comportamentali della società. L'atletismo, inoltre comporta altre preoccupazioni: il dover indossare abiti succinti, l'inappropriatezza di attività competitive o vivaci che, se intense, possono complicare se non impedire la gravidanza. Ma di fondo c'è la convinzione dell'inutilità di dare alle ragazze le stesse opportunità dei ragazzi.

Dopo le guerre napoleoniche, la regolamentazione degli sport vive un momento di crescente tensione. L'élite si ritira gradualmente dalla gestione degli sport e il disimpegno di chi garantisce il rispetto dello spirito sportivo crea la necessità di regole dettagliate e attente alle sfumature. Le cose cambiano, parzialmente, verso la fine del diciannovesimo secolo, quando si formano la Football Association (1863) e la Rugby Football Union (1871): le classi medie si sono emancipate e in ambito sportivo, la meritocrazia diventa più importante della posizione sociale. Un certo grado di democrazia penetra nella costituzione degli organismi che dettano le regole del gioco, anzi dello sport.

La cura e l'attenzione al corpo e all'attività fisica trova spazio in gran parte della cultura europea del XIX secolo. Ma con una sostanziale differenza: mentre i giochi di squadra britannici aggiungono una componente ludica e morale, la moda della ginnastica prussiana e scandinava, venata di romanticismo, si lega al nazionalismo e al militarismo, sottolineando l'importanza dell'allenamento fisico.

---

1 citato in Blauw, W., 2001, *Van Glis tot Klapschaats*, Zeer Goed

2 Il *mob football* resiste ancora oggi come forma di tradizione. La partita più famosa è il *Royal Shrovetide Football*, che si gioca ad Ashbourne negli ultimi giorni del Carnevale e coinvolge l'intera comunità. Le porte sono rappresentate da due mulini ai capi opposti della città.

3 https://arielhessayon.substack.com/p/women-and-football-part-one

[4] Morello: La Vostra Signoria può partecipare a una partita di calcio, È tutto il divertimento di oggi. Cos'altro è il mondo se non un pallone, Che rincorriamo con grida e urla, Chi lo afferra è sicuro di cadere, Con i talloni inciampati da chi lo segue.

Dondolo: Non giocano anche le donne?

Grutti: Sono troppo leggere, cadono subito.

Morello: Oh sì, sono le migliori giocatrici di tutte, Perché anche se spesso finiscono a terra, Non una su cento cadrà davvero, Ma sotto le sue gonne il pallone sarà trovato.

[5] Marius: Trovo che Orante non abbia grande affetto per il Principe né per il Popolo; tuttavia non può negare che la Principessa Clorinda sia un esempio straordinario di virtù e coraggio; non teme né ferite né pericoli.

Orante: Lei gioca a calcio, trebbia, e taglia legna, così come suo fratello; Ahimè, Signore, non è come a Roma, e nel Mondo Orientale, dove le donne sono delicate, cresciute con cura e piene di pensieri teneri; Qui non c'è differenza tra i sessi, se non che loro le considerano meno degli uomini: Anche le loro vacche arano, e le loro cavalle portano fardelli, e le loro donne combattono. Nessuna bestia di quel Paese ha alcun privilegio; e non mi meraviglio di nulla più della Curiosità Romana, che ha fatto guerra così a lungo contro questo nido di vespe su una roccia. Per tutti i nostri dei, non abbiamo mai pensato che il loro Paese valesse la pena di essere richiesto, abbiamo solo esiliato i malfattori lì; e loro hanno scelto piuttosto di tornare e morire qui, che vivere e consumarsi in quel nido di inverno. Freddo, povertà e ignoranza, sono le uniche merci, che io sappia, che il loro Paese offre.

[6] Un tempo, il martedì grasso si mangiava e si festeggiava a lungo perché era l'ultima opportunità per una scorpacciata prima del digiuno di Quaresima. Non sorprende quindi che questo giorno sia anche chiamato "Fassens" o "Vigilia di digiuno" nel nord dell'Inghilterra e della Scozia e "Nos Ynyd" in Galles. Un tempo, questo era il momento in cui tutti i cristiani facevano confessioni o "shrifts". È stato anche chiamato Guttit Tuesday, Doughnut Day, Lentsherd (o Lansherd) Night, Dappy-door Night, Lincrook Day e Sharp Tuesday.

[7] Ricorderò solo un altro passaggio, più di allegria che di peso. Il giorno chiamato Natale, il Governatore li chiamò a lavorare (come si usava fare), ma la maggior parte di questa nuova compagnia si scusò e disse che era contro la loro coscienza lavorare quel giorno. Così il Governatore disse loro che se ne avessero fatto una questione di coscienza, li avrebbe risparmiati finché non fossero stati meglio informati. Così condusse via gli altri e li lasciò; ma quando tornarono a casa a mezzogiorno dal loro lavoro, li trovò in strada a giocare, apertamente; alcuni a lanciare la sbarra, e altri a stool-ball, e simili sport. Così andò da loro, e tolse i loro attrezzi, e disse loro che era contro la sua coscienza, che giocassero e altri lavorassero. Se ne facevano una questione di devozione, che restassero a casa loro, ma non ci sarebbero stati giochi o baldoria per le strade.

http://www.pilgrimroots.co.uk/portfolio/pilgrims-and-christmas/

[8] Nicholson, R., 2019, *Ladies and Lords. A History of Women's Cricket in Britain*, Lang

[9] Queste regole furono approvate nell'agosto 1845 e pubblicate nello stesso anno, diventando il primo insieme di regole pubblicato conosciuto per qualsiasi codice del calcio.

L'INVENZIONE DELLA TRADIZIONE

Charles Pierre de Frédy, barone di Coubertin nasce in una famiglia aristocratica francese, ma abbastanza presto sviluppa un forte senso di ribellione contro le disuguaglianze sociali. La formazione militare, a Saint-Cyr, gli instilla, invece, quel rigore morale che influenzerà tutta la sua vita.

Due grandi trasformazioni stanno cambiando il mondo nella metà dell'Ottocento: la nascita della scuola dell'obbligo e lo sviluppo dei trasporti e delle comunicazioni. E de Coubertin che ha praticato canottaggio, ginnastica e corsa, è convinto che lo sport possa diventare un potente strumento di democratizzazione e di fratellanza tra le nazioni. Alla classe intellettuale francese rimprovera di "sedere troppo spesso sul proprio cervello, trascurando il fisico". È affascinato dalle teorie di Thomas Arnold e leggendo il romanzo di Hugues, *Gli anni di scuola di Tom Brown*, si commuove per il rapporto tra professore e studenti. Ma, soprattutto, è colpito dai racconti dei giochi e delle attività sportive della scuola.

Il modello olimpico concepito da de Coubertin, nasce, dunque, sotto l'influenza del periodo trascorso in Inghilterra ed è figlio dei legami con l'ideologia della *Muscular Christianity*. Da giovane, il barone aveva persino considerato l'idea di diventare prete, studiando in una scuola di gesuiti. Il suo "olimpismo religioso", presentato a Parigi durante le riunioni che portano alla prima edizione dei Giochi, raccolgono le ispirazioni collezionate nei tour compiuti nelle *public schools* inglesi negli anni '70 e '80.

De Coubertin è convinto che l'educazione sportiva sia la base della grandezza britannica e che valga la pena introdurre lo stesso sistema in Francia. Lo sport può portare benefici non solo dal punto di vista fisico, ma anche nell'educazione della persona nel suo insieme. Competere in una gara sportiva con il giusto spirito, imparare a vincere e a perdere sul campo di gioco, rappresenta un importante allenamento per affrontare le sfide della vita.

FATE LO SPORT NON LA GUERRA

La differenza tra lo sport degli antichi e lo sport moderno rispecchia la differenza tra l'ethos politico prevalente nelle due epoche: nell'antichità la natura delle attività sportive era determinata dal modello guerriero dominante in quelle società; lo sport moderno, al contrario, è modellato sulla tradizione britannica, tipicamente borghese, della *fairness* (correttezza, imparzialità, equità).

Ciò spiega anche il diverso livello di violenza presente nelle attività sportive delle due epoche, alto nell'antichità e molto controllato negli sport moderni. Il mondo greco vedeva il superamento di sé come un concetto limitato da norme invalicabili come quelle della legge, del cosmo e del divino: la progressione infinita non era legittima poiché doveva prevalere il finito, il completo, il perfetto. Superare i limiti naturali era visto come agire "contro natura" e poteva portare alla follia.

L'ideale olimpico di uno sport legato ai valori della Grecia antica è, quindi, legato a un certo grado di romanticismo e di patriottismo. Si comincia nel 1833, nel neonato stato greco, con il poeta romantico Panagiotis Soutsos che propone il rilancio delle Olimpiadi come parte della rinascita dell'antica tradizione. Nel 1852 è la volta dell'archeologo Ernst Curtius a rivendicare la corretta collocazione, anche geografica, dei Giochi. Agli inizi del 1856, Evangelis Zappas, cittadino greco che vive in Romania, invia una lettera a re Ottone I, offrendo i fondi necessari la realizzazione dell'idea olimpica, provvedendo anche ai premi in denaro per i vincitori. Allega un ampio progetto organizzativo, con celebrazioni previste in autunno per quattro domeniche consecutive: una seduta plenaria dell'Accademia delle scienze; un'esposizione di bestiame e una gara di velocità per cavalli;

un'offerta di prodotti agricoli con gare sportive; un'esposizione di manufatti artigianali, opere musicali e teatrali. Il re si convince della bontà del progetto in occasione dell'esposizione industriale e agricola. Il 15 novembre 1859, nella piazza principale di Atene, si inaugurano i Giochi olimpici di Zappas, la prima Olimpiade dell'era moderna, tutt'altro che ecumenica visto che i partecipanti sono esclusivamente greci. Zappas, morto nel 1865, lascia in eredità la sua fortuna per la future Olimpiade, che si terrà nel *Panathinaiko* nel 1896: i fondi saranno usati per la costruzione di strutture permanenti, come lo *Zappeion* (dove si svolgeranno le gare di scherma), inaugurato ufficialmente il 20 ottobre 1888.

Nel 1892 il barone Pierre de Coubertin raccoglie il testimone proponendo, in una conferenza tenuta alla Sorbona, il ritorno alla tradizione olimpica classica, una "invenzione della tradizione" per dirla con Hobsbawm e Ranger[1]. Quattro anni più tardi quel sogno/invenzione si materializzerà nella prima Olimpiade della modernità: i Giochi di Atene del 1896. Il barone non ha solo voglia di sport antico, l'idea è quella di recuperare lo spirito filosofico dell'armonia di corpo, mente e spirito, tanto da considerare l'opportunità di rendere l'educazione fisica obbligatoria nelle scuole. In qualità di attento pedagogo e dopo la sconfitta francese nella guerra contro la Prussia a Sedan nel 1870, il barone si rende conto della necessità di migliorare la preparazione atletica dei francesi. Inoltre, crede che i giovani di tutto il mondo debbano confrontarsi attraverso la competizione sportiva anziché attraverso la guerra.

SPORT COME DIPORTO

Un'invenzione della tradizione: nessuno dei caratteri peculiari dello sport della modernità (la misurazione precisa e verificabile della prestazione, il rispetto di rigorose regole del gioco, l'idea di fair play) è presente nella tradizione antica. La stessa parola "sport" nell'accezione che conosciamo oggi nasce a fine Ottocento.

Negli ultimi anni del XII secolo, in un testo veneziano (i *Proverbia que dicuntur super natura feminarum*), c'è la comparsa della parola *deporti*, ma con il significato di 'divertimento'.

Ço q'eu digo de femene, Dieu me 'nde sïa teste,
no 'l digo per eniuria, qe me sia stae agreste,
qé molti n'ave deporti a çardini et a feste;
mai ver digando scrisi 'sto fato q'en ler este.

No credano le femene, però c'ai pelo blanco,
*qe de li soi **deporti** sia recreto ni stanco.*
Molti arbori florise en cima et en branco:
s'el à viva radice, de fruitar non è stanco.

Anche la parola *diporto* che appare in molti testi di aree geografiche diverse (Lombardia, Veneto, Emilia-Romagna, Toscana ecc.) fa sempre riferimento a qualcosa che crea una condizione di piacere e di gioia. Nell'Inghilterra di fine Trecento, compare nel prologo dei *Canterbury Tales* di Geoffrey Chaucer la parola *disport*, con il significato di 'piacere, svago', così come nel Cinquecento la forma abbreviata *sport*. E in Italia, dobbiamo aspettare l'Ottocento: ritroviamo il termine *sport*, nei titoli di alcune testate quali *L'Eco dello Sport* (1881), *Lo Sport illustrato* (1883), *La Gazzetta dello Sport* (1896). La vecchia parola *diporto*, viene confinata nell'italiano antico, rimanendo in vita quasi esclusivamente nell'accezione "roba da dilettanti, finalizzata allo svago".

L'ambiente socioculturale di de Coubertin, e la sua formazione intellettuale, si serve del mito classico per trasformare lo sport in programma pedagogico e, a suo modo, politico. La formazione degli stati nazione e lo sviluppo delle prime linee ferroviarie hanno già reso possibile la disputa di tornei e campionati a vasto raggio territoriale. La costruzione di sistemi sportivi strutturati su scala nazionale è un processo che scandisce in maniera esemplare il passaggio d'epoca. Con la rivoluzione industriale, sport e società (e mezzi di comunicazione) crescono in modo parallelo, appoggiandosi reciprocamente: il tempo "libero" dal lavoro trova naturale diffusione nella cornice dello sport. A partire dalla Gran Bretagna del XIX secolo.

Il passaggio dello sport da elemento ricreativo tradizionale, sponta-
neo ed eterogeneo, a fenomeno organizzato, retto da regole certe, razionali
e vastamente accettate, inserito in un preciso modello educativo e in un
codice etico destinato a formare e a improntare le classi dirigenti della
Gran Bretagna e del suo vasto impero. In particolare, si fa riferimento
all'epoca vittoriana (1837-1901) e al sistema pedagogico delle public
schools (le scuole private riservate alle élite), ispirato dal pensiero e dal-
l'azione del preside della Rugby School, Thomas Arnold, ma anche alle
conseguenze socio-culturali della rivoluzione industriale, con l'ascesa del-
la borghesia e la massiccia urbanizzazione[2]*.*

L'IMPORTANTE È PARTECIPARE? CHI LO HA DETTO

Il 23 giugno del 1894 de Coubertin organizza alla Sorbona
di Parigi un congresso internazionale nel corso del quale annuncia la sua intenzione di riproporre i giochi olimpici dell'antica
Grecia. In quella data viene pure istituito il Comitato olimpico
internazionale (CIO) a capo del quale viene chiamato il greco
Demetrius Vikelas, uomo di sport ma anche di cultura, mentre
de Coubertin ricopre il ruolo di segretario generale. Il CIO stabilisce, né poteva essere diversamente, che le prime olimpiadi della nuova serie si svolgano due anni dopo ad Atene. Il successo
della manifestazione è talmente grande da indurre de Coubertin
ad assumere la presidenza del Comitato.

De Coubertin, inoltre, non solo ha l'idea dei giochi, ma è
anche l'inventore della bandiera olimpica e del motto dei giochi.

In compenso la frase che lo ha reso famoso non è sua. «*L'im-*
portante non è vincere ma partecipare» è un concetto ripreso dal barone da un discorso del vescovo anglicano Ethelbert Talbot che
lo aveva esposto nella cattedrale di Saint Paul a Londra durante
una cerimonia in onore dei partecipanti dei giochi olimpici del
1908. Sembra, poi, che il vescovo si fosse ispirato a sua volta a
un filosofo greco che disse «l'importante non è vincere, ma partecipare con spirito vincente».

I cinque cerchi olimpici appaiono per la prima volta nel
1913 in una lettera scritta da de Coubertin. Lui stesso li dise-

gna, colora e colloca in apertura del suo scritto: inizialmente, sono disposti lungo un'unica catena orizzontale.

Per il motto olimpico De Coubertin si rivolge al predicatore domenicano Henri Didon che gli propone "Citius! Altius! Fortius!" («Più veloce! Più in alto! Più forte!») E utilizzato la prima volta per le Olimpiadi del 1924.

De Coubertin introduce, il concetto di "olimpismo moderno" per designare le idee che guidano la riproposizione dei Giochi olimpici. Enfatizza l'importanza della partecipazione e la performance senza ricompensa, opponendosi all'idea di dilettantismo assoluto e sottolineando la lealtà sportiva. Nel suo discorso per il XX anniversario della ripresa dei Giochi olimpici del 1914, afferma: *"Il mondo moderno ha un mezzo migliore di celebrare il suo (dello sport) culto, aderendo affatto semplicemente alle sue dottrine... lo sport deve essere l'obbediente servitore della cultura intellettuale e della cultura morale"*.

Lo sport, secondo de Coubertin, rappresenta la democrazia: collaborazione e concorrenza sono i pilastri essenziali. Strettamente legati alla democrazia e alla cooperazione tra i popoli sono l'internazionalismo e la ricerca della pace, che, attraverso lo sport, diventano valori fondamentali per l'olimpismo.

Lo sport è un diritto di nascita per tutti, ma influenzato dalla società paternalistica in cui è cresciuto e il codice cavalleresco e a cui aderisce, de Coubertin sconfina nella misoginia: mascherato dal rispetto per la dignità delle donne si oppone alla partecipazione femminile ai Giochi Olimpici. Nel 1928, all'università di Losanna durante un suo intervento, "L'utilisation pédagogique de l'activité sportive", dichiara: *"Se alcune donne vogliono giocare a calcio o fare boxe, che lo facciano, a patto che l'evento si svolga senza spettatori, perché gli spettatori che affollano tali competizioni non sono lì per guardare uno sport"*

Le donne in compenso possono partecipare alle Competizioni d'Arte Olimpiche (148 entro il 1948). De Coubertin si oppone fermamente anche ai Giochi Olimpici Femminili del 1920 lanciati da Alice Milliat: *"piccola olimpiade femminile è impraticabile, poco interessante, sgraziata e [...] inappropriata"*[3]. C'è da dire che il nostro in tema di indipendenza femminile ha opinioni un po' più progressiste: *"Che le leggi la proteggano, la mettano in condizione di resistere, e persino di sfuggire alla tirannia coniugale, nulla di più legittimo"*. Spesso contraddette a stretto giro di posta: Per lui, i Giochi avrebbero dovuto essere *"la continua e solenne esaltazione dell'atletismo maschile con l'applauso femminile come ricompensa"*. E per completare : *"Le razze hanno valore diverso e tutte le altre devono obbedienza a quella bianca che è essenzialmente superiore"*[4].

De Coubertin insieme al linguista e storico delle religioni e delle mitologie, Michel Bréal, inventa anche la tradizione della maratona, la gara regina delle Olimpiadi con la riscrittura del mito di Filippide e della corsa per la vittoria. Da segnalare la particolare, immediata sovrapposizione tra gara e informazione. Filippide è un militare ateniese e soprattutto un emerodromo, letteralmente "colui che porta la notizia". Insomma un messaggero che corre da una città all'altra per consegnare, per lo più oralmente, i messaggi che gli vengono affidati. La leggenda narra che Filippide sia stato. inviato nella storica città nemica di Sparta a recapitare l'invito di combattere al fianco degli ateniesi per salvare la civiltà greca dall'assalto dei persiani. Interessante notare che sulla testa del primo famoso cronista della storia si addensano le nubi di quelle che oggi definiamo fake news. A cominciare dal nome: Filippide come riportano Pausania, Plutarco, Luciano, come avevano letto nelle loro versioni di Erodoto, o Fidippide, con la "d", come compare nella maggior parte dei manoscritti erodotiani e nome usato anche da Aristofane nelle "Nuvole"? Non mancano altre versioni: lo storico Eraclide Pontico parla di tale Tersippo, mentre per la maggior parte dei suoi colleghi è, invece, Eucle. Occorre aspettare il secondo secolo d.C. e le opere di Luciano di Samosata per ritrovare Filippide e non Fidippide. L'anno è comunque il 490 avanti Cristo, il giorno forse l'11 settembre. O il 12, anche se c'è che chi allarga lo spazio temporale di un mese, fino al 12 agosto. L'impresa: come la racconta Erodoto, Filippide porta ad Atene la notizia della sconfitta dei Persiani a Maratona. Quarantadue chilometri che rappresenteranno anche la distanza coperta nella gara olimpica con nome ripreso dalla città della battaglia. In realtà il suo compito è quello di correre da Atene verso Sparta: bisogna convincere gli spartani a mandare un contingente militare prima ad Atene e poi a Maratona per difendere la Grecia intera dall'attacco barbaro. Atene dista da Sparta 240 km: Filippide impiega 2 giorni, di corsa e neanche una sosta. La risposta di Sparta è tiepida: avrebbero inviato ad Atene i rinforzi desiderati, ma solo dopo sei giorni. Gli spartani sono convinti che si possa fare la guerra solo con la luna piena (altre fonti dicono che il rinvio sia dettato da problemi interni alla città, alle prese con la rivolta dei Messeni). Filippide è costretto a riprendere la via di casa e comunicare la notizia agli ateniesi: altri 240 chilometri di corsa, altri due giorni di marcia. Atene prende nota della risposta spartana, cambia strategia e con un astuto stratagemma sorprende le truppe persiane, vincendo la famosa battaglia di Maratona, nonostante siano solo in 10000 contro i 60000 persiani. La domanda sorge spontanea: Filippide come ha potuto correre da Maratona ad Atene per annunciare la vittoria se nel frattempo era già ad Atene, stanco e affaticato da 480 km e quattro giorni di corsa? È assai probabile, dunque, che l'emerodromo che compie il percorso "olimpico" non sia effettivamente Filippide ma un altro cronista-marciatore che, partito da Maratona e giunto ad Atene con la notizia della vittoria sui persiani, sia effettivamente morto per lo sforzo. E del nome nessuna traccia. E la maratona olimpica fonda il proprio fascino su una rivisitazione assai superficiale della storia. E anche la mitica distanza è frutto di qualche aggiustamento: dagli iniziali 40 km, a 42,75.

Nel 1908 la maratona si svolge a Londra con partenza dal Castello di Windsor e arrivo allo Stadio Olimpico: la suggestione dei luoghi porta la distanza da percorrere a 41.843 m. A questo tracciato gli organizzatori aggiungono 352 m per portare la linea di arrivo davanti al palco reale. Una linea d'arrivo diventata famosa per l'immagine di Dorando Pietri aiutato dai giudici. E lo stesso palco che ha celebrato la consegna da parte della regina consorte Alessandra di una coppa d'oro allo squalificato Pietri. Mentre poco più in là, seduto tra il pubblico vicino al traguardo, c'era anche Arthur Conan Doyle, che sul Daily Mail scrive: «*nessun romano antico seppe cingere il lauro della vittoria alla sua fronte meglio di quanto non l'abbia fatto Dorando nell'Olimpiade del 1908 (...) terribile eppure affascinante quella lotta tra un obiettivo lì davanti e un protagonista esausto*».

L'obiettivo della maratona in 42.195 metri verrà ufficializzata nel 1921 e utilizzata a partire dai Giochi di Parigi del 1924. Un colpo al mito e uno al palco reale.

LA MARATONA DI STAMÁTA REVITHI

Atene, lunedì, 25 marzo 1896. Mentre nel resto del mondo è il 6 aprile, i greci continuano a seguire il loro calendario giuliano e a inseguire la tradizione. Nonostante le difficoltà nell'organizzazione (anche all'epoca la Grecia era in crisi economica), alle 15.30 re Giorgio I dichiara aperte la prima Olimpiade moderna. Si celebra, anche, l'indipendenza greca e una folla immensa si raduna sulle gradinate del rinnovato Panathinaikon di Licurgo, l'antico stadio riportato alla luce grazie all'impegno finanziario del mercante greco residente ad Alessandria, Georgios M. Averof, che spende 585.000 dracme in oro.

Sono quattordici le nazioni in gara: Australia, Austria, Bulgaria, Cile, Danimarca, Francia, Germania, Gran Bretagna, Grecia, Italia, Stati Uniti, Svezia, Svizzera e Ungheria, con grandi differenze tra una delegazione e l'altra (ci sono169 atleti greci, mentre Australia, Svezia, Cile, Bulgaria e Italia hanno un solo iscritto). In ottemperanza alla tradizione antica e alla visione vittoriana del ruolo della donna non ci sono partecipanti di sesso femminile. Nove gli sport: atletica, ciclismo, ginnastica, lotta, nuoto, tennis, tiro, scherma e sollevamento pesi, per un totale di 43 gare.

Il primo campione olimpico è James Connolly: vince nel salto triplo, gara di apertura dei Giochi. Raccoglie il testimone dell'ultimo vincitore noto di Olimpia, il re armeno Varasdates, che, oltre 1500 anni prima, nell'anno 369 d.C, ha conquistato la corona d'alloro nel pugilato. Gli americani si aggiudicano 11 vittorie contro le 10 della Grecia. Il più medagliato è il tedesco Carl Schuhmann: tre "ori" nella ginnastica e uno nella lotta. In realtà c'è ben poco oro: nella prima edizione dei Giochi moderni i vincitori vengono premiati con una corona di ulivo e una medaglia d'argento; ai secondi spetta una medaglia di rame e un ramo d'alloro. Niente ai terzi. Memorabile e simbolica la vittoria di Spiridon Louis, pastore e portatore d'acqua (che ai ristori, però, pare bevesse solo vino rosso), che trionfa nella maratona. Efficiente, almeno per i tempi, l'ufficio stampa: durante la prima maratona dell'era moderna, messaggeri a cavallo e in bicicletta portano i risultati delle gare all'interno dello stadio, mentre un colpo di cannone annuncia l'ingresso del primo atleta.

Anche al Pireo, la cittadina portuale a 9 chilometri dalla capitale, l'atmosfera portata dai Giochi è particolare. Stamáta Revithi, giunta dalla piccola isola di Siro dove si era trasferita per amore, nella capitale deve trovare il modo per sfamare il suo secondo figlio di appena 17 mesi. Sente parlare della febbre olimpica che ha contagiato Atene e, nella speranza di trovare un lavoro, decide di affrontare il viaggio a piedi, portando il suo bambino in braccio. Abbandonata o forse vedova, ha perso il primogenito per colpa delle malattie che affliggono i poveri. Ha meno di trent'anni, ma le tante disgrazie subite l'hanno invecchiata precocemente: i capelli bruciati dal sole lasciano trasparire un lontano ricordo di un bel biondo fluente. Il corpo è esile, emaciato, trasformato dalla sofferenza. E le sofferenze le hanno anche cambiato il nome: c'è chi la chiama Melpomene, come la musa della tragedia.

Un corridore, anch'egli contagiato dall'entusiasmo per le Olimpiadi la incrocia lungo la strada. Incuriosito dal vederla camminare da sola su una strada deserta, ascolta la sua storia, le regala qualche moneta e le suggerisce di partecipare alla maratona. Potrebbe diventare famosa e forse fare anche fortuna. È un'idea folle, ma Stamáta, spinta dalla disperazione, decide di provarci: sull'isola di Siro, correva al pari degli uomini, perché non tentare l'impresa? Si presenta a Maratona il 28 marzo, il giorno prima della gara. Alloggia all'osteria "Trophée de Miltiade", dove quasi tutti i partecipanti si sono dati appuntamento. Stamáta attira l'attenzione degli altri atleti e dei giornalisti, diventando per tutti la "maratoneta". Anche il sindaco del villaggio, il signor Koutsogiannopoulos, colpito dalla sua determinazione, le offre ospitalità. Ma quando, il giorno successivo, la "maratoneta" si presenta di fronte al comitato organizzatore per iscriversi ufficialmente alla gara i giudici tergiversano, cercando di mascherare l'imbarazzo per una richiesta inattesa. Un atleta greco la deride pubblicamente: ci metterà così tanto tempo a completare la corsa che, al suo arrivo, troverà lo stadio già chiuso. E la sua domanda di iscrizione non viene accettata: ufficialmente perché presentata fuori tempo massimo, ma il problema è che lei è una donna.

Venerdì 29 marzo è il giorno della gara: di primo mattino, Stamata chiede al vecchio pope di Maratona, Yanni Velioti, di intercedere con le sue preghiere affinché possa raggiungere rapidamente lo stadio e partecipare. La risposta è categorica "le mie preghiere sono solo per i concorrenti ufficiali". Revithi si arrende: non si unisce agli altri maratoneti sulla linea di partenza dopo la promessa del comitato di una partecipazione garantita alla gara del venerdì seguente organizzata per un gruppo di americane. Le promesse cadono nel vuoto, niente corsa, niente americane e sabato 30, poco prima delle otto del mattino, Stamata si prepara a correre da sola la sua maratona. Deve dimostrare che anche una donna può coprire quella distanza. Magari sperando che la sua impresa possa attirare l'attenzione del re e migliorare il suo destino.

Si presenta al sindaco e al giudice di Maratona per far certificare l'ora e il luogo della sua partenza: percorre i 40 chilometri con passo costante, facendo solo brevi soste lungo il tragitto. Arriva alle "vecchie capanne" (vicino all'attuale ospedale Evangelismos) alle 13,30: ha impiegato cinque ore e mezza, due ore in più di quanto aveva previsto, ma poco importa. Ad Atene trova le porte del Panathinaiko chiuse. Il barone de Coubertin e gli organizzatori non ammettono donne nello stadio olimpico: non si dà per vinta e riesce a ottenere che alcuni ufficiali dell'esercito attestino l'ora del suo arrivo. Stanca, sporca e sudata, annuncia ai giornalisti che porterà le prove della sua impresa ai vertici ellenici del Comitato olimpico. Prosegue, quindi, verso la casa di Timoleon Philimon, il segretario generale del Comitato ellenico, per informarlo del tempo impiegato e sfidare chiunque vorrà gareggiare contro di lei.

Il *Messager d'Athènes* il 2 marzo scrive che *"una donna attiva e determinata aveva fatto una prova del percorso classico all'inizio di marzo, senza fermarsi se non per mangiare qualche arancia"*.

Per Stamáta Revithi non ci sarà nessuna altra gara. Solo una parziale consolazione: sul giornale *Estia* del 6 marzo appare la notizia che anche all'atletico sacerdote Spyros Matzakosci è stato proibito di partecipare ai Giochi. Non solo ma che il Santo Sinodo ha dato disposizione al Commissario Episcopale di Livadia di rimproverarlo in maniera esemplare.

---

[1] Ranger, T., Hobsbawm, E. J., 2002, *L'invenzione della tradizione*, Einaudi, Torino

[2] Martines, E., 2014, *Sporting Bitannia, L'invenzione dello sport moderno*, UniPR-CoLab, Kindle edition

[3] Les femmes aux Jeux Olympiques, Revue Olympique, No. 12 (July): 109-111.

[4] citato in Mantox, A., 2024, *Pierre de Coubertin : l'homme qui n'inventa pas les jeux Olympique*, Faubourg, Parigi

L'INDUSTRIA CULTURALE

Gli ideali di de Coubertin, i sogni di uno sport in funzione dell'uomo e della sua educazione psicofisica sono stati enfatizzati a distanza di decenni: fino al primo decennio del Novecento hanno avuto scarsissime attenzioni da parte della stampa. Per la triade sport-industria-stampa l'importante è puntare sullo sfruttamento pubblicitario della merce e delle icone sportive: meglio le corse ippiche dei nascenti Giochi Olimpici per reclamizzare vestiti e accessori della persona raffinata. Negli Stati Uniti i campioni di baseball illustrano pacchetti di sigarette e confezioni di gomma da masticare; in Inghilterra gli sportivi della nautica vengono associati alla bontà di una marca di tè; in Italia alpinisti e campioni di lotta diventano testimonial: a Enrico Scuri, lottatore, viene affidata l'efficacia delle pastiglie digestive *Tot*. Sport e pubblicità sono percepiti come fenomeni contemporanei in grado di installarsi impetuosamente al centro della scena sociale, ma rimangono figli di un dio minore: quanto più penetrano diffusamente e in profondità nella vita quotidiana, tanto più aumentano i sospetti della cultura ufficiale.

Fra la seconda metà dell'Ottocento e i primi vent'anni del Novecento, grazie al colonialismo inglese, lo sport esprime uno dei primi processi di internazionalizzazione (e di globalizzazione) della società moderna: nelle colonie, nei territori occupati, vengono esportati cricket, rugby, tennis. In Sud America gli ingegneri inglesi realizzano una fitta rete ferroviaria, ma la passione indigena è tutta riservata al football.

La fabbrica fordista, la seconda ondata dell'industrialismo, genera nuove classi sociali in competizione: fra proletariato operaio e borghesia imprenditoriale si configura un radicale conflitto di interessi, valori, obiettivi. Ne risente anche il movimento olimpico e, più in generale, sportivo, anche per contrasto.

Tra fine Ottocento ed inizio Novecento, le principali discipline sportive si organizzano in federazioni internazionali con una dimensione verticale (campionati e manifestazioni) e, soprattutto, regole uniformi in tutto il pianeta. Lo sport adotta un linguaggio universale diventando una "lingua franca" accessibile a tutti, che spinge a confrontarsi con chiunque in nome di un risultato "oggettivo" che prescinde da etnia, condizione economica e sociale. La parola d'ordine è cosmopolitismo: de Coubertin nega qualunque tentativo di dare visibilità simbolica al confronto fra Nazioni. Fino al 1920 niente inni nazionali, colori identificativi, bandiere e delegazioni in uniforme. Un clima di fratellanza universale che dimentica, non per molto in verità, le donne: l'iniziale esclusione dai Giochi poggia su residui culturali di stampo aristocratico, dove lo sport deve "disarmare" l'aggressività ereditata dalle primitive comunità di cacciatori e dalla tradizione cavalleresca. Una prerogativa rigorosamente maschile.

Fra gli anni Venti e Quaranta del Novecento, mentre prendono forma culturale e organizzativa i sistemi sportivi europei, si assiste alla virata dell'organizzazione sportiva nella direzione dei sentimenti di appartenenza e di identificazione alimentati dai nazionalismi. Accanto alla sensibilità pacifista e cosmopolitica di de Coubertin, lo spazio olimpico viene colonizzato dalle metafore militaristiche a uso e consumo dei totalitarismi reazionari e dell'ideologia del sangue e del suolo. L'identificazione nazionale, la coesione comunitaria nutre il tifo sportivo. E viceversa.

La manifestazione sempre più agonistica delle appartenenze nazionali, che ha accompagnato e seguito la prima Guerra mondiale, si sviluppa insieme all'impetuosa trasformazione del sistema della comunicazione che si avvia a essere "di massa". L'ideologia della competizione non riguarda solo lo sport, che peraltro sta affiancando alle Olimpiadi i nuovi campionati mondiali di specialità. L'idea di grandi eventi periodici che esaltino il merito e il talento è presente, ad esempio, nella gestazione del Premio Nobel, mentre l'adozione generalizzata del calendario gregoriano consente per la prima volta di disporre di un "tempo mondiale". La cultura della misurazione, funzionale alla filosofia capitalistica del costo-ricavo genera la filosofia del record e un senso moderno di immortalità affidata alla prestazione comparabile nei confronti degli altri, come di noi stessi, nel tempo e nello spazio. C'è una novità fondamentale rispetto all'agonismo antico: nella visione del mondo dei greci la prestazione, il "limite" è a misura d'uomo, l'attività fisica è celebrazione dell'armonia. Con la civilizzazione, con la modernità industriale, con l'idea di progresso lineare della condizione umana subentra l'ideologia del *Citius, Altius, Fortius,* più veloce, più in alto, più forte.

Nelle società moderne, la sistematizzazione e l'ottimizzazione tendono ad avere la meglio sull'elemento della spontaneità. Le arti, le scienze e l'industria sono tutte coinvolte dal processo di razionalizzazione identificato da Max Weber come il fondamentale contributo del capitalismo alla cultura umana. Per Weber la subordinazione dell'elemento ludico alla razionalità filosofica, portato dei pensatori illuministi, conduce allo sviluppo del capitalismo con il fondamentale contributo dell'etica protestante.

Copernico, Galileo, Cartesio e l'illuminismo hanno condotto a un progetto di perfettibilità e di miglioramento dell'individuo e della specie che porta a considerare il progresso come qualcosa di potenzialmente illimitato. La natura diventa trasformabile e la misurazione diventa il parametro principale di questo processo.

È in questo contesto che a metà del XIX secolo nasce lo sport moderno che nel XX secolo diventerà passatempo privilegiato, strumento educativo, spettacolo universale, ma soprattutto progetto pedagogico: al gioco sportivo si attribuiscono virtù morali come l'autocontrollo, il rispetto dell'altro, la solidarietà, l'emulazione e il superamento di sé.

In una parola meritocrazia, come rappresentazione di valori di ordine e di gerarchia sociale.

LO SPORT DI GUTTMANN

Guttmann, nella sua definizione di sport[1] sottolinea l'elemento fisico (che non esclude l'applicazione di qualità intellettive), l'elemento competitivo e l'elemento giocoso. Alla domanda "cosa ci sia di nuovo, nello sport moderno, in opposizione allo sport dell'età classica", Guttmann risponde con l'individuazione di sette caratteristiche fondamentali:

1. la secolarizzazione: contrariamente allo sport antico, legato a feste e tradizioni religiose, lo sport moderno è fortemente connotato in senso laico

2. l'uguaglianza delle opportunità e delle identiche condizioni di partenza come garanzia di lealtà e di spettacolarità; condizioni estranee alle competizioni antiche: l'avversario è il nemico da combattere anche violando le regole

3. la specializzazione: professionalizzazione e ricerca di risultati sempre migliori, a differenza delle figure di atleti dediti soltanto alla pratica sportiva e mantenuti economicamente dallo Stato, già presenti nel mondo romano

4. la razionalizzazione: regole vengono fissate in maniera oggettiva e non più ascritte a un'origine divina, eterna e immutabile

5. la burocratizzazione: è assicurata dalla struttura organizzativa delle federazioni e degli organismi sportivi e consente di stabilire norme, tempi e calendari delle gare

6. la quantificazione: sulla scia della rivoluzione industriale lo sport moderno è caratterizzato dalla tendenza a misurare le prestazioni, operando confronti su dati certi e misurabili

7. la ricerca del record: il valore riconosciuto al risultato e alla tensione verso prestazioni sempre migliori si inserisce in una mentalità di fiducia nel progresso, nella possibilità di un miglioramento infinito quantificabile; il record, non più strumento di confronto, ma vero e proprio ideale, metafora della continua sfida con se stessi, gli altri e la natura.

I tempi delle gare sono prestabiliti e cronometrati mentre le misure dei campi di gara o le distanze da percorrere vengono uniformate: non corrispondono più agli intervalli naturali che separavano paesi o villaggi vicini, così come. Le competizioni non si tengono più in occasione di feste tradizionali, religiose o pagane, ma sviluppano un proprio calendario autonomo.

La società industrializzata della fine del diciannovesimo secolo e la crescita generale dell'economia comportano un aumento del tempo libero a disposizione e delle risorse spendibili in forme di intrattenimento come lo sport. Nascono il ciclismo, l'automobilismo, figli diretti della rivoluzione industriale.

Lo sviluppo dello sport moderno deve tutto al miglioramento delle vie di comunicazione e alla diffusione della stampa prima e degli altri media, poi: dietro alla trasformazione dello sport in un'attività moderna c'è un ampio spettro di idee e di concezioni sul ruolo dello sport. Occorre prendere in considerazione cambiamenti culturali, sociali e comunicativi a cominciare dalla questione della visibilità e della costruzione dell'immaginario che avevano nelle esposizioni universali la vetrina perfetta. A partire dalla Grande Esposizione Universale del 1851, che, nello spettacolare Crystal Palace costruito per l'occasione a Hyde Park, riunisce il meglio della tecnologia e del progresso industriale mondiale. Per proseguire, poi, nelle esposizioni parigine di fine secolo che segnano, seguendo i *Passages* di Walter Benjamin, una tappa fondamentale nella cultura e nell'organizzazione del tempo libero, prefigurando la nascita dell'industria dello spettacolo.

"Le esposizioni universali trasfigurano il valore di scambio delle merci; creano un ambito in cui il loro valore d'uso passa in secondo piano; inaugurano una fantasmagoria in cui l'uomo entra per lasciarsi distrarre. L'industria dei divertimenti gli facilita questo compito, sollevandolo all'altezza della merce. Egli si abbandona alle sue manipolazioni, godendo della propria estraniazione da sé e dagli altri"[2].

I divertimenti organizzati per l'appuntamento di Parigi del 1867 e, soprattutto, per l'Expo successiva, organizzata nel 1878 per commemorare l'avvento della Repubblica, anticipano massificazione e industrializzazione del tempo libero, gettando le basi per l'attività sportiva spettacolare.

Tra le numerose innovazioni tecnologiche esposte nel 1878, il telefono di Alexander Graham Bell, il fonografo (e il megafono) di Thomas Edison e il monoplano in alluminio di Félix du Temple. In mostra c'è anche la macchina di Raoul Pictet et Cie, che può fabbricare 24 tonnellate di ghiaccio, e il motore a di Augustin Mouchot: converte l'energia solare in energia meccanica a vapore ed è anch'essa in grado di produrre ghiaccio utilizzando il calore solare concentrato. Henry E. Steinway presenta un pianoforte a coda che *"ha attirato un'attenzione straordinaria"*. Il pubblico scopre per la prima volta che l'elettricità produce luce grazie alla candela elettrica (o lampada ad arco, che faceva luce innescando un arco tra gli elettrodi di carbone).

Fra le altre novità c'è la macchina per scrivere, del russo Mikhail Ivanovich Alisov, e i denti in porcellana che arrivano dagli Stati Uniti, una macchina per fabbricare 100 ferri di cavallo l'ora presentata dalla *Compagnie des Petites Voitures*. La società J. Hermann-Lachapelle ottiene una medaglia d'oro per la sua macchina per produrre bevande gasate. Tra le attrazioni parallele, dislocate all'interno di Parigi, c'è un pallone aerostatico frenato di 25 000 metri cubi, capace di trasportare 40 passeggeri, mentre la Maison Mercier espone una gigantesca botte contenente l'equivalente di 65.000 bottiglie di champagne. Alla New York Consolidated Card Company viene invece assegnata una medaglia d'oro per le carte *squeezers* che introducono su larga scala gli indici negli angoli: finalmente si possono tenere 13 carte a ventaglio in una mano. Il numero totale di persone che si recano a Parigi durante il periodo di apertura della mostra è di 571792 visitatori, ovvero 308974 in più rispetto a quelle arrivate l'anno precedente.

LA SOCIETÀ DELLO SPETTACOLO

Il "pubblico" comincia a entrare nel privato: inizia la società dello spettacolo. Non è un caso che la seconda e la terza edizione dei Giochi si svolgano all'interno delle manifestazioni dell'Expo di Parigi del 1900 e di St. Louis del 1904. Con disastrosi risultati sportivi e un'atmosfera orientata sul fieristico.

Le prime tre edizioni dei Giochi (Atene 1896, Parigi 1900 e St. Louis 1904), deludono le intenzioni di de Coubertin: partecipazione, universalità, organizzazione e impatto sul pubblico sono ben lontane dalle sue aspettative.

La prima Olimpiade della modernità si svolge in un'atmosfera molto diversa da quella solenne e rigorosa che prenderà forma nei decenni successivi.

I Giochi di Atene si trasformano in un evento simbolico, privo di spettacolarità e contenuti tecnici, incapaci di dissipare lo scetticismo di coloro che considerano il progetto di de Coubertin come il frutto irrealizzabile di menti innamorate di un'idealizzata visione dell'antichità.

L'EXPO DI PARIGI

Anche quando Parigi viene scelta per ospitare la manifestazione nel 1900, l'entusiasmo è scarso. L'idea di collegare l'evento sportivo all'Esposizione universale, che ha ispirato la costruzione della Torre Eiffel, incontra molte resistenze.

Il responsabile dell'Expo, Alfred Picard, e il Presidente francese Félix Faure non mostrano alcun interesse per la proposta e nutrono poca simpatia per lo sport in generale. Anche gli amministratori locali si oppongono, preoccupati di dover saldare eventuali debiti causati dall'irrequieto de Coubertin.

Alla fine, si raggiunge un compromesso: il programma sportivo viene ridimensionato e trasformato in uno degli eventi collaterali dell'Esposizione. Le competizioni si terranno solo nei giorni festivi e saranno estese per sei mesi, da aprile a ottobre.

Si stabilisce che tutte si svolgano nel *XII arrondissement*, nella periferia orientale di Parigi, dove, grazie all'Expo, sono previsti massicci sviluppi urbanistici e relativi investimenti immobiliari.

Contro gli ideali olimpici, i Giochi sono declassati a una manifestazione promozionale a beneficio di un cartello di costruttori. Non sono assegnate medaglie né intonati inni nazionali. Inoltre, con grande disappunto del Barone, la parziale commercializzazione dell'evento rende di fatto impossibile l'originale divieto del professionismo. Le nazioni partecipanti passano da 14 a 28, le discipline da 9 a 20, mentre gli atleti in gara diventano quasi 1500.

A Parigi c'è il primo titolo olimpico per l'Italia, (Giangiorgio Trissino nell'equitazione) e per un atleta asiatico (Norman Pritchard, indiano, vince 200 e 200 ostacoli). Gli atleti francesi la fanno da padroni, tra le polemiche, aggiudicandosi 26 medaglie d'oro e 101 totali, contro le 19 (e 47) degli Stati Uniti.

Uno schermidore, Albert Ayat, nella prova di spada vince sia tra gli amatori che tra i maestri, aggiudicandosi anche il più prosaico premio di 3000 franchi.

Dal punto di vista sportivo l'Olimpiade di Parigi rappresenta un netto passo in avanti rispetto ad Atene, ma la presenza di "discipline" come il tiro al piccione o il tiro alla fune, gare truccate o disertate per motivi religiosi, visto che si gareggia solo la domenica, fanno precipitare i Giochi del 1900 in un fallimento.

A Parigi, per la prima volta, c'è anche un gruppo di donne, la cui partecipazione, osteggiata da de Coubertin, è resa possibile proprio grazie al carattere ibrido e informale che l'evento ha assunto. sono soltanto 22 le donne che partecipano su un totale di 997 atleti. Quel 2,2% gareggia in cinque discipline: 7 nel tennis, 1 nella vela, 3 nel croquet, 1 nell'equitazione e 10 nel golf. Tennis e golf sono le sole discipline ad avere gare esclusivamente femminili.

Tre partecipazioni non sono riconosciute dal CIO: due nel volo in mongolfiera e un'altra negli sport equestri. Nel volo in mongolfiera, Mme. Maison gareggia con il marito e arriva quarta nella disciplina di distanza e resistenza dal 9 all'11 ottobre, volando per più di 11 ore e coprendo 650 km da Parigi fino a Keulroth, in Slesia. La Lemair, invece, vola con il marito verso Juchmès nel primo evento di distanza.

Nell'equitazione compare tra le iscritte Mlle Moulin ma non si hanno notizie di una sua effettiva partecipazione.

Tre francesi partecipano al *croquet* il 28 giugno in due eventi contro gli uomini: Madame Filleaul Brohy e Marie Ohnier non vanno oltre il primo turno. Di Madame Déprès risulta la semplice iscrizione.

HÉLÈNE, IL PRIMO ORO

A lungo si è ritenuto che il primo oro femminile dei Giochi sia stato ottenuto dalla tennista britannica Charlotte Cooper. In realtà prima del torneo di tennis, dal 20 al 27 maggio 1900 al campo di regata del Cercle de la Voile de Paris di Meulan-en-Yvelines, sulla Senna poco sopra Parigi, è in programma una parte delle gare di vela (le altre si svolgono dal 1° al 5 agosto nell'Oceano Atlantico al largo della costa di Le Havre). E il 22 maggio la barca Lérina, ottiene un primo e un secondo posto: a bordo dell'imbarcazione del conte Hermann Alexandre de Pourtalès, nato in Svizzera da una famiglia ugonotta, cittadino svizzero e tedesco, ufficiale prussiano per vent'anni prima di ritornare in Svizzera, c'è anche la moglie, Hélène (ma non tutte le fonti concordano: potrebbe essere stata registrata soltanto come la co-proprietaria dell'imbarcazione) che è dunque il primo oro femminile dei Giochi moderni. A Parigi la classificazione delle imbarcazioni segue una formula che colloca le diverse barche in sette categorie di tonnellate: la Lerina ottiene l'oro nella classe "da 1 a 2 tonnellate"

Hélène Barbey, questo il nome da nubile, è nata a New York ed è figlia di un banchiere e dell'erede di un re del tabacco. Anche lei ha una doppia cittadinanza, svizzera e statunitense. Sposa Hermann de Pourtalès nel 1891, con cui avrà tre figli, con un sobrio evento raccontato addirittura dal New York Times. Hélène è un'esperta cavallerizza, innamorata della vela dopo aver assistito alla coppa America a Newport. Il nonno materno, Pierre Lorillard III, era stato il primo proprietario non britannico a vincere il Derby inglese nel 1881 con Iroquois. Hélène a Parigi assiste anche al torneo di golf arbitrato dal cugino del marito, Jacques. In barca, sulla Lérina, c'è anche il fratello del conte de Pourtalès, Bernard.

CHATTIE SUL CAMPO DI DE COUBERTIN

Per quanto riguarda il tennis si hanno più certezze: il numero di donne partecipanti è basso, sei, ma il livello è molto alto. Le stelle sono la campionessa di Wimbledon, la britannica Charlotte Cooper, la campionessa statunitense Marion Jones e le più forti giocatrici europee: Hélène Prévost, francese e Hedwiga Rosenbaumová, boema. Il torneo tennistico si svolge tra il 6 e l'11 luglio sui campi del Club Île du Puteaux, nel mezzo della Senna: gli stessi campi dove Pierre de Coubertin, fiero avversario dello sport femminile, è solito giocare. Due i tornei: singolare e doppio misto. Nel singolare, la campionessa è <u>Charlotte Cooper</u> che batte in finale Hélène Prévost: vince tutti i suoi match in due set ed è la prima medaglia d'oro olimpica in un evento riservato alle donne. La Cooper vince anche il doppio misto con una classifica femminile identica al singolare: insieme al connazionale R.F. Doherty, in finale batte la francese Hélène Prévost e il britannico Harold Mahony con il punteggio di 6-2, 6-4.

Charlotte Cooper è una delle grandi campionesse del tennis femminile della fine del XIX secolo, un periodo in cui le donne giocano indossando lunghi abiti fino alle caviglie, come impone l'abbigliamento vittoriano dell'epoca. Alta, snella, spigolosa, è membro dell'*Ealing Lawn Tennis Club*, che raggiunge in bicicletta, con la racchetta fissata alla forcella anteriore. Usa solo due racchette di legno: una vecchia per i match sotto la pioggia e una buona per le partite con il bel tempo. È una delle poche giocatrici dell'epoca a servire sopra la testa, è tutto attacco e scende a rete appena ha l'occasione. A 26 anni perde completamente l'udito: non può sentire il suono della palla che colpisce le corde della racchetta, perdendo la percezione del ritmo del colpo dell'avversario, ma continua a giocare ad altissimi livelli.

Vince il suo primo titolo singolare a Wimbledon nel 1895, a 25 anni. Ripeterà l'impresa per altre quattro volte, raggiungendo otto finali consecutive dal 1895 al 1902. Un ricordo durato novanta'anni e battuto da Martina Navratilova nel 1990. Il suo ultimo titolo arriva nel 1908, a 37 anni, sconfiggendo la leggendaria, sette volte campionessa di Wimbledon, Dorothea Lambert Chambers, nei quarti di finale. Una dolce rivincita per "Chattie", che era stata sconfitta pesantemente sconfitta da Chambers nella finale del 1904, 6-0, 6-3. La sua ultima finale di singolare a Wimbledon è datata 1912, a 42 anni. Partecipa alla finale di doppio femminile proprio con Dorothea Lambert Chambers l'anno successivo, ben 18 anni dopo il suo primo trionfo nel singolare. È la seconda a vincere i titoli singolari a Wimbledon dopo essere diventata madre: continuerà a giocare a tennis fino agli anni '50: muore nella sua casa di Helensburgh, in Scozia, il 10 ottobre 1966 all'età di 96 anni.

GOLFISTA PER CASO

Dieci donne gareggiano nella competizione olimpica di golf il 3 ottobre a Parigi: 4 americane e 6 francesi. La campionessa è la statunitense Margaret Abbott, davanti alla connazionali Pauline Whittier e Daria Pratt. Poi nell'ordine, le francesi Mme Froment-Meuriœ, Mme Henri Ridgway, Mme Fournier-Sarlové-ze. Al settimo posto troviamo Mary Abbott, la madre di Margaret che precede Baronne Fain, Mme Gelbert e Mme A. Brun, tutte francesi.

Margaret Ives Abbott, nata a Calcutta nel giugno del 1878, è la prima donna a vincere un evento olimpico per gli Stati Uniti. E senza mai sapere di averlo fatto. La sua storia, riscoperta solo decenni dopo, è un mix affascinante di successi sportivi e di incertezza olimpica: il *Prix de la Ville de Compiègne* è uno degli esempi più emblematici della confusione che regna intorno ai Giochi Olimpici di Parigi 1900.

Margaret si era trasferita a Parigi l'anno prima per studiare arte con maestri come Auguste Rodin ed Edgar Degas. Trascorre i primi anni di vita in India, dove suo padre, Charles, è un ricco mercante. Alla morte del padre, Margaret, con la famiglia, si trasferisce a Boston e a poi Chicago. Sua madre Mary Ives Abbott, che lavora come romanziera e redattrice letteraria per il *Chicago Herald*, la introduce nel mondo dell'alta società e, grazie all'amicizia con Charles Blair MacDonald, fondatore del *Chicago Golf Club*, anche nel mondo del golf (i club, gestiti da uomini, non permettono alle donne di diventare membri, se non accompagnate da un uomo).

Il golf è uno sport accessibile per una donna della buona società, non richiede uno sforzo fisico estremo e quindi ha il nulla-osta dei medici che temono che l'attività fisica possa causare danni permanenti. E poi si può praticare indossando abiti che lasciano scoperto solo il volto.

Durante il suo soggiorno di studio a Parigi, Margaret è incuriosita dal programma dell'Esposizione Universale. La confusione è tale che è difficile distinguere quali eventi appartengano all'Expo e quali ai Giochi. Il torneo di golf si svolge al *Compiègne Golf Club*, a circa 30 miglia da Parigi, e Margaret, insieme a sua madre Mary, coglie l'occasione per partecipare.

La competizione consiste in nove buche, con distanze comprese tra 68 e 230 yard. Margaret conclude con 47 colpi, vincendo il torneo, mentre sua madre si classifica settima con 65 colpi. Non si hanno notizie di altre gare olimpiche che vedono la contemporanea presenza, nella stessa gara, di madre e figlia. In premio, Margaret riceve una ciotola di porcellana decorata con oro. Il podio, che non c'è, è tutto statunitense: le concorrenti francesi indossano tacchi alti e gonne strette, e le difficoltà di movimento frenano ogni ambizione.

Margaret non sa nulla di Olimpiadi: crede che il torneo di golf sia collegato all'Expo. Anche il *Chicago Tribune* che riporta la notizia della vittoria, è consapevole del fattro che Margaret è appena diventata la prima campionessa olimpica femminile americana.

La carriera golfistica comunque va avanti e due anni dopo, nel 1902, Margaret Abbott vince, sempre in Francia, la *Femina Cup*. Tornata in America, sposa Finley Peter Dunne e continua a giocare a golf al *Shinnecock Hills Golf Club* di New York.

L'ARTE DELLA GUERRA

Anche Elvira Guerra viene a sapere di una grande festa che riunisce appassionati e atleti di varie discipline, mentre si trova a Parigi con il suo circo.

Elvira è una circense, come lo è la sua famiglia da generazioni. Suo nonno Alessandro, aveva fondato una delle compagnie itineranti più famose dell'epoca, con rappresentazioni ovunque in Europa. Il papà di Elvira, Rodolfo, suonava il flauto mentre si esibiva a cavallo, insieme alla famosa cavallerizza austriaca Josephine Leeb. Dalla loro unione, anche sentimentale, nasce Elvira, a San Pietroburgo nel 1855, con la stessa passione dei genitori per l'equitazione. Diventa una delle ballerine a cavallo di punta dello spettacolo.

Le piace quel mondo e mai avrebbe pensato di partecipare a una competizione sportiva. Ma quando scopre l'esistenza di un "concorso internazionale sportivo", non ci pensa due volte: "ama l'arte per l'arte", e la sua attività circense va portata ovunque e al più alto livello possibile. Elvira si presenta al concorso di *"chevaux de salle"*, un precursore del moderno dressage, in cui il cavaliere deve dimostrare il livello di addestramento del proprio destriero. Elvira mostra tutta la sua grazia e compostezza con le gambe elegantemente posizionate da un solo lato, in perfetto stile all'amazzone, indossando un abito scuro che le copre anche i piedi.

Portare una lunga gonna e montare all'amazzone rappresentano limitazioni rispetto alla libertà di movimento di cui godono i suoi avversari, tutti maschi. Tuttavia, per una donna dell'epoca, cavalcare in pubblico in arcione o indossare abiti più comodi va bene al circo, ma risulta impensabile in altri luoghi. In Francia, ad esempio, l'apparizione delle prime "fantine" era stata fortemente osteggiata proprio per colpe delle divise che "mettono in risalto deplorevole le fattezze delle amazzoni".

Elvira gareggia in una specialità caratterizzata da un ritmo lento e solenne, perfetto per cavalieri in abiti da parata: l'ambiente aristocratico è lontanissimo da quello di Elvira, che, però, riesce a sopperire con l'eleganza, la regolarità e la vivacità nei movimenti e nelle esecuzioni.

La gara, olimpica a sua insaputa, si svolge il 31 maggio: ci sono diciotto concorrenti, tra cui Louis-Napoléon Murat, pronipote di Napoleone, che vince il concorso.

Il piazzamento di Elvira rimane avvolto nel mistero. Jean Romain, cronista de *Le Sport Universel Illustré*, cita il suo cavallo, Libertin, sottolineando che la sua esibizione non sfigura affatto rispetto alla "mediocrità generale" degli altri concorrenti.

L'immagine di Elvira appare sulla copertina di *La Vie au Grand Air* del 23 dicembre, dove viene descritta come una delle protagoniste del *Prix International de la Selle* (nessun riferimento all'Olimpiade). Verranno stampate e messe in vendita anche alcune cartoline con la sua immagine: la sua fama cresce in tutta la Francia., ma della gara olimpica si perdono le tracce.

Nel 1937, Elvira muore a Marsiglia, e la città di Bordeaux le rende omaggio dedicando una strada, a "una delle più famose artiste da circo".

ANTHROPOLOGY DAYS

Influenzato dal critico d'arte e sociologo inglese John Ruskin, il 16 giugno 1904 de Coubertin, annuncia su *Le Figaro* che è *"venuto il momento di raggiungere un nuovo traguardo e di ripristinare l'originale bellezza delle Olimpiadi"*. Le speranze sono affidate a Roma che dovrà ospitare i Giochi del 1908: solo nella Città Eterna *"l'Olimpismo avrebbe potuto ammantarsi di una toga sontuosa, tessuta d'arte e di pensiero"*[3]. Roma sarà però costretta a rinunciare mentre il CIO decide di ripetere l'esperimento fallimentare di Parigi, assegnando i Giochi del 1904 alla città americana di St. Louis, sede della *Louisiana Purchase Exposition*. Inizialmente la gara per ospitare le Olimpiadi viene vinta da Chicago, ma usando minacce e prepotenze la rivale potenza industriale di St. Louis, appunto, si assicura l'organizzazione.

St Louis è una grossa città di 600.000 abitanti, festeggia con l'Expo il centenario della cessione dell'immenso territorio della Louisiana francese agli Stati Uniti per 15 milioni di dollari dell'epoca. L'Olimpiade viene disertata da molti europei impossibilitati a sostenere le spese per raggiungere la città americana. Le poche gare di pallanuoto e nuoto sono allestite in un laghetto dove si abbevera e viene lavato il bestiame dell'esposizione: molti giocatori si ammalano di tifo e alcuni di essi muoiono. L'intera manifestazione è disseminata di strane e folkloristiche esibizioni; dal rodeo al lancio di coltelli fino alle cosiddette "giornate antropologiche" con pigmei, indiani e "altre razze" che si cimentano in esibizioni da zoo: lo sport relegato ai margini ne esce offeso e umiliato. I tumuli dei nativi americani a Forest Park spianati per far posto allo spettacolo estivo, presentato al pubblico come "un'università del futuro".

La nuova sovrapposizione con l'Expo trasforma l'Olimpiade in un'interminabile caotica sequenza di eventi. Cinque mesi di gare, mentre la lontananza di St. Louis riduce a 12 le nazioni rappresentate (per la parte fieristica sono 43). Gli atleti sono meno della metà rispetto a Parigi (651): quasi tutti americani, facile vincere 77 dei 95 ori in palio. La pessima organizzazione non è la cosa peggiore: i Giochi di St. Louis, passano alla storia per aver ospitato gli "Anthropology Days", sulla carta dedicate alla diffusione della cultura di popoli esotici, in realtà una manifestazione di razzismo, all'epoca imperante. Tra le risate e il disprezzo gare di pigmei, inuit, ainu, sioux impegnati in pseudo-sport come la lotta nel fango o il lancio della palla contro un palo del telegrafo.

Sono i peggiori e più strani Giochi dell'era moderna con un lato oscuro e inquietante. Gli organizzatori olimpici sponsorizzano le "Anthropology Days" un esperimento pseudo-scientifico che mira a dimostrare la presunta inferiorità atletica dei popoli non bianchi. Questi giorni di "competizione" sono organizzati da William J. McGee e James Sullivan, figure di spicco rispettivamente dell'antropologia e dello sport americano dell'epoca. McGee coinvolge i nativi, già presenti alla fiera come parte delle esibizioni etniche, in eventi sportivi con l'obiettivo "scientifico" di misurare la prestanza fisica dei "selvaggi" in confronto agli "uomini civilizzati": esempio lampante di come razzismo, imperialismo e l'idea di superiorità occidentale si intrecciano nella storia delle Olimpiadi e dell'antropologia americana.

La Fiera Mondiale di St. Louis è un riflesso delle ambizioni imperialiste degli Stati Uniti, che si affacciano sulla scena mondiale come nuova potenza coloniale.

Tra le attrazioni principali c'è un villaggio filippino, con "esemplari viventi" dalle nuove colonie americane e deve dimostrare la superiorità culturale americana. Ci sono villaggi che ospitano pigmei dell'Africa centrale, indiani d'America, siriani, turchi e altri popoli definiti "selvaggi": tutte esibizioni, che miscelando colonialismo e scienza sociale, vogliono mostrare la "grandezza" della razza bianca americana. Secondo Sullivan, a capo del Dipartimento di Cultura Fisica della fiera, le Olimpiadi devono dimostrare anche la superiorità fisica degli americani anglosassoni: in collaborazione con McGee, inserisce ne programma una sorta di *Special Olympics* in cui i "selvaggi" devono imitare i loro omologhi bianchi in una serie di competizioni. L'ipotesi era, come affermava all'epoca il titolo del Comitato olimpico americano, "che il selvaggio medio fosse veloce di piede, forte di arti, preciso con arco e frecce ed esperto nel lancio di pietre".

Gli *Anthropology Days* fanno parte di una trilogia di mostre che include anche i "Barbarian Days" e i "Philippine Tribal Contests", eventi sportivi definiti razzialmente e culturalmente in cui persone di varie nazionalità ed etnie si sfidavano per il divertimento del pubblico bianco. Il programma prevede il primo giorno gare in stile europeo, come il lancio del peso, il salto in alto e la corsa di un miglio. I risultati sono scarsi: i partecipanti non sono familiari con gli sport e, in molti casi, non comprendono nemmeno il funzionamento di base delle competizioni. Il secondo giorno, gli organizzatori introducono eventi che ritengono più "adatti" ai "selvaggi", come l'arrampicata sugli alberi, il tiro con l'arco e il lancio e la lotta nel fango. Ma anche questi eventi sono un fiasco totale soprattutto nel dimostrare ciò che Sullivan e McGee speravano: la presunta inferiorità fisica dei "selvaggi".

L'organizzazione approssimativa e la mancanza di promozione fanno sì che pochissime persone assistano all'evento, e i dati raccolti da McGee sono troppo scarsi e inconsistenti per avere valore scientifico. Solo Sullivan è convinto che l'esperimento ha successo e che i risultati dimostrano l'inferiorità razziale dei nativi, che non riescono a battere i record olimpici in gare come il lancio del giavellotto, praticamente una lancia...

Tra le esposizioni della fiera mondiale c'è lo scheletro di una grande balena, un villaggio Inuit completo di tende e husky, un modello reale di una scena di strada angusta del Cairo e la rievocazione due volte al giorno di scene chiave della guerra sudafricana. Ideato da AW Lewis, un capitano di artiglieria con esperienza di battaglia in Sudafrica, chiama l'impresario circense sudafricano Frank Fillis per coreografare lo spettacolo. Due battaglie chiave, a Colenso e Paardeberg, la prima una vittoria boera, vengono rievocate due volte al giorno in un grande padiglione costruito appositamente e in grado di ospitare 15.000 visitatori. Costo di ingresso: 50 centesimi.

C'è anche sorta di processione con cinquanta donne boere su carri trainati da buoi, due bande di ottoni e un contingente di sudafricani neri in abiti tradizionali. Tra questi ultimi ci sono anche due Tswana del Sudafrica, Len Taunyane e Jan Mashiani, che trovano il modo di partecipare anche alla maratona: sono i primi africani neri a gareggiare nelle Olimpiadi. Taunyane, partecipa anche alla maratona dei "giochi intertribali", piazzandosi terzo dietro a un siriano e un indiano. Martedì 30 agosto 1904, una calda giornata estiva, la coppia prende parte alla maratona olimpica ufficiale.

Presentati come zulu, corrono a piedi nudi (ma in una foto uno dei due ha delle scarpe prima della partenza) arriveranno rispettivamente nono, anche per colpa di un gruppo di cani randagi che lo hanno inseguito e spinto per quasi un miglio fuori rotta, e dodicesimo.

L'Olimpiade di St Louis è una pagina vergognosa, ma nonostante il caos organizzativo e la confusione su quali eventi siano ufficialmente olimpici, alcuni di questi spettacoli laterali raggiungono traguardi sportivi importanti. In compenso arriva anche qualche importante novità. Per la prima volta vengono assegnate ai primi tre classificati, medaglie d'oro, d'argento e di bronzo. Nel programma vengono previsti sport, come boxe e basket, che diverranno punti fermi delle future edizioni. Nel nuoto il "crawl" si impone come la migliore e unica tecnica da utilizzare nello stile libero.

I Mohawk del Quebec competono nel torneo di *lacrosse*, portando a casa una medaglia di bronzo, anche se la loro squadra è presentata con pseudonimi grotteschi come "Flat Iron" e "Man Afraid Soap". George Poage diventa il primo afroamericano a vincere una medaglia olimpica.

Il ginnasta George Eyser, nonostante una gamba di legno conquista sei medaglie, inclusi tre ori, mentre la chiusura, il 23 novembre, è affidata al torneo di calcio, vinto dai campioni nazionali di Canada, davanti a due improbabili squadre di St Louis.

La maratona si rivela un episodio più simile a uno spettacolo da baraccone che a una competizione olimpica, in sintonia con l'atmosfera carnevalesca della fiera piuttosto che con il clima reverenziale dei giochi. L'esito della gara è così assurdo che gli organizzatori considerano seriamente l'idea di abolirla definitivamente. Ci sono alcuni atleti di fama, che avevano già vinto o si erano piazzati nelle precedenti maratone di Boston. Gli esperti americani Sam Mellor, A.L. Newton, John Lordon, Michael Spring e Thomas Hicks sono i favoriti. Poi c'è Frank Pierce, indiano Seneca dello Stato di New York, il primo nativo americano a competere per gli Stati Uniti ai Giochi Olimpici: gareggia per il *Pastime Athletic Club* di New York e la sua statura minuta lo rende un perfetto corridore di lunghe distanze. Ma non è mai stato in lizza per la vittoria e non ha completato la gara, tanto che i giornali non lo menzionano affatto nei resoconti della corsa.

Tra gli americani c'è anche Fred Lorz, che si allena di notte perché di giorno lavora come muratore.

Gli stranieri sono pochissimi: tra loro spicca Félix Carvajal, un ex postino cubano, alto un metro e mezzo. Per venire negli Stati Uniti ha raccolto fondi con una sottoscrizione pubblica organizzata all'Avana, dimostrando le sue abilità di corridore: in un'occasione ha percorso l'intera lunghezza dell'isola.

A New Orleans, la tragedia, non casuale: perde tutti i soldi della sottoscrizione in una partita di dadi. Deve camminare e fare l'autostop fino a St. Louis, dove si fa mantenere da tre lanciatori Usa, Rose, Flanagan e Sheridan. Al via si presenta con camicia bianca, pantaloni lunghi scuri, scarpe da passeggio con tacchi importanti e punta tagliata per far passare le dita.

Il percorso è più corto di quello canonico: 24,85 miglia, poco meno di 40 km. Un funzionario della fiera lo definisce "il più difficile mai chiesto a un essere umano di percorrere", si snoda su strade coperte da polvere alta diversi centimetri, include sette colline, ascese brutali e in molti punti è disseminato di pietre taglienti. I corridori devono costantemente evitare il traffico cittadino, carri di consegna, treni, tram e persone a passeggio con i loro cani. Le automobili che trasportano allenatori e medici accompagnano i corridori, sollevando nuvole di polvere e scatenando attacchi di tosse. Sul percorso è presente un solo punto in cui gli atleti possono ufficialmente rifornirsi d'acqua, a 12 miglia dalla partenza.

Il super favorito, Hicks guida i 32 partenti fin dall'inizio. Il californiano William Garcia collassa sul ciglio della strada, a otto miglia dal traguardo: la polvere gli ha riempito l'esofago e lacerato il rivestimento dello stomaco, causando una grave emorragia. Il postino Carvajal avanza a un ritmo costante nonostante le scarpe scomode e la camicia svolazzante, fermandosi occasionalmente per chiacchierare con gli spettatori in un inglese stentato. A un certo punto, chiede delle pesche a dei passanti, e quando questi gliele negano, ne ruba due e le mangia mentre corre. Poco dopo, si ferma in un frutteto per mangiare alcune mele, che si rivelano marce, costringendolo a fermarsi per i crampi. Già che c'è schiaccia anche un pisolino.

Mellor, passato in testa, inizia a soffrire di crampi e si ferma. Lorz, anche lui afflitto da crampi al nono miglio, decide di farsi dare un passaggio in auto per undici miglia, salutando spettatori e corridori mentre passa. Hicks all'altezza delle dieci miglia, in crisi viene assistito da due membri del suo team, che si limitandono a sciacquargli la bocca con acqua distillata tiepida. A sette miglia dal traguardo, gli somministrano una miscela di stricnina e albume d'uovo, il primo caso documentato di uso di droghe nelle Olimpiadi moderne.

Nel frattempo, Lorz, ha ripreso la corsa dall'undicesimo miglio e conclude la gara con un tempo di 3 ore e 13 minuti. La folla esulta, ma quando emerge il dettaglio del passaggio in macchina, gli applausi si trasformano in fischi. Lorz sorride e glissa: aveva tagliato il traguardo la gara solo per scherzo, sapeva di essere ormai escluso. Bah! Hicks, che ha fatto il pieno di stricnina è pallidissimo e quasi privo di forze: quando gli comunicano che Lorz è stato squalificato, si rianima e forza l'andatura anche grazie a un'altra dose di stricnina e albume d'uovo, questa volta con l'aggiunta di brandy. Con le nuove forze arrivano anche le allucinazioni. Le ultimi due miglia sono un'agonia: crede che il traguardo sia ancora lontano 20 miglia, chiede cibo, poi di sdraiarsi, e infine accetta di bere altro brandy.

Quando finalmente entra nello stadio, è ridotto a un cencio. I suoi allenatori lo portano a braccia oltre la linea del traguardo, dove viene dichiarato vincitore. Ci vogliono quattro medici e un'ora di cure perché Hicks si possa riprendere. Sul podio tre statunitensi, of course: Hicks vincitore in 3 ore 28 minuti e 53 secondi, Albert Corey è secondo e Arthur Newton è terzo. Al quarto posto, incredibile ma vero, il postino cubano Felix Carbajal!

Aa St Louis, l'unica disciplina aperta alle donne è il tiro con l'arco. La competizione si svolge il 19 e 20 settembre e coinvolge sei concorrenti, cinque delle quali fanno parte del *Cincinnati Archers Club* dell'Ohio.

Lida Howell, a 45 anni, è la migliore arciera della nazione, e conquista facilmente la medaglia d'oro sia nella prova *Double Columbia* che nella *Double National*[4]. Conquista anche una medaglia d'oro come parte della squadra di tiro con l'arco degli Stati Uniti. A St. Louis gareggia anche suo padre, Thomas Foster Scott, nella prova maschile del *Double American Round* e del *Double York Round*, ma non riesce a ottenere medaglie. Mercante cresciuto a Union Township, proviene da una famiglia che ha avuto successo nell'attività di costruzione di carri: all'età di 71 anni e 260 giorni, è la persona più anziana a competere in una gara di tiro con l'arco alle Olimpiadi. Nato nel 1833, è anche il terzo olimpionico più anziano della storia moderna e il primo nato negli Stati Uniti.

Lida si era appassionata all'arco dopo aver letto *The Witchery of Archery*, una raccolta di saggi scritta da Maurice Thompson, poeta, saggista, naturalista e arciere nato in Indiana. Lida diventa straordinariamente abile in poco tempo: vince il campionato di tiro con l'arco dell'Ohio nel 1881 e nel 1882 ed è lei a convincere il padre a partecipare attivamente alle competizioni. Nella primavera del 1883, sposa Millard Cecil Howell, originario dell'Ohio, e commerciante di caffè. Avranno tre figli. E anche Millard Howell diventa un arciere competitivo: nel 1899, Lida e suo marito vincono entrambi i titoli ai Campionati Nazionali, l'unica volta nella storia in cui una coppia di coniugi riesce in tale impresa. Lida Scott Howell detiene anche uno dei record più incredibili mai registrati nel tiro con l'arco, e forse in qualsiasi altro sport. Tra il 1883 e il 1907, partecipa a 20 Campionati Nazionali, vincendone 17. I suoi punteggi nel campionato del 1895 stabiliscono dei record che resteranno imbattuti fino al 1931.

Nel 1904, un giornalista del *Cincinnati Times Star* le chiede perché preferisca il tiro con l'arco ad altri sport. Lida risponde: "*Il tiro con l'arco è un gioco pittoresco, il campo con il suo liscio verde e il bersaglio lontano che brilla con il suo oro e i raggianti colori rosso, blu, nero e bianco, i giocatori vestiti di bianco, con grandi archi eleganti e frecce volanti, creano un quadro bellissimo".*

GIOCHI INTERMEDI

Sull'onda del disastro di St Louis, intanto, vengono organizzati nel 1906 i "II Giochi olimpici internazionali in Atene", da svolgersi in Grecia ogni quattro anni. Ma l'edizione del 1910 salta a causa dello stato di tensione pre-bellica tra Grecia e Impero ottomano, quella del 1914 coincide con lo scoppio della prima guerra mondiale e l'iniziativa viene abbandonata. Il Mio nel 1949 decide di non riconoscere quell'unica edizione del 1906 come Giochi olimpici ufficiali.

A quei Giochi dalle tante inutili denominazioni (Giochi Intercalati o Giochi Intermedi o Giochi di Intermezzo, o Secondi Giochi Olimpici Internazionali di Atene) partecipano 19 donne, che per la prima volta entrano in uno stadio olimpico. Tra loro 12 ginnaste danesi per "la più piacevole esibizione". Come a Parigi sei anni prima, c'è un solo sport con atlete in gara: il tennis, singolare e doppio misto, per sette atlete. Nel singolare vince la greca Esmee Simirioti che batte in finale l'altra greca Sophia Marinou. Terza è Euphrosine Paspatis, sempre greca. Il doppio misto vede sul podio, nell'ordine, Marie Decugis (Francia), Sophia Marinou (Grecia) e Aspasia Matsa (Grecia).

FUMO DI LONDRA: QUEENIE E LOTTIE

Archiviata un'edizione lontanissima dai suoi ideali, dal 23 al 25 maggio 1906 il tenace barone de Coubertin convoca a Parigi, nel foyer della *Comédie Française*, una Conférence consultative des Arts, des Lettres et des Sports *"per studiare in che misura e sotto quale forma le Arti e le Lettere avrebbero potuto partecipare alla celebrazione delle moderne Olimpiadi e, in generale, avvicinarsi alla pratica degli Sport per beneficiarne e nobilitarli".* Davanti a una sessantina di invitati, nel discorso d'apertura de Coubertin è esplicito: *"Signori, noi siamo riuniti in questo edificio unico al mondo per celebrare una singolare cerimonia. Si tratta di unire di nuovo, con i legami di un legittimo matrimonio, degli antichi divorziati: il Muscolo e la Mente".*

La conclusione prevede l'istituzione di cinque concorsi artistici per opere inedite ispirate all'ideale sportivo: il pentathlon delle Muse, architettura, scultura, pittura, letteratura e musica viene abbinato alle Olimpiadi dal 1912 al 1948. Non arrivano i risultati sperati, ma le ambizioni decoubertiniane vengono rinvigorite dal successo dei Giochi di <u>Londra nel 1908</u>. Abbiamo visto che quell'edizione delle Olimpiadi doveva tenersi a Roma, ma la disastrosa eruzione del Vesuvio del 4 aprile 1906 che devasta Napoli dà al Governo italiano la scusa per denunciare l'assoluta mancanza di fondi, destinati alla ricostruzione della città partenopea. Ma non è del tutto vero. Dall'appoggio entusiastico di papa Pio X, di Vittorio Emanuele III e del sindaco di Roma il barone aveva tratto felici auspici: ma non aveva fatto i conti col primo ministro Giovanni Giolitti, che preferisce destinare quel po' che ha alla costruzione del tunnel del Sempione e dell'acquedotto pugliese.

Le <u>Olimpiadi di Londra</u> del 1908 dovevano essere migliori delle edizioni precedenti, per gli inglesi era una questione di prestigio e di tradizione. Fu, probabilmente, la prima edizione dei giochi olimpici moderni a essere degna di questo appellativo. Le gare furono un successo di pubblico, riunito nel nuovo stadio di White City. Sotto molti aspetti, quei giochi esemplificarono la struttura sociale dello sport nella Gran Bretagna edoardiana del tempo: furono organizzati e diretti da membri dell'aristocrazia e dell'alta borghesia, la maggior parte dei partecipanti erano esponenti delle classi medie, formati nelle public e grammar schools, e alle gare assistettero migliaia di rappresentanti della working class. I giochi del 1908 offrirono un modello di unità nazionale e armonia sociale e rappresentarono un buon esempio per l'intera nazione[5].

Un'accesa rivalità tra britannici e americani è l'elemento competitivo che amplifica l'interesse attorno alle gare olimpiche. Questi sono i primi Giochi che richiedono una fase di qualificazione per ottenere il diritto di competere sotto la bandiera nazionale, dietro la quale gli atleti sfilano per la prima volta nella cerimonia di inaugurazione: un elemento nazionalistico che contribuisce alla pubblicità e al successo dei Giochi.

Ora l'iniziativa olimpica di de Coubertin ha un futuro promettente e grazie al beneficio della leadership britannica e del modello organizzativo proposto dagli inglesi.

A <u>Londra 1908</u> partecipano 36 atlete: venticinque nel tiro con l'arco, tutte britanniche, dieci nel tennis, otto britanniche, e una nella vela, naturalmente britannica. In più ci sono altre 35 atlete che partecipano a titolo dimostrativo in tuffi e nuoto, mentre il primo giorno dei Giochi, venti atlete danesi mostrano le loro abilità ginniche.

Il tiro con l'arco e il tennis sono gli eventi più attesi, essendo già apparsi in precedenti edizioni olimpiche.

I risultati del tiro con l'arco vedono la vittoria di Sybil Fenton 'Queenie' Newall (Gran Bretagna) nella *National Round*, davanti a Charlotte 'Lottie' Dod e Beatrice Geraldine Hill-Lowe.

Sybil "Queenie" Newall, ha 53 anni, ed ancora oggi la donna più anziana a vincere una medaglia d'oro olimpica. Come l'argento Lottie Dod, Queenie Newall proviene da una delle famiglie più antiche d'Inghilterra: i Newall sono riconosciuti dal *College of Arms* dai tempi di Enrico IV nel XIV secolo. Queenie è la maggiore di sette figlie di John e Maria Fenton, proprietari di una una grande tenuta di campagna a Hare Hill, nel Lancashire. Il nonno materno di Queenie, John Fenton, ha servito due volte come parlamentare liberale per Rochdale. Ai Giochi Olimpici del 1908, non è la favorita, ma è l'atleta che riesce ad affrontare meglio di tutte le pessime condizioni meteorologiche: alla fine del primo giorno Queenie Newall è dietro di 10 punti rispetto all'eclettica Lottie Dod, ma il giorno successivo Newall passa presto in vantaggio vince la medaglia d'oro con 43 punti di distacco, approfittando anche dell'assenza della più grande arciere britannica di tutti i tempi, Alice Legh, 23 titoli nazionali in 41 anni,i tra il 1881 e il 1922. Una settimana dopo la fine dell'Olimpiade, nel Grand National meeting di Oxford, Alice Legh sconfigge la Newall con un margine di 151 punti. L'olimpionica Newall continuerà a gareggiare e vincere: la sua ultima performance, con i Cheltenham Archers, è datata settembre 1928: Sybil "Queenie" Newall ha 74 anni.

Molto più talentuosa ed eclettica è Charlotte "Lottie" Dod. È la più giovane di quattro figli di una famiglia agiata, la cui fortuna è stata costruita nel commercio del cotone. Nella tenuta di famiglia nel Cheshire brulicano campi da tennis dove Lottie si diletta con successo: a 11 anni frequenta il *Rock Ferry Tennis Club* a Birkenhead e inizia a partecipare a tornei senior insieme a sua sorella. A 13 anni raggiunge la finale dei *Northern Championships*, dove mette seriamente in difficoltà la campionessa di Wimbledon, Maud Watson. Viene sconfitta ma l'anno successivo interrompe la serie di 55 vittorie consecutive della Watson battendola nella finale dei *West of England Championships*. Nel 1887, quindicenne, partecipa al torneo di Wimbledon: la giovane età le consente un abbigliamento più sportivo e disinvolto. La freschezza e la maggiore libertà di movimento l'aiutano a dominare il torneo: si aggiudica il titolo con una vittoria netta su Blanche Bingley. Titolo difeso nel 1888 e riconquistato nel 1891, 1892 e 1893. In tutta la sua breve, carriera perde solo cinque partite.

Forse troppe, visto che nell'inverno del 1893 si trasferisce a Saint Moritz, dove perfeziona il pattinaggio a tal punto da diventare la seconda donna a superare il test maschile. Diventa anche una brava giocatrice di curling e una scalatrice esperta, e si cimenta nella discesa della *Cresta Run* su uno slittino. Poi si dedica all'hockey, contribuisce alla fondazione del club Spital, diventa l'attaccante centrale della squadra, gioca per la contea di Cheshire e, nel 1899, fa il suo debutto nella squadra nazionale inglese che vince contro l'Irlanda.

L'anno successivo gioca nuovamente contro la stessa squadra, segnando entrambi i gol nella vittoria per 2-1 dell'Inghilterra. In estate si concentra sul golf e contribuisce a fondare un club femminile a Moreton sulla penisola di Wirral. Nel 1894 partecipa per la prima volta al *British Ladies Amateur Championship*, ma deve aspettare quattro anni prima di fare un impatto significativo nella competizione, raggiungendo la prima di tre semifinali. Si assenta dalle competizioni dal 1901 al 1903, ma torna nel 1904 per ottenere la sua unica vittoria nazionale sui campi di Troon.

Nel 1905 la famiglia Dod vende la tenuta nel Cheshire e si trasferisce a sud, nel Berkshire. Dopo aver gareggiato occasionalmente nel tiro con l'arco, si uniscono al Welford Park Archery Club. Seguendo la tradizione di famiglia (un loro antenato si dice abbia comandato gli arcieri inglesi alla Battaglia di Agincourt), Lottie e suo fratello William diventano presto abili arcieri e nel 1906 Lottie si piazza quinta al torneo Grand National. Lottie guida la competizione olimpica allo stadio White City a metà gara, ma viene superata da Queenie Newall nel secondo giorno di competizione. Per una volta, la sua medaglia d'argento è oscurata dal fratello William, che vince a sorpresa il titolo olimpico nella competizione maschile. Nel 1910 entrambi i fratelli si piazzano al secondo posto al Grand National Archery Meeting, ma questa sarà la loro ultima apparizione nel tiro con l'arco, poiché i Welford Archers si sciolgono nel 1911 e i due si allontanano dallo sport.

Lottie si offre come volontaria come infermiera durante la Prima Guerra Mondiale, servendo in ospedali a Londra e nel Berkshire. Resta una visitatrice assidua a Wimbledon per il resto della sua vita e muore serenamente nel 1960, ascoltando la cronaca radiofonica dei Campionati. Viene eletta nella Hall of Fame del Tennis nel 1983.

A Lottie Dod sarebbe convenuto partecipare al torneo tennistico di Londra 1908: tutte le partecipanti straniere si ritirano dal singolare femminile e il tabellone si riduce a cinque giocatrici britanniche. Dora Boothby ottiene una serie di passaggi diretti in finale, dove incontra Dorothea Katherine Douglass Chambers Lambert e vince una medaglia d'argento dopo aver perso l'unico match giocato. Vittoria dunque per Dolly Chambers, seguita nell'ordine da Penelope Dora Harvey Boothby, Ruth Joan Winch Miss A. M. Morton e Angela Nora G. Greene.

Dorothea "Dolly" Douglass Chambers è la figlia il vicario della Chiesa di St. Matthew. Nasce e cresce a Ealing, nello stesso quartiere della campionessa olimpica del 1900, Charlotte Cooper. Il suo totale di sette vittorie nei singoli a Wimbledon è superato solo da Helen Wills e Martina Navratilova, ma il suo talento non si limita ai campi da tennis: vince anche due titoli *All-England* di badminton e gioca a hockey per il Middlesex.

Sempre a Londra 1908 si disputano anche i singolari indoor di tennis: vince Gwendoline Eastlake-Smith davanti a Angela Nora G. Green. Al terzo posto finalmente un non britannica: Märtha Adlerstrahle, svedese.

I Giochi del 1908 introducono anche il pattinaggio su ghiaccio femminile. Nell'artistico è campionessa Florence 'Madge' Syers (Gran Bretagna), seconda Else Rendschmidt (Germania), terza Dorothy Greenhough Smith (Gran Bretagna), quarta Fröken Montgomery (Svezia) e quinta Miss Lycett (Gran Bretagna). Nel pattinaggio a coppie, la campionessa donna è la tedesca Anna Hüblere. Nella vela Frances Clytie Rivett-Carnac (Gran Bretagna) partecipa insieme al marito nella classe sette metri a bordo dell''Heroine', vincendo la medaglia d'oro.

GIORNALI POCO OLIMPICI

In quegli anni pionieristici delle Olimpiadi, i giornali dedicano agli eventi sportivi uno spazio piuttosto contenuto. Ad esempio, il Corriere della Sera non menziona le gare dell'edizione di Parigi del 1900, mentre la Gazzetta dello Sport riporta solo brevi resoconti nella rubrica *Podismo*.

Le iniziative della *Gazzetta dello sport* (così come quelle del suo omologo francese *L'Auto*) sono, per l'epoca, di straordinaria modernità; esattamente come la televisione di oggi, il giornale abolisce le distinzioni tra contenitore e contenuto e diventa autoreferenziale, costruisce i contenuti che si incarica di veicolare, genera lo «sport spettacolo» non limitandosi a spettacolarizzare gli eventi, ma partendo dalla materia prima, dall'invenzione dell'evento stesso. Non è un caso, peraltro, che tra gli azionisti (La «Gazzetta» diventa una società per azioni nel 1906) vi siano fabbricanti di automobili (Fiat, Isotta e Fraschini), di biciclette e di pneumatici (Pirelli), cioè alcuni tra i «fornitori di materia prima» per il nascente spettacolo dello sport.

È il racconto mediale ad affidare ai Giochi Olimpici quel fascino che attraversa i confini del mondo intero. I mass media svolgono un ruolo fondamentale nella storia dei Giochi Olimpici moderni, trasformandoli in un patrimonio di valori ed emozioni condiviso da tutta l'umanità.

Nel 1896, circa 20.000 persone assistono alla cerimonia di apertura dei primi <u>Giochi Olimpici moderni ad Atene</u>. Nel 1936, durante la cerimonia dei <u>Giochi di Berlino</u>, il numero di spettatori sale a 110.000 grazie all'arena più grande e alla crescente popolarità dei giochi. Tuttavia, solo coloro presenti sul posto possono godersi lo spettacolo. Sessant'anni dopo, durante i Giochi del Centenario nel 1996, grazie alla televisione, circa 5 miliardi di persone in tutto il mondo possono vedere la cerimonia di apertura.

Nel 1975, il Comitato Internazionale Fair Play vara la Carta del Fair Play, un decalogo internazionale dei nobili principi che dovrebbero ispirare ogni attività sportiva. Questo decalogo contrasta fortemente con la natura competitiva, conflittuale e spietata delle gare nell'antichità. Nel 1978, il diritto allo sport per tutti è riconosciuto dalla Conferenza Generale dell'UNESCO. Le iniziative sportive sono riconosciute per il loro ruolo nel combattere l'esclusione sociale, la violenza, le disuguaglianze, il razzismo e la xenofobia. Al contrario, nell'antica Olimpia, solo gli atleti con cittadinanza greca, provenienti da famiglie aristocratiche e abbastanza ricche da sostenere le spese di viaggio e soggiorno, possono competere. Quindi, a Olimpia, si perpetua e celebra il particolarismo greco, non il nazionalismo, anche se le competizioni coinvolgono atleti provenienti da tutta la Grecia.

La narrazione mediatica degli eventi olimpici rivoluziona completamente e reinventa la tradizione, ispirando intere generazioni attraverso un racconto che cerca di rappresentare il meglio dello spirito umano. La televisione diffonde e divulga messaggio e celebrazioni in ogni angolo del pianeta, trasformando le Olimpiadi nel più grande evento globale. Con annessa, progressiva, secolarizzazione: lo sport moderno perde via via quella sacralità che lo ha caratterizzato per secoli e si concentra invece sulla sua intrinseca spettacolarità. Quest'ultima diventa così essenziale che è difficile pensare a un qualunque sport senza spettatori, rendendo sempre più netta la differenza tra sport e attività motoria e/o fitness.

SPORT SENZA QUALITÀ

Alla fine degli anni Venti Robert Musil non aveva una grande considerazione dello sport. Ne *L'uomo senza qualità* scrive: «*Lo sport è brutale. Lo si potrebbe definire il sedimento di un odio universale finissimamente diffuso, che precipita nelle competizioni sportive. Naturalmente si sostiene l'opposto: che lo sport unisce, che coltiva lo spirito di cameratismo, eccetera; ma in fondo ciò dimostra soltanto che brutalità e amore non son più lontani fra loro che le due ali di un uccello*»

L'ambientazione del libro è collocata nel 1913, siamo ai primi passi dello sport moderno ma lo sguardo di Musil individua con nettezza la distanza tra l'essenza e il racconto dello sport, tra la performance e lo spettacolo.

Nel 1912, Stoccolma si prepara ad ospitare i Giochi Olimpici, spinta dall'influenza di Viktor Gustaf Balck, il padre dello sport svedese. Nato a Karlskrona nel 1844, Balck è un ufficiale di marina che raggiunge il grado di generale e partecipa alla fondazione del movimento olimpico fin dal congresso della Sorbona del 1894. Nel 1897, alla presenza del principe ereditario, Balck fonda l'Associazione svedese degli sport pubblici, che diventa l'ente centrale per la promozione dello sport in Svezia sotto il patronato del re dal 1899. Accettata la raccomandazione di "ripulire" il programma olimpico, gli svedesi inizialmente vorrebbero limitare i Giochi ad atletica, ginnastica, nuoto e lotta. Tuttavia, sono costretti ad aggiungere ciclismo, scherma, canottaggio, vela, equitazione, tennis, tiro e pallanuoto. Gli svedesi insistono nell'introdurre i lanci a due mani nell'atletica, una specialità che solo loro praticano. Balck si oppone agli sport invernali, desiderati da de Coubertin.

Il CIO richiede l'inclusione del calcio, del nuoto femminile e di due novità: il pentathlon moderno e le competizioni artistiche. Il pentathlon, è fortemente voluto da de Coubertin per riproporre l'antica attività dei Greci in chiave autenticamente polisportiva. La disciplina, solamente maschile, è composta da equitazione, scherma, tiro a segno, nuoto e corsa. Sarà allargata alle donne solo dal 2000. La gara è vinta da Jim Thorpe, padre di origini irlandesi e pellerossa, Sac e Fox; madre, invece, con ascendenze francesi e pellerossa, Potawatomic e Kickapooche. Thorpe trionfa anche nel decathlon, ma i titoli olimpici gli vengono ritirati per aver giocato a baseball da professionista: gli saranno riconosciuti postumi, nel 1983, trent'anni dopo essere morto in miseria, e restituiti ai figli. Un ruolo cruciale nel ritiro delle medaglie d'oro olimpiche a Thorpe è svolto da James E. Sullivan, personaggio influente nel mondo dell'atletica americana e già protagonista degli *Anthropogy Days* di St Louis: il talento di Thorpe, del nativo Thorpe contraddice completamente le sue idee antropologicamente razziste.

Un'altra novità di Stoccolma sono i concorsi d'arte olimpici, una fissazione di de Coubertin dal 1906, quando organizza un congresso sul tema "Arte e Olimpismo" alla Sorbona. Le conclusioni sono chiare: concorsi di architettura, letteratura, musica, pittura e scultura saranno aggiunti al programma agonistico dei Giochi. Previsti inizialmente per Roma 1908, vengono rinviati al 1912. Tra i premiati spicca l'americano Walter Winans, che vince l'oro con una statuetta di bronzo raffigurante "un trottatore americano". Nella letteratura, l'oro va a un'ode allo sport scritta dai tedeschi Georges Hohrod e Martin Eschbach, pseudonimi dietro cui si cela lo stesso de Coubertin.

PRIMI TUFFI

L'Italia invia 61 atleti ai Giochi: partiti in treno, da Verona, tre giorni di viaggio. All'ultimo momento rinuncia Elda Famà che, come risulta dal rapporto ufficiale, era inserita il 13 luglio nel primo gruppo di qualificazione nei tuffi. Famà, sarà campionessa italiana di tuffi artistici ad Albano l'anno successivo.

A Stoccolma sono presenti 57 atlete. Il numero sale a 293 se si includono le partecipanti alle dimostrazioni di ginnastica.

Nei 100 metri stile libero, la medaglia d'oro va alla campionessa Sarah 'Fanny' Durack (Australia); argento è Wilhelmina Wylie (Australia), bronzo a Jennie Fletcher (Gran Bretagna).

Nella staffetta 400 metri a squadre, le campionesse sono le britanniche Isabella Mary Moore, Jennie Fletcher, Annie Speirs e Irene Steer; secondo posto per la Germania: Wally Dressel, Louise Otto, Hermine Stindt e Grete Rosenberg; terza piazza per l'Austria: Margarete Adler, Klara Milch, Josephine Sticker e Bertha Zahourek. Greta Johanson (Svezia) è medaglia d'oro nei tuffi dal trampolino, davanti a Lisa Regnell (Svezia) e Isabelle White (Gran Bretagna).

Nel tennis gareggiano 15 atlete in quattro eventi. Medaglia d'oro nel singolare all'aperto per Marguerite Broquedis (Francia); argento a Dora Köring (Germania) e bronzo a Mola Bjurstedt (Norvegia). Nei doppi misti all'aperto, la campionessa è Dora Köring (Germania), poi Sigrid Fick (Svezia) e Marguerite Broquedis (Francia); nel singolare indoor, Edith Hannam conquista l'oro davanti a Thora Castenschiold (Danimarca) e Mabel Parton (Gran Bretagna); nei doppi misti indoor, le donne sul podio sono, nell'ordine, Edith Hannam (Gran Bretagna); Helen Aitchison (Gran Bretagna) e Sigrid Fick (Svezia).

Il tiro con l'arco non fa più parte del programma olimpico, mentre l'introduzione di nuoto e tuffi porta in dote il maggior numero di concorrenti femminili: 48 su 2.408, più o meno il 2% Il nuoto femminile è uno sport considerato scandaloso per l'epoca. Protagoniste sono le australiane Sarah "Fanny" Durack e Wilhelmina "Mina" Wylie.

Sarah Durack, è la prima donna a vincere una medaglia d'oro olimpica nel nuoto e la prima australiana in assoluto. Emerge come una figura di spicco in un'epoca in cui il nuoto, anche in Australia, è segregato per genere: non solo uomini e donne non possono nuotare insieme nello stesso programma, ma le donne non possono essere osservate durante le competizioni da uomini, nemmeno da padri o fratelli. Durack è uno spirito indipendente, una vera ribelle e, in fondo, una ragazza che non si conforma alle regole. Nel 1906, ancora studentessa, vince il suo primo titolo statale nella sola disciplina disponibile per le donne: la rana. Successivamente si sposta sullo stile *trudgen*[6], e poi sul crawl. All'inizio del 1912, l'anno delle Olimpiadi di Stoccolma, Durack stabilisce i record mondiali nelle 100 yards (91 m in 1 minuto e 6 secondi) e nel 100 metri (1 minuto 16,2 secondi), con la sua rivale costante, Mina Wylie, subito dietro di lei in entrambe le gare. Parte una campagna per portarle ai Giochi di Stoccolma del 1912: numerose pubblicazioni locali e internazionali descrivono la Durack come la "ninfa dell'acqua" che dovrebbe rappresentare l'Australasia alle Olimpiadi, forte anche di 56 medaglie e 100 trofei già al suo attivo. Come afferma *The Barrier Miner*, "*Se questo (…) non è un record di cui l'Australia dovrebbe essere orgogliosa in una delle sue figlie, allora non esiste qualcosa come l'orgoglio nazionale…*".

Dopo una lunga discussione, le regole vengono modificate per permettere alle nuotatrici di competere accanto agli uomini, ma l'*Amateur Swimming Union* stabilisce che le ragazze potranno unirsi alla squadra australiana a condizione che qualcuno paghi il loro viaggio: sarà una colletta organizzata dall'associazione nuotatrici del Nuovo Galles del Sud e dalla famiglia di Wylie a garantire la trasferta.

I genitori di Fanny sono irlandesi emigrati in Australia. Nella settimana in cui vince la prima medaglia d'oro olimpica nel nuoto femminile, quattro suffragette irlandesi vengono processate per una protesta inscenata a Dublino. Gli stati australiani, tra il 1890 e il 1900, concedono lentamente il diritto di voto alle donne, mentre in Gran Bretagna e Irlanda il suffragio femminile arriverà solo nel 1918. Nonostante il diritto di voto, in Australia c'è una forte discriminazione e sessismo verso le donne e c'è ancora molto da fare per la loro causa. E mentre le suffragette in Inghilterra e in Irlanda, si organizzano per la rivoluzione, Fanny Durack, a Stoccolma, partecipa alla sua personale ribellione contro gli standard sociali per le donne alle Olimpiadi, indossando un costume da bagno elegante e aderente invece del modesto e "appropriato" costume in lana. Non si preoccupa di rispettare gli standard di "decenza" richiesti alle donne dell'epoca, sostenendo che gli abiti pesanti che dovrebbe indossare hanno "la stessa resistenza di un'ancora marina".

Tra il 1912 e il 1918, Fanny Durack stabilisce 12 record mondiali. Una settimana prima di partire per le Olimpiadi di Anversa del 1920, viene colpita da un'appendicite. Subisce un'appendicectomia d'urgenza e successivamente contrae la febbre tifoide e la polmonite. A causa della sua salute precaria, Fanny Durack si ritira dal nuoto agonistico nel gennaio 1921.

ROSETTA È SECONDA

A proposito di Anversa 1920, prima della scoperta della presenza dell'amazzone Elvira Guerra nel 1900 a Parigi si pensava che Rosetta Gagliardi, fosse la prima presenza olimpica italiana. Nella città belga, vestita con un leggero abito bianco, Rosetta sfila accanto a Nedo Nadi, unica donna in una squadra di 169 uomini. Nel torneo di tennis, la Gagliardi si comporta discretamente: arriva al secondo turno del singolare e partecipa anche al doppio misto.

La sua arma segreta è il coraggio, come sottolinea il conte Alberto Bonacossa, suo grande sostenitore, che elogia la sua tenacia in campo. Rosetta è una tennista autodidatta, cresciuta nel "TC Milano", club fondato e presieduto dallo stesso Bonacossa.

A Parigi nel 1924, Rosetta Gagliardi parteciperà alle sue seconde Olimpiadi. Gareggia nel singolare, nel doppio misto e nel doppio femminile, arrivando fino ai quarti di finale con la sua compagna Giulia Perelli.

Oltre al tennis, Rosetta eccelle anche nel pattinaggio a rotelle, vincendo sei titoli italiani tra il 1912 e il 1922. La sua passione per lo sport la porta persino a provare il pattinaggio su ghiaccio, sfidando la contessa Marisa Bonacossa nei campionati del 1921.

La sua vita prende una nuova direzione quando incontra il futuro marito, George Stanley Prouse, classe 1883, neozelandese giunto a Milano per studiare canto e giurisprudenza. È un classico gentleman di stampo anglosassone, grande sportivo e anche lui ottimo tennista: rimane in Italia, diviene agente della Slazenger e della Dunlop e nel 1936 fonda la "Maxima", una tra le prL'incipali aziende italiane produttrici di racchette da tennis.

L'ALA SINISTRA

Intanto a est c'è uno spettro all'orizzonte e un modo diverso di guardare allo sport. Nel 1917 la Rivoluzione russa capovolge il mondo, ispirando milioni di persone con la sua visione di una società fondata sulla solidarietà e sulla soddisfazione dei bisogni umani. Tocca ogni ambito della vita delle persone, compresi i giochi. Lo sport, tuttavia, è ben lontano dall'essere una priorità. I bolscevichi, che avevano guidato la rivoluzione, si trovano di fronte a una guerra civile, eserciti invasori, carestie diffuse e un'epidemia di tifo. La sopravvivenza, non il tempo libero, è all'ordine del giorno.

Il lascito della Russia zarista, dal punto di vista economico e sociale, era quello di un Paese profondamente diverso rispetto all'Europa Nord-occidentale, con una struttura dominata dalla proprietà terriera latifondista. L'abolizione della servitù della gleba nel 1861, invece di uniformare la condizione dei contadini, aveva creato un divario tra quelli più intraprendenti e quelli legati a terre meno produttive, soprattutto nel nord. A differenza del resto d'Europa, in Russia mancava una borghesia moderna, con una struttura ancorata a pratiche economiche tradizionali. Dalla fine dell'Ottocento la Russia inizia a sviluppare una struttura industriale in espansione, alimentata da capitali stranieri e da una crescente forza lavoro urbana, frutto dell'inurbamento di ceti subalterni, ma le dinamiche socio-economiche modernizzanti non erano riuscite più di tanto a liberare energia e disponibilità di tempo da destinare anche alle pratiche ginniche e sportive. Impossibile pensare a un radicamento della cultura dello sport, così come stava avvenendo in Occidente. *"Esistevano anche nella Russia zarista i club per gentiluomini, ma si limitavano alle principali città, ed erano frequentati solo da un ristretto numero di nobili. Testimonianza indiretta di tutto ciò, i modestissimi risultati ottenuti dalle selezioni zariste in occasione dei Giochi olimpici cui presero parte. Un eco della clamorosa débâcle cui andò incontro la sbornaja zarista nella competizione calcistica delle Olimpiadi di Stoccolma del 1912, ovvero la sconfitta per 16-0 patita per mano della selezione tedesca, è rimasta anche nella letteratura russa odierna"*[7]

Le istituzioni imperiali russe si erano allineate al movimento sportivo internazionale, affiliandosi al CIO e ad altre federazioni sportive, come la FIFA: pochi però i pochi e modesti i risultati olimpici, come dimostra l'unica medaglia d'oro vinta dal pattinatore Nikolaj Panin-Kolomenkin a Londra nel 1908.

Con l'avvento dello Stato sovietico, lo sport subisce un radicale riorientamento ideologico. Il marxismo-leninismo condanna lo sport di matrice decoubertiniana come borghese e nazionalista, portando l'URSS a boicottare il CIO e altre federazioni internazionali. I Giochi *"distolgono i lavoratori dalla lotta di classe e li addestrano per le guerre imperialiste"*.

Al contrario, lo sport di massa viene promosso come strumento per migliorare la salute del proletariato e favorire la coesione sociale. Le attività motorie nelle scuole sono organizzate dal **Komsomol**, con l'obiettivo di formare una gioventù sana, forte e ispirata ai principi del comunismo.

Lo sport svolge un ruolo anche nei confronti delle donne: la loro posizione nella società era già stata notevolmente migliorata attraverso la legalizzazione dell'aborto e del divorzio, ma occorre coinvolgerle sempre di più nella vita pubblica. Per Lenin: *"È nostro compito urgente coinvolgere le donne nello sport. Se riusciamo a raggiungere questo obiettivo e a farle usare appieno il sole, l'acqua e l'aria fresca per fortificarsi, porteremo un'intera rivoluzione nello stile di vita russo"*.

La partecipazione alla nuova cultura fisica è un'affermazione di vitalità, consentendo alle persone di sperimentare la libertà e la gestione dei propri corpi. Lenin è convinto che la ricreazione e l'esercizio siano parti integranti di una vita completa. *"I giovani in particolare hanno bisogno di avere entusiasmo per la vita ed essere di buon umore. Uno sport sano (ginnastica, nuoto, escursioni, ogni genere di esercizio fisico) dovrebbe essere combinato il più possibile con una varietà di interessi intellettuali, studio, analisi e investigazione..."* .

Ma non spetta al partito decidere cosa costituisca il miglior sistema di sport o produrre la linea corretta da seguire per la classe operaia. Piuttosto spetta alle persone discutere e dibattere, sperimentare e innovare e, in quel processo, creare i propri sport e giochi. Per Trotsky, *"il desiderio di divertimento, distrazione, visite turistiche e risate è la più legittima della natura umana"*.

A partire dagli anni Venti, lo Stato sovietico crea diverse associazioni sportive legate ai principali apparati statali, come la Dinamo e il Lokomotiv. Queste associazioni riflettono l'organizzazione centralizzata del sistema sovietico, con Mosca come epicentro delle eccellenze sportive. Per contrastare il CIO vengono organizzate le Spartachiadi, competizioni socialiste che si svolgono a Mosca (1928), Berlino (1931) e Parigi (1934), riscuotendo un interesse mediatico paragonabile alle Olimpiadi. Le Spartachiadi, pur rivendicando un carattere socialista, adottano alcune pratiche dello sport borghese, come la suddivisione degli atleti per Stato di provenienza, mentre alcuni aspetti del campionismo vengono tollerati.

Nel 1931, viene introdotto il brevetto GTO che richiede ai partecipanti di dimostrare capacità fisiche e patriottismo, con particolare attenzione alle donne. Le donne vengono coinvolte attivamente nella promozione della preparazione fisica, enfatizzando il loro ruolo come difensori della Patria. Questo è evidente anche nella propaganda, che spesso ritrae uomini e donne comuni uniti dal desiderio di migliorarsi per il bene del Paese.

C'è contemporaneamente un giudizio sprezzante della preoccupazione dell'Occidente di correre più velocemente, lanciare più lontano o saltare più in alto che mai. *"È completamente inutile e irrilevante"*, afferma Albert Zikmund, rettore dell'Istituto centrale statale di cultura fisica e autore di varie guide sui corsi sportivi per bambini e lavoratori., *"che qualcuno stabilisca un nuovo record mondiale o russo"*. Meglio le attività fisiche non competitive, come la ginnastica e il nuoto, come modi per le persone di rimanere in salute e rilassarsi. Occorre creare una nuova cultura fisica per le masse proletarie. Partendo dalle basi: come stare in piedi e camminare correttamente. Sempre secondo Zikmund *"una scuola dovrebbe insegnare come respirare. Una fabbrica deve programmare un periodo speciale per gli esercizi di respirazione"*. E spiegare, anche, come i corsetti possano limitare le costole, causare curvature della colonna vertebrale e così via.

Ma come molti dirigenti di istituzioni sportive, Zikmund verrà arrestato e assassinato nel 1938 durante la Grande Purga. Con Stalin cambiano molte cose anche nello sport: vengono promosse grandi parate ginniche e manifestazioni che esaltano la forza della gioventù sovietica. Il regime staliniano scopre l'importanza propagandistica dei riti e si prepara a confrontarsi direttamente con le altre ideologie attraverso lo sport.

---

[1] Guttmann, A., *op. cit.*

[2] Benjamin, W., 2002, *I «passages» di Parigi*, Einaudi, Torino, pag. 10

[3] De Coubertin, P., 1931, *Mémoires olympiques*, Bureau International de Pédagogie Sportiv, Losanna

[4] Ecco i risultati della gara di tiro con l'arco femminile: nel Double National Round, 1° posto Lida Howell, di Cincinnati; 2° posto per Jessie Pollock, di Cincinnati; 3° posto per Emma Cooke, Washington, D.C.; 4° posto per Laura Woodruff, Cincinnati, 5° posto per Mabel Taylor, Cincinnati e 6° posto per L. Taylor, Cincinnati. Nel Double Columbia Round, Lida Howell è ancora campionessa; E. C. Coolen è in 2° posizione; Jessie Pollock in 3° posto; Laura Woodruff in 4° posto, L. Taylor in 5° posizione e Mabel Taylor in 6° posto. Il campionato a squadre femminile è vinto dal Cincinnati Archery Club: Lida Howell, Jessie Pollock, Laura Woodruff e Mabel Taylor. In 2° posizione arrivano i Potomac Archers, da Washington, D.C.

[5] Martines, E. *Sporting Britannia. L'invenzione dello sport moderno* (Italian Edition). UniPR Co-Lab. Edizione del Kindle

[6] Nel 1873 il nuotatore John Arthur Trudgen nuotò a Londra uno stile del tutto diverso che lo avrebbe portato due anni dopo a vincere i campionati di nuoto 100 yds. Trudgen imparò questo stile in giovane età dai nativi americani durante un viaggio in Sud America e riportando nello sport questa nuotata arcaica, la stessa fu considerata una svolta del nuoto moderno; ai tempi venne vista come l'eccellenza per lo sprint. La bracciata e come il crawl mentre le gambe si divaricano nella classica posizione della sforbiciata: tutta l'azione viene svolta con la testa alta, fuori dall'acqua.

[7] Vyše, Sil'nee, B., *Lo sport russo e sovietico dalle origini al Disgelo*, https://sportnauka.-hypotheses.org/files/2021/02/Bystree-Vyse-Silnee-Definitivo-AL.pdf

PLAYERS E GENTLEMEN

Nel primo decennio del XX secolo, solo in Inghilterra e Galles, ci sono sei milioni di persone che ogni anno pagano per assistere alle partite di calcio della *First Division*, mentre circa mezzo milione lo pratica, nelle varie leghe affiliate alla *Football Association*

La commercializzazione dello sport e la creazione di un mercato per l'intrattenimento delle masse urbane minaccia, però, i valori morali e educativi previsti per l'attività sportiva. A mostrarsi preoccupati non ci sono solo gli idealisti o i più zelanti moralisti ma anche una minoranza di lavoratori radicali e, soprattutto, i socialisti borghesi che sognano di sviluppare per le masse una cultura più nobile ed elevata. Per molti, lo sport commerciale rappresenta l'esaltazione dell'edonismo e del consumismo apatico e passivo, ma anche una minaccia alla creazione di una cultura del tempo libero dei lavoratori autonoma e moralmente superiore.

All'inizio del XX secolo il livello di coinvolgimento della classe operaia nello sport organizzato è molto elevato: nonostante gli eccessi, l'enfasi posta sulla vittoria, l'adorazione degli eroi sportivi, la faziosità e il disinteresse per i valori del dilettantismo, lo sport è stato di grande aiuto per integrare la popolazione nella vita alienante delle grandi città e sviluppare un senso di appartenenza. La cultura sportiva ha rappresentato un elemento di forte definizione dell'identità e della coesione sociale.

Per la classe operaia, in un contesto urbano altamente industrializzato, lo sport costituisce un elemento di convivialità, di coesione comunitaria e di continuità culturale tra le generazioni. L'adesione a un club di calcio, rugby o cricket è un modo per sostenere una vita collettiva, un potente collante e un argomento per sviluppare il senso di appartenenza, esaltando la condivisione di legami identitari ed emotivi tra coloro che si appassionavano agli stessi colori. Il localismo è un fattore fondamentale nell'affermazione popolare degli sport di squadra. La classe operaia preferisce praticare e seguire lo sport nel contesto familiare della propria realtà, della propria strada, del proprio pub, della propria parrocchia. I club della classe media, invece, sono formati da persone che, più che il luogo, condividono educazione, status professionale e sociale.

PUB AL CENTRO

I pub svolgono un ruolo centrale nella cultura sportiva britannica, dove gli uomini trascorrono la maggior parte del loro tempo libero e dove i gestori costituiscono i principali sostenitori della cultura sportiva del *challenge*, della sfida, che comprende attività e competizioni sportive oggetto di scommesse. Sono anche i luoghi dove le notizie su gare e risultati vengono diffuse e commentate. Il pub e la strada sono fondamentali anche per la stessa creazione di squadre e club, in particolare di calcio. Ci sono anche club legati ai posti di lavoro ma ricevono poco sostegno dalle aziende e sono, in realtà, gestiti e sostenuti dalla base popolare, dimostrando l'autosufficienza della cultura sportiva della classe lavoratrice.

A partire dagli anni Novanta del diciannovesimo secolo il calcio è senza dubbio lo sport favorito delle classi lavoratrici. L'attrezzatura è a buon mercato, le regole sono facili da imparare e il gioco può essere praticato su qualsiasi tipo di superficie e con qualsiasi clima. A livello popolare, ha una tradizione che risale a centinaia di anni prima. A prescindere dalla sua pratica attiva, è uno sport che cattura centinaia di migliaia di spettatori, ma la definitiva trasformazione del calcio in uno sport di massa, fatto per le masse e con un alto grado di commistione sociale nel suo pubblico, si ha con il professionismo. Il professionismo ha trasformato il calcio da attività ricreativa delle élite che dispongono di tempo libero, a uno sport che può essere fonte di sostentamento e motivo di intrattenimento per chi proviene dalle classi umili. Quando il 20 luglio del 1885 la FA accetta di legalizzare il professionismo (a patto che sia controllato e contenuto, come avviene nel cricket), sceglie l'atteggiamento più accondiscendente e paternalistico nei confronti dei desideri della gente comune, che chiede di partecipare al "loro" gioco.

Nei programmi delle partite, i professionisti sono indicati con il solo cognome, mentre degli *amateurs* sono indicate anche le lettere iniziali, così il pubblico sa individuare chi è pagato e chi no. In molti casi, *players* e *gentlemen* frequentano ambienti separati fuori dal campo.

Lo sport professionistico, in particolare il calcio, crea comunità estese, costituite dai tifosi che si accalcano negli stadi per seguire le gesta delle proprie squadre del cuore e da quanti, pur non assistendo direttamente agli eventi, ne fanno il proprio argomento preferito di conversazione. Il calcio, soprattutto nelle piccole città, canalizza un senso di identità e di orgoglio civico come risposta allo spaesamento e al senso di alienazione indotti dalle nuove realtà urbane. La squadra rappresenta e simboleggia la comunità dei suoi sostenitori, mentre le caratteristiche del team sono le caratteristiche del suo popolo di tifosi. Allo stesso tempo, i lavoratori si rendono sempre più conto della dimensione nazionale della propria vita, grazie alla rete ferroviaria, all'azione della stampa, alla crescente alfabetizzazione e alle rappresentanze sindacali.

THE PEOPLE'S GAME

Il calcio diventa *"the people's game"* per gli attori e la maggioranza dei fruitori: la classe dirigente, gli organizzatori, i gestori rimangono espressione di quella élite allargata proveniente dalle *public schools*. Quanto ai giocatori, la loro origine socio-professionale è da individuarsi soprattutto nel gruppo dei lavoratori specializzati. Stesso discorso per gli spettatori, appartenenti in maggioranza al vasto gruppo dei salariati, più o meno qualificati in grado di pagare i sei *pennies* alla settimana necessari per seguire lo spettacolo calcistico. Gli stadi sono frequentati anche da elementi della *middle class*: ma gli imprenditori facoltosi sono comodamente ospitati nelle tribune centrali o nel cosiddetto *director's box*, una piccola isola in un mare fatto di *working class*.

Gli spettatori hanno, in gran parte, una certa esperienza nel gioco, anche a livelli amatoriali. Ciò non solo rende lo spettacolo più interessante, ma favorisce anche l'identificazione con il giocatore: lo spettatore si sente in grado di apprezzare e criticare le prestazioni sul campo. Nel frattempo, gli stessi giocatori iniziano a seguire un copione collettivo in cui le abilità individuali devono integrarsi e armonizzarsi con le strategie di squadra. La divisione dei ruoli riflette la specializzazione delle competenze applicate alla produzione industriale.

Anche i cronisti che seguono il calcio utilizzano metafore industriali per descrivere le prestazioni delle squadre: "macchine ben oliate", "gambe come pistoni", "forza di una dinamo", "colpi di martello". Gli spettatori apprezzano la capacità dei giocatori di lavorare duro, sopportare la fatica e le avversità, svolgere il proprio ruolo all'interno della squadra; qualità che potevano essere facilmente applicate alla loro vita lavorativa. La *working class* si appropria del calcio adattando valori e carattere alle proprie esigenze: con una buona dose di faziosità e grande enfasi sulla vittoria. Gli spalti diventano il teatro dove poter esprimere uno stile particolare di passione fatta di colori, rumori, eccitazione, canti che caratterizzano un tifo calcistico plasmato da espressioni culturali "classiste": un approccio popolare spesso criticato dalle riviste borghesi dell'epoca.

I lavoratori urbani, piuttosto che apprendere il principio competitivo capitalista attraverso il gioco, hanno cercato spazi di competitività che l'ambito del lavoro negava loro.[1]

Il calcio professionistico è stato importante per rafforzare e consolidare l'identità delle comunità locali all'interno del contesto nazionale, grazie alle competizioni come la FA Cup e la Football League. Le coppe sono un elemento di fondamentale popolarità, stimolando le rivalità e il desiderio di successo. Il campionato di lega ha reso i confronti ancora più frequenti e regolari, permettendo alle persone di affermare l'appartenenza alla propria città e valutare, settimanalmente, la propria posizione nel contesto nazionale. E la stampa contribuisce a costruire l'interesse intorno al dramma settimanale del campionato o all'emozione delle sfide a eliminazione diretta delle coppe, offrendo una copertura dettagliata delle partite anche per quanti non hanno potuto assistervi di persona, rafforzando l'orgoglio cittadino. E l'onore si associa al successo.

Nell'ottica elitaria degli amateurs l'onore era legato al rispetto di un codice non scritto di fair play, di stile; nella nuova accezione popolare, invece, la vittoria era prioritaria e di gran lunga preferibile a una pur onorevole sconfitta. Il senso di appartenenza e identità che contraddistingue l'attaccamento dei sostenitori alla propria squadra di calcio entra teoricamente in conflitto con la questione del professionismo dei giocatori che (...) incarna perfettamente le ambiguità della vita urbana moderna, incentivando l'orgoglio civico degli spettatori, rappresentati sul campo da individui che possono non avere alcun legame con la città del club per cui giocano[2].

Nel frattempo si comincia a costruire un senso comunitario oltre il senso del luogo: la cronaca della partita ricostruisce emozioni ma anche un senso di appartenenza con "un altro" che non è più solo il conosciuto e riconoscibile compagno di pub o di strada. Campo di gioco, tribune, pub, stampa: tutto si mescola in un unico desiderio comunitario e identitario. E rigorosamente maschile.

SPORT DI CLASSE

Mentre la *working class* si dà al calcio, le attività sportive delle classi superiori, all'inizio del diciannovesimo secolo, sono limitate ai cosiddetti *field sports*: equitazione, caccia alla volpe, pesca. A onor del vero per la classe lavoratrice si tratta soprattutto di assistere agli sport preferiti: costretti a migrare verso le grandi città dalle recinzioni dei campi e dalla mancanza di opportunità di lavoro in provincia, i nuovi proletari hanno crescenti difficoltà a continuare la pratica dei loro giochi tradizionali. Giochi osteggiati, da un lato, dalle rimostranze di natura morale, dall'altro, resi praticamente impossibili dalla dura disciplina del lavoro industriale: per gli operai lo spazio per lo svago si restringe ai vari giochi da pub (bowls, quoits, biliardo) o alla nuova pratica del podismo.

Nella seconda metà del secolo, soprattutto dal 1860 in poi, a partire dall'Inghilterra, si assiste a una radicale trasformazione della misura e della natura della cultura sportiva: attività preesistenti, come l'ippica, il cricket e la boxe conoscono una riorganizzazione e una intensificazione degli eventi, mentre la codificazione di nuove discipline, come il calcio, il rugby, il golf o il tennis, prepara un grande successo di pubblico.

I sempre più numerosi agglomerati urbani forniscono allo sport spazio, capitali, partecipanti e spettatori paganti, mentre i residenti possono disporre di una valvola di sfogo che li aiuta a resistere alle tensioni e allo stress della vita nelle città.

La seconda metà del diciannovesimo secolo registra una vertiginosa commercializzazione del fenomeno sportivo con lo sviluppo di una nuova industria dello sport e di una stampa sportiva che accompagna, sostiene e favorisce la nuova popolarità delle competizioni. Grazie alla crescita economica generata dalla rivoluzione industriale, aumenta decisamente la disponibilità di risorse da impiegare nell'aumentato tempo libero. E non solo per i benestanti.

La nuova rete di trasporti, soprattutto quella ferroviaria, aiuta la circolazione delle persone e la creazione di competizioni e di organismi nazionali in grado di regolare l'attività delle varie discipline sportive. Ma la funzione sociale degli sport può essere compresa se si tiene conto solo del cambiamento dei rapporti all'interno delle classi dominanti e del ruolo dell'educazione. A cominciare dalle scuole che assumono una funzione di collante sociale delle élite: si gioca insieme e si rimane insieme nel rispetto della gerarchia sociale, ma con grande spirito coesivo.

Lo status di *gentleman* non dipende più dalla nascita o dalla ricchezza, ma dall'educazione e dal completamento di un lungo periodo di formazione che non è per tutti: occorre un percorso di apprendimento continuo delle idee e della cultura patrimonio della classe dominante.

Lo sport moderno viene preso in mano dalle istituzioni come strumento pedagogico per controllare le frotte di ragazzini che costituendosi in gang rendevano più pericolose le strade cittadine. Ma lo sport è anche il passatempo della nobiltà e della trionfante borghesia, così come lo strumento di controllo e di imposizione di un'attività che si fonda sull'idea di un fisico ideale: quello dello *sportman/gentleman* maschio, bianco e anglosassone. Lo sport concilia le emergenti concezioni democratiche con quelle imperiali, grazie alle quali ci si può imporre anche nelle colonie, cooptando le classi dirigenti senza usare la forza (vedi in India col cricket e col polo). La stessa distinzione tra dilettanti e professionisti con relativa connotazione classista e denigratoria per tutto il XX secolo, ricalca la questione della differenziazione sociale: i "proletari" vengono accettati nello sport solo come professionisti e quindi al di fuori dei veri ideali dello sport a cominciare dal *fair play*. Il corpo naturalmente sportivo, nobile, non ha bisogno di essere allenato: lo *sportman/gentleman* non lavora, si diverte.

SPORT E SALUTE. CRISTIANA

Le condizioni di vita imposte dalla rivoluzione industriale nelle città pongono con urgenza il problema della salute fisica e psicologica dei cittadini: ci sono molte preoccupazioni legate all'alto livello di inquinamento, alle pessime condizioni igieniche dei sobborghi operai, alla ripetitività alienante del lavoro in fabbrica, ai turni estenuanti, alla vita sedentaria dei lavoratori, all'alto rischio di malattie professionali. Un'utile prevenzione e/o un possibile rimedio può arrivare dalle attività all'aria aperta: le imprese alpinistiche, la sfida con montagne di grande attrazione estetica hanno un grande impatto e diventano teatro di competizione tra diverse cordate e nazionalità. L'attività salutare che celebra l'interdipendenza tra l'armonia della natura e l'equilibrio dell'animo umano, si trasforma in sport competitivo, esaltazione di eroismo patriottico. Si costituiscono le prime associazioni: l'Alpine Club inglese nel 1857, l'Österreichischer Alpenverein austriaco nel 1862, il Club Alpino Italiano (C.A.I) nel

1863, il Deutscher Alpenverein nel 1869, la Società degli Alpinisti Tridentini (S.A.T.) nel 1872, il Club Alpino Francese e la Società Alpina Friulana (S.A.F.) nel 1874.

Lo sport entra a far parte del programma educativo del perfetto cristiano o, per meglio dire, cre "cristiano muscolare" sulla base del convincimento che la partecipazione all'attività sportiva contribuisca allo sviluppo di una *mens sana*, e moralmente cristiana, in un fisico forte e con un carattere "virile". La crescita armoniosa del fisico e del carattere, rappresenta anche un antidoto contro lo sviluppo precoce di una sessualità maschile adulta.

Il giovane uomo non deve essere né troppo intellettuale né farsi dominare da impulsi sessuali sfrenati; deve saper frenare le emozioni, controllare l'umore, i desideri, gli affetti; deve essere leale, attivo e coraggioso, mentre le giovani donne devono crescere sensibili e vulnerabili, in una chiara preparazione alla divisione dei ruoli all'interno della famiglia.

Gli sport, i giochi all'aria aperta, sono il modo migliore per prevenire "eccessi e devianze": praticare sport tutti i giorni occupa il corpo in modo sano e utile, esaurisce energie e pulsioni altrimenti nocive.

Lo sport dona un senso all'esuberanza giovanile aiutando a trasformare l'adolescente in un uomo a tutto tondo. Non tutti gli adolescenti: per i giovani delle classi proletarie, non ammessi a questo sistema educativo, sono previsti, quando va bene, noiosi, ripetitivi esercizi di ginnastica.

La strada è il naturale e unico campo di gioco: a scuola non imparano le regole e i rudimenti delle discipline sportive. Per loro sono previste più che altro campagne moralizzatrici come quella contro la pratica del football in strada, che si dimostrano, però, battaglie perse, capaci solo di fomentare risentimento e coesione contro l'autorità.

Nel frattempo aumentano le necessità degli atleti ma anche i gusti di un pubblico in costante aumento: servono razionalizzazione, regolamentazione e standardizzazione delle pratiche sportive. Gli spettatori sono attori fondamentali e fonte di sostegno economico per i molti club che si stanno formando: gli spazi pubblici in cui si disputano le gare vengono recintati. Si costruiscono impianti dedicati e si comincia a far pagare un biglietto d'ingresso per assistere agli eventi agonistici: lo sport non è solo attività fisica, ma da subito sinonimo di emozione, prestigio sociale, modernità. Vanno in scena tensioni, inclusioni ed esclusioni.

La suddivisione in classi della società alla fine del diciannovesimo secolo si riflette nelle diverse discipline sportive. Attività come la vela e il polo sono riservate solo ai molto ricchi, mentre il golf ha costi affrontabili solo da esponenti delle classi medio-alte.

Il canottaggio richiede tempo libero in orario diurno per gli allenamenti, dunque più adatto a studenti universitari o a liberi professionisti. Ma pochi sport sono appannaggio di una singola classe sociale: il cricket, la caccia alla volpe o alla lepre, l'ippica si basano sul supporto economico delle classi superiori.

Nelle corse dei cavalli, i proprietari appartengono all'alta borghesia o alla nobiltà, ma le *working classes* affollano le gradinate degli ippodromi. Il calcio e il rugby attirano borghesi nelle tribune, mentre gli spalti popolari sono riempiti dalle classi lavoratrici.

A livello professionistico, il calcio e il cricket annoveravano giocatori e spettatori borghesi e proletari, anche se i professionisti provenienti dalla working class erano trattati in modo diverso in entrambi gli sport. Un'attività ricreativa come la pesca poteva essere accessibile più o meno a tutti, ma la pesca del salmone e della trota (game fishing) prevedeva prezzi di ammissione fuori dalla portata dei proletari o della piccola borghesia, che si doveva accontentare della cosiddetta coarse fishing (o, generalmente, angling), ossia la pesca di pesci meno pregiati. Il quadro sociale della pratica sportiva variava anche a seconda della zona geografica del paese: ad esempio, il rugby union era decisamente uno sport per la middle class in Inghilterra e in gran parte della Scozia, mentre era uno sport di massa nel Galles. Generalmente, i sudditi britannici che praticavano sport erano di sesso maschile, oriundi delle classi superiori, medie o delle fila dei lavoratori specializzati; poche donne avevano una partecipazione attiva.[3]

I lavoratori specializzati dispongono di denaro, tempo e di una certa autonomia lavorativa, dunque possono praticare sport o assistervi come fonte di intrattenimento: la maggioranza degli spettatori paganti è costituita da artigiani e si rivolge soprattutto agli sport professionistici e commercializzati, quelli che sono in grado di assorbire meglio alcune caratteristiche delle attività ricreative tradizionali.

Negli sport più diffusi e seguiti, calcio e rugby su tutti, gli artigiani forniscono anche i primi giocatori, solo formalmente dilettanti, aprendo la strada all'affermazione dello sport professionistico.

I lavoratori più umili e meno qualificati non dispongono né di tempo né di denaro per dedicarsi allo sport, sia in veste di praticanti sia in quella di spettatori, almeno a pagamento. Ma la *working class* urbana trova il modo di cementare una propria cultura sportiva fatta di fruizione dello spettacolo agonistico attraverso i racconti, i commenti, le discussioni, le rivalità. La presenza della stampa popolare contribuisce a costruire resistenza, spirito di sacrificio, capacità di adattamento in opposizione alle pressioni dall'alto: lo sport viene riscritto e integrato all'interno del proprio contesto.

La *working class* urbana rimane, però, potenzialmente pericolosa e da sottomettere a un regime di controllo e di sanzione anche attraverso lo sport. Politica e pedagogia: le classi ricche e colte non hanno bisogno dello sport per socializzare le regole civili che si suppone appartengano al loro *habitat* culturale. Lo sport, e il calcio in particolare, diventa strategia del processo di civilizzazione e metafora del nuovo ordine sociale incardinato nello Stato nazione.

L'impatto dell'industrializzazione e dell'urbanizzazione sulla cultura sportiva spiega come le sue strutture sociali ed economiche abbiano influenzato lo sviluppo delle organizzazioni sportive.

Così come l'importanza delle relazioni di classe e sociali sono state determinanti per l'accesso allo sport e alla sua cultura: classe operaia e, soprattutto, le donne.

IL PROFESSIONISMO ARRIVA DA LONTANO

Eventi come la legalizzazione dei pagamenti ai calciatori e la creazione della Football League, nel 1888, aumentano la distanza dell'idea di sport tra classi dominanti e *working class:* per i *gentlemen amateurs* il professionismo e la fruizione passiva e faziosa dello spettacolo sportivo costituisce l'antitesi dello sport. Lo sport deve essere votato al *fair play*, liberato dai suoi aspetti meno civilizzati e soprattutto deve distinguersi da quello "delle strade", troppo spontaneo, troppo irregolare e, agli occhi dei *gentlemen*, troppo legato al caos, al fanatismo, alla barbarie.

I riferimenti alla purezza amatoriale dei giochi greci, rappresentano, però, un caso di invenzione della tradizione. I fondatori delle Olimpiadi moderne, infatti, introducono l'idea del dilettantismo come requisito fondamentale, vietando ogni profitto economico. Sono soprattutto gli inglesi, *of course*, a sostenere questa idea, limitando i rimborsi spese solo a trasporto e soggiorno. Gli antichi Greci sarebbero rimasti molto sorpresi da tutto ciò. Gli studiosi dello sport antico degli ultimi decenni hanno dedicato molta attenzione a questo punto, giungendo a conclusioni diverse e talvolta contrastanti, ma confermando in sostanza che la differenza più significativa tra i partecipanti agli agoni era la loro estrazione sociale, il *genos*, se fossero membri dell'aristocrazia o meno, e non un'esclusione preventiva basata sulla ricchezza e sul censo. In ogni caso, tutti i vincitori, soprattutto a Olimpia, traevano benefici economici, sociali e persino politici dal successo sportivo.

Va sottolineato che nella Grecia arcaica e classica non esisteva una distinzione netta tra amatori e professionisti nel senso in cui li intendiamo oggi. Il profilo del tipico atleta è legato al periodo storico con una evoluzione del senso dello sport che va dal puro e alto concetto di agone sportivo che è proprio dell'età greca arcaica, fino ad arrivare a un declino dello sport in epoca post-classica, in cui si assiste alla sua "democratizzazione" avvenuta ad opera del ginnasio, alla nascita del professionismo degli atleti, quasi del tutto appartenenti ai ceti medio-bassi del popolo[4].

Lo sport aristocratico è caratterizzato dal predominio di atleti rigorosamente dilettanti: i giovani aristocratici sono nobili ed essere nobile equivale a essere guerriero. Un guerriero ha come stile di vita il combattere valendosi esclusivamente della propria forza fisica: l'addestramenti è di carattere militare, la ginnastica è finalizzata al combattimento e non esiste un impegno specifico in vista di una gara sportiva né l'idea di un allenamento sistematico o specializzato per una determinata disciplina sportiva. C'è, invece, il divertimento, il diletto, il piacere. Il ginnasio, istituito fra il 600 e il 500 a.C. come luogo in cui l'istruttore insegna qualche tipo di combattimento e addestra per poter far parte delle falangi oplitiche, è destinato unicamente ai nobili. Poi, sia la sua funzione prettamente militare, sia il suo carattere aristocratico vengono a decadere, e si assiste all'apertura in senso democratico dello sport: anche il giovane non nobile può prendere parte agli allenamenti nei ginnasi ed entrare nel giro delle competizioni sportive. E magari intraprendere una vera e propria carriera sportiva, traendo dalle eventuali vittorie il denaro per vivere e per pagarsi gli allenamenti, i quali, ormai sono divenuti specialistici e tenuti da allenatori anch'essi specializzati.

Di fronte alla democratizzazione dello sport ad opera del ginnasio e al conseguente inizio del professionismo, si assiste a un periodo in cui coesistono e gareggiano insieme sia i nobili aristocratici, sia i figli provenienti da famiglie del ceto medio-basso del popolo, professionisti; si praticano allenamenti sistematici in luoghi deputati, nascono le diete, gli specialisti in campo medico: l'attività sportiva a livello agonistico diventa un lavoro con cui guadagnarsi da vivere.

SCOMMETTERE SULL'ATLETICA

L'atletica moderna come la conosciamo oggi ha origine con la fondazione, nel 1866 a Londra, del *"The Amateur Athletic Club"*. Sempre nel 1866 il club organizza la prima gara di corsa su pista: i promotori intendono dissociarsi dai marciatori o corridori professionisti (*pedestrians*) che, fin dal diciottesimo secolo, gareggiano nelle tradizionali gare a premi generalmente disputate dai servitori dei nobili o dagli artigiani. E sulle quali fiorisce un discreto giro di scommesse.

L'atletica si sviluppa, dunque, come attività destinata ai *gentleman amateurs*, benestanti che gareggiano senza alcun compenso: occorre promuovere uno sport che sia superiore alla necessità di competere per vincere vil denaro. Alla base c'è una visione aristocratica dello sport, incarnata nell'ideale dilettantistico e attraversata da una tensione costante tra la visione ideale e la realtà economica.

Il ciclismo nasce in un contesto completamente diverso: è figlio dello scenario urbano e della localizzazione dell'industria ciclistica. L'attività agonistica è soprattutto un'opportunità di propagandare la nuova tecnologia delle biciclette. L'organizzazione delle gare sceglie, di conseguenza, i luoghi dove risiedono i potenziali acquirenti: competizione sportiva e promozione industriale vanno di pari passo. Un'altra caratteristica è la natura classista delle prime corse su strada: le biciclette costano tanto e, almeno inizialmente, i meccanici, che avrebbero a disposizione più facilmente il mezzo, vengono esclusi dalle competizioni *amateur*. Verso la fine del secolo il ciclismo ha ampiamente conquistato il grande pubblico: lo sviluppo di un folto gruppo di ciclisti dilettanti fornisce ai commercianti grandi possibilità di sviluppare iniziative di sponsorizzazione.

IL CICLISMO DI MISS AMERICA

Il ciclismo come sport nasce in Francia. La prima gara si svolge a Parigi il 31 maggio 1868: solo mille e duecento metri di percorso, pochi partecipanti, tutto raccontato sui giornali del tempo. I bicicli in gara sono stati da poco aggiornati: grazie a un'intuizione di Ernest Michaux e alla maestria del padre, Pierre carrozziere parigino, vengono aggiunti, prima (1861), i pedali alla ruota anteriore e, poi, una coppia di freni. Più che biciclette sono draisine[5] a pedali, o meglio "scuotiossa" (*boneshaker*): l'impatto delle ruote di legno contro il fondo stradale produce fastidiosissime vibrazioni. Ciononostante, i bicicli riscuotono in breve tempo un grande successo, sia commerciale che di pubblico. Dopo aver inventato il pedale, Ernest e Pierre iniziano a costruire velocipedi in legno di faggio massiccio con due ruote da 90 cm a otto raggi, un grosso mozzo e cerchioni larghi e spessi. Le prime *michaudines* pesano 40 kg. I Michaux sono i primi ad avviarne una produzione in serie. Vendono 2 *michaudines* nel 1861, 142 l'anno seguente, 400 nel 1865 al prezzo di 500 franchi d'oro. Presto, molte altre officine iniziano a produrre velocipedi. A Parigi, in sella a un biciclo Michaux, si può vedere il figlio di Napoleone III (soprannominato Velocipede IV), ma i Michaux non fanno fortuna, tutt'altro. Prima la vendita del 69% della società per 50.000 franchi ai fratelli Olivier, René e Aimé. Poi il tentativo di proseguire autonomamente ma con poca capacità imprenditoriale: il 29 marzo 1870 il giudice dichiara il fallimento e la loro rovina.

Diverso il destino dei fratelli Olivier: nel 1865 questi due giovani ricchi banchieri pedalano per più di 800 km da Parigi a Marsiglia: il loro entusiasmo aiuta il ciclismo a diventare una mania mondiale per giovani in forma e benestanti. I fratelli Olivier prendono il controllo della *Michaux et Cie.* iniziando una massiccia produzione a partire dal 1867, anno dell'Esposizione di Parigi. Nell'autunno del 1868, il nuovo velocipede diventa uno spettacolo familiare in tutta la Francia e le vendite raggiungono nuove vette nonostante i prezzi relativamente alti.

Nel 1869 gli Olivier cambiano il nome della *Michaux et Cie* in *Compagnie Parisienne des Velocipedes*. Altri costruttori emergono soprattutto in Francia e in Inghilterra: si crea un regime di concorrenza che spinge a continui miglioramenti. In Inghilterra Rivierre prova ad applicare una ruota anteriore molto più grande di quella posteriore, per sfruttare al massimo il giro di pedali.

Sono proprio i fratelli Olivier, con la loro *Compagnie Parisienne*, a organizzare quella prima gara del 31 maggio 1868 nel Parc de St-Cloud, il parco imperiale messo a loro disposizione da Napoleone III. *Cycling Record*, il giornale che patrocina la gara, riferisce di un inizio alle 15 in punto, alla presenza dell'aristocrazia parigina: tutti elettrizzati dalla possibilità di vedere una competizione all'insegna della forza e del virtuosismo. Vince James Moore, inglese per l'anagrafe, ma trasferitosi in Francia a 4 anni, andando ad abitare nella casa di fronte alla bottega dei Michaux: una velocità di poco più di 23km/h, 2 minuti e 35 secondi per coprire i 1200 metri di una gara storica, ma con più di qualche dubbio sul fatto che quella fosse effettivamente la prima in assoluto.

Nel 1868 tante gare in programma in Europa e negli Stati Uniti e si comincia a pensare a una prima distinzione tra "dilettanti" e "professionisti". Il 7 novembre 1869, si disputa ancora in Francia la prima gara su strada, la Parigi-Rouen, lunga 123 chilometri. C'è sempre un giornale a promuovere le corse: fin dalle origini le competizioni vengono sponsorizzate e finanziate da privati e società che capiscono da subito quanto la bicicletta possa essere un potente lasciapassare mediatico.

La Parigi-Rouen è organizzata con la solita *Compagnie Parisienne* dei fratelli Olivier, da Richard Lesclide, futuro segretario di Victor Hugo, redattore del *Petit Journal*, autore del *Manuel du vélocipède* e fondatore, sette mesi prima, de *Le Vélocipède illustré*. Sono ammesse tutte le macchine mosse dalla forza umana, con piedi o mani (monocicli, bicicli, tricicli, quadricicli, policicli), purché con un solo uomo a bordo. Sono vietati il cambio della ruota e l'aiuto tra concorrenti, come pure il farsi trainare da cani o vele. L'iscrizione è gratuita: si prenotano in 323, ma partono in 109. Tra loro sei britannici, tre belgi, un tedesco. Il resto francesi. Gara massacrante con partenza alle 8.30 del mattino da Place de l'Étoile all'Arc de Triomphe: giornata uggiosa, pioggia sicura, dieci ore di gara nel fango e il ritorno a Parigi con mezzi propri. I premi: 1000 franchi al primo arrivato, un velocipede al secondo, una medaglia d'oro al terzo, una di *vermeil* al quarto, una d'argento al quinto, una di bronzo a chi arriva entro le ventiquattro ore. Sul pavé i sobbalzi si fanno sentire, le salite sono percorse al passo, in discesa i piedi si appoggiano a supporti legati alla forcella.

Su *Le Vélocipède illustré*, un medico aveva dato consigli ai concorrenti: in gara era bene alimentarsi ogni 20-25 chilometri con pasti nutrienti, come una bistecca e due bicchieri di vino; era meglio mangiare seduti, riposare un quarto d'ora e, prima di riprendere a pedalare, camminare per qualche minuto. Vince ancora James Moore: arriva alle 18 e 10, coprendo i 123 km in 10h40' alla media di 11,531 km/h. Castéra e Bobillier giungono insieme, staccati di un quarto d'ora, e chiedono di essere classificati secondi a pari merito; Pascaud è quarto a un'ora e un quarto, arrivando a piedi: la bicicletta si era schiantata contro un muro a secco. Trentatré concorrenti finiscono la gara. In serata viene organizzato un banchetto a Rouen con la bicicletta di Moore addobbata con l'Union Jack e improvvidamente parcheggiata davanti a un caffè in rue Notre Dame des Victoires: all'uscita dalla cena nessuna traccia della gloriosa bicicletta. Rubata. Gli arrivi si protraggono fino a sera e durante la notte successiva.

Quando il sole comincia ad albeggiare, alle 6.30 ecco arrivare al traguardo una donna, Miss America, scortata da due nobili ciclisti, Turner e Taboureau, che le cedono il 29° posto. È l'unica delle 6 partecipanti femminili a vedere il traguardo; alla partenza, anche se sono al centro dell'attenzione, hanno mimetizzano i loro nomi di iscrizione: Nicole M., Mademoiselle A.D., Madame E., Mesdemoiselles Olga e Fatima di Bordeaux. E poi lei, Miss America, al secolo Elisabeth Sarti, nata a Lione il 28 marzo del 1847: ha un cognome italiano, ma non si hanno notizie del padre. Miss America risulta inglese ma in realtà è francese. È bionda, minuta, lieve, elegante, moderna e coraggiosa. Ha classe da vendere: pedala con regolarità su una bici che pesa 18 kg passando e sorpassando numerosi uomini.

Ha sposato quel Mr Turner che arriva alle sue spalle: durante la corsa si ferma alle 23 al controllo di Pont de l'Arche e Mr Turner le cerca febbrilmente un albergo in cui farla riposare, fare un bagno ristoratore e poi andare dormire. Rowley B. Turner non è proprio disinteressato, è il principale produttore di biciclette in Gran Bretagna: un'attività iniziata nel 1868, quando porta una Michaux a Londra e la mostra a suo zio, Josiah Turner, manager della *Coventry Sewing Machine Company*. Le sue biciclette recano il marchio *Vélocipèdes Américains*: lo pseudonimo di Miss America evidentemente non è casuale. L'operazione di marketing comunque funziona, visto che le 400 biciclette prodotte vengono tutte vendute nonostante la crisi del mercato francese legata alla crisi franco-prussiana.

CARBONARI SU DUE RUOTE

I possessori di biciclette sono pochi. Ai più è concesso solo di appassionarsi per quelle sfide che incarnano perfettamente lo spirito della nuova era meccanica. Una passione in certi casi così spinta da indurre Cesare Lombroso a scrivere: *"Nessuno [...] dei nuovi congegni moderni ha assunto la straordinaria importanza del biciclo, sia come causa che come strumento del crimine; e a tal punto che se una volta si pretendeva (invero con un po' di esagerazione) di trovare nella donna il movente di ogni delitto virile nel troppo celebrato: – Cherchez la femme, – si potrebbe con minor forse esagerazione sentenziare ora: – Cercate il biciclo – in gran parte dei furti e delle grassazioni dei giovani, sopratutto della buona società, almeno in Italia[6]"*.

In Inghilterra, intanto, tra la fine del diciannovesimo e l'inizio del ventesimo secolo, massa di spettatori e diffusione garantita dai giornali, hanno fatto del ciclismo una sorta di ossessione nazionale e le corse sono diventate una forma di intrattenimento popolare.

Superato il periodo eroico e raggiunto un buon livello di maneggevolezza, la bicicletta si va trasformando in uno strumento di locomozione caro alle classi lavoratrici, che permette un grado di mobilità prima sconosciuto. E temendo incursioni e occupazione della campagna da parte del proletariato urbano, in Gran Bretagna, nel 1890, si proibiscono le corse ciclistiche su strade aperte, divieto che rimane in vigore fino agli anni Cinquanta del secolo successivo. Vengono organizzate allora corse individuali a cronometro, con lo scopo di proseguire l'attività su strada senza destare le attenzioni della polizia: i corridori partono a intervalli regolari e gareggiano contro il tempo con una componente di segretezza carbonara. Le corse si disputano in campagna, su strade comunicate in codice, e cominciano all'alba: per risultare meno visibili, i ciclisti vestono di nero dal collo alle caviglie e non hanno numeri. La stampa specializzata non può divulgare in anticipo il luogo di svolgimento e le generalità dei ciclisti sono strettamente confidenziali.

Diversa l'atmosfera che si respira su pista: non ci sono divieti ma tanti spettatori. I velodromi più importanti si trovano a Birmingham, Sheffield, Liverpool, Manchester e Londra. Presto, si creano anche piste indoor, dove l'afflusso degli spettatori paganti può essere gestito e controllato facilmente, rendendo remunerativa l'organizzazione delle gare su pista. Influenzati dalle novità provenienti da Parigi, la passione per la bicicletta raggiunge anche gli Stati Uniti.

Pierre Lallement, francese, costruttore di carrozze, sbarcato negli States a bordo della nave *City of London* nel luglio del 1865, sviluppa il prototipo di una bicicletta con cerchi in legno rivestiti di ferro, una ruota anteriore più grande e un sedile sostenuto da una sottile striscia metallica funzionante come ammortizzatore. Lallement trova un finanziatore in James Carroll di New Haven e deposita, nell'aprile del 1866, una delle prime richieste di brevetto americano per l'uso di manovelle su una ruota anteriore per il movimento e l'uso di un meccanismo a pedale su una bicicletta. Lo ottiene sette mesi dopo, ma il risultato finanziario non arriva. Lallement non riesce a trovare un produttore americano e vende i diritti al rappresentante Calvin Witty prima di tornare a Parigi.

A partire dalla fine del 1868, la bicicletta si diffonde rapidamente nelle principali città della costa orientale. A New York esce il primo giornale di ciclismo al mondo, *The Velocipedist*, pubblicato dal produttore di biciclette *Pickering&Davis*. Nascono piccoli produttori americani e in due anni vengono depositati più di 250 brevetti. Le biciclette sono promosse nelle accademie di equitazione al coperto, eredità della precedente mania del pattinaggio a rotelle. L'entusiasmo, però, si affievolisce rapidamente a causa del monopolio dei brevetti di Calvin Witty, sotto forma di una royalty di 10$ per ogni bicicletta venduta. L'interesse scema: riprenderà solo nel 1876, in corrispondenza dell'Esposizione Centenaria di Philadelphia, quando Albert Pope acquista il brevetto di Lallement e inizia a produrre biciclette presso la *Weed Sewing Machine Company* di Hartford con il nome di Columbia. Le corse ciclistiche suscitano curiosità, sono organizzate, pubblicizzate e descritte dai giornali. Diventano presto uno spettacolo popolare.

Alla fine del XIX secolo il ciclismo subisce una trasformazione radicale. Con l'introduzione della "bicicletta di sicurezza", un modello innovativo con ruote di uguale dimensione e un meccanismo a catena per far girare la ruota posteriore, il ciclismo diventa un'attività accessibile a molti, meno rischiosa e persino utile. I pneumatici ne migliorano ulteriormente la sicurezza, trasformando le biciclette in un mezzo di trasporto pratico e diffuso, soprattutto tra gli uomini che le utilizzano per recarsi al lavoro.

Ma la vera rivoluzione arriva quando anche le donne iniziano a salire in sella. Si apre un varco nella rigida vita domestica femminile dell'epoca. I corsetti stretti e le lunghe gonne lasciano il posto ai pantaloni alla zuava, offrendo alle donne una libertà di movimento mai sperimentata prima. Il ciclismo diventa così non solo un passatempo, ma un simbolo di emancipazione femminile.

Per la prima volta, le donne possono vivere l'ebbrezza di una libertà fisica e mentale, in grado di cambiare anche il loro modo di vestirsi. Ma questo nuovo abbigliamento suscita critiche feroci in una società che vede i pantaloni come un capo moralmente inappropriato per una signora. Il timore che il ciclismo possa danneggiare la salute delle donne o, peggio, minare la loro "delicata" costituzione, dà vita a una serie di campagne di opposizione. C'è chi pensa a selle speciali per ridurre il presunto rischio di eccitazione sessuale causato dalla posizione e dal movimento della pedalata. Le donne difendono il diritto alla bicicletta, che dona un senso di indipendenza e restituisce un'immagine di donna libera e senza vincoli.

IL GIRO DEL MONDO È DONNA[7]

Tra queste donne libere e senza vincoli, spicca Annie Cohen Kopchovsky, una giovane immigrata lettone di soli 23 anni che, il 25 giugno giugno del 1894, lascia la sua casa di Boston per intraprendere un viaggio intorno al mondo in bicicletta.

Annie nasce nel 1870 o 1871 in Lettonia, figlia di Levi e Beatrice Cohen. La famiglia emigra negli Stati Uniti nel 1875, stabilendosi a Boston. Annie ha solo cinque anni quando la famiglia si stabilisce a Boston, su Spring Street. Qui, cresce in un ambiente modesto, segnato dalla tragedia della perdita di entrambi i genitori nel 1887. Nonostante le difficoltà, la famiglia rimane unita e continua a vivere nella stessa casa.

Nel 1888, Annie sposa Simon "Max" Kopchovsky, un ebreo ortodosso studioso della Torah e venditore ambulante di tessuti. Prende il cognome del marito e, in breve tempo, mette al mondo tre figli, due femmine e un maschio. La sua vita sembra già tracciata: dedicarsi al marito, ai figli, alla casa, e lavorare per sostenere la famiglia: si occupa di vendere spazi pubblicitari per alcuni quotidiani locali. Ma sotto la cenere cova un desiderio di libertà e autonomia economica. Racconterà che la sua avventura intorno al mondo è iniziata per una scommessa fatta con due ricchi gentiluomini americani, convinti che una donna non sarebbe stata in grado di compiere il viaggio che Thomas Stevens aveva fatto dieci anni prima: se Annie fosse tornata a Boston entro quindici mesi, avrebbe guadagnato 5.000 dollari lungo il percorso. Ma la scommessa, verosimilmente, rientra nella voglia di libertà, anche narrativa, di Annie.

Il giorno della partenza, centinaia di persone si radunano per salutarla, tranne il marito e suo fratello: vuole smentire i pregiudizi e a rompere con la vita soffocante di moglie e madre lavoratrice, ma si è "dimenticata" di avvertire il consorte.

Due giorni prima di partire, Annie prende alcune lezioni per imparare a stare in sella e pedalare. Grazie al suo lavoro di raccolta pubblicitaria trova il suo primo sponsor: la *Londonderry Lithia Spring Water Company*, le offre 100 dollari per pubblicizzare il proprio marchio sulla bicicletta. In segno di gratitudine, Annie mette a disposizione anche il cognome: Annie Kopchovsky diventa Annie Londonderry, oltretutto può utilizzare un cognome più facile da pronunciare e ricordare rispetto al suo. E meno rischioso in un'epoca di crescente antisemitismo.

Anche senza scommessa il viaggio è tutta una sfida. I giornali locali parlano di una ricompensa tra i 10.000 e i 20.000 dollari se Annie riuscisse nell'impresa. Ma è dura, durissima. Inizia a pedalare su una pesante bicicletta Columbia da donna, fornita dalla *Pope Manufacturing Company* di Boston. Il mezzo è difficile da maneggiare, la costringe a pedalare persino in discesa. Indossa il normale abbigliamento femminile dell'epoca: una lunga gonna, che si incastra spesso nei pedali, un corsetto stretto, una camicia a collo alto, un blazer avvitato e un cappello di paglia. Il percorso fino a Chicago, la prima tappa del suo viaggio, si rivela subito complicato: le strade non asfaltate e il clima avverso rallentano il suo cammino. Segue i percorsi indicati nelle guide L.A.W., che riportano distanze, condizioni delle strade e luoghi dove mangiare e dormire. Le guide sono pensate per ciclisti, ma Annie è ancora una dilettante e riesce a percorrere solo 8-10 miglia al giorno. Non si arrende. Alla fine di settembre, dopo tre mesi, arriva a Chicago, troppo tardi per attraversare le Grandi Pianure. Stanca ma determinata, riesce a ottenere dalla *Sterling Cycle Works* una nuova bicicletta, molto più leggera. Il modello è da uomo, quindi Annie è costretta a cambiare anche il suo abbigliamento. Passa prima a un paio di pantaloni a sbuffo, poi addirittura a un completo maschile, suscitando scandalo e riprovazione ovunque arrivi, ma anche una certa curiosità. Più decisa che mai, punta su Boston, volendo tornare indietro per imbarcarsi a New York e proseguire il suo giro intorno al mondo.

Il 24 novembre, Annie si imbarca sulla nave *Touraine* in direzione della Francia: sbarca a Le Havre all'inizio di dicembre. Tuttavia, l'accoglienza non è delle migliori: gli ufficiali della dogana, confusi alla vista di una donna in abiti maschili in sella a una bicicletta, le confiscano il mezzo e il denaro e la sbattono in prigione. Quando finalmente riesce a uscire, riprende la sua strada, pedalando fino a Marsiglia per imbarcarsi destinazione Egitto.

La stampa la attacca, definendola "troppo mascolina per essere una donna" ed "eunuco travestito". Oltre alle calunnie e al biasimo sociale, specialmente quando si scopre che ha abbandonato tre figli, Annie deve affrontare incidenti, infortuni, maltempo e problemi meccanici. Ma niente può fermarla, neanche la sua bicicletta, priva di freni.

Nonostante le difficoltà, diventa rapidamente un mito, attirando folle di ammiratori e suscitando l'attenzione della stampa internazionale, che Annie sfrutta fino in fondo, dimostrandosi abile narratrice. Arricchisce le sue storie con avventure esagerate o addirittura inventate, come l'attacco di banditi in Francia o la caccia alle tigri del Bengala in India. Il suo talento per l'autopromozione le permette di finanziare il viaggio, vendendo souvenir e organizzando conferenze nei vari luoghi che attraversa. A seconda del contesto, si presenta come studentessa di medicina ad Harvard, avvocato, orfana, fondatrice di un giornale e contabile. Qualche dettaglio rimane, però, avvolto nell'incertezza: molti sostengono che una parte del viaggio sia più "con la bicicletta" che "in bicicletta": dall'Europa occidentale al Medio Oriente, dall'India all'Asia, da Marsiglia a Yokohama, ha viaggiato principalmente in nave. L'ultima tappa, da San Francisco a Chicago via El Paso, viene compiuta quasi tutta su due ruote, e quindi è giustificato affermare che Annie sia stata, quanto meno, la prima ciclista donna ad attraversare il continente americano. In ogni caso, il suo viaggio è una pietra miliare nella storia dello sport femminile, durante il quale Annie pedala, comunque, per migliaia di miglia.

Il suo audace viaggio si conclude nel settembre 1895, e il ritorno a Boston viene riportato in modo semplice dal *New York Times*. Arriva con un braccio rotto, avendo pedalato per centinaia di miglia nonostante la ferita, che afferma di essersi procurata cadendo. Dopo aver completato il viaggio, Annie torna dalla sua famiglia e scrive un racconto, pieno di inventiva, del suo viaggio, pubblicato nel *New York Sunday World* nell'ottobre del 1895 sotto lo pseudonimo di Nellie Bly Jr.

Annie ha un quarto figlio nel 1897: ha abbandonato qualunque velleità ciclistica, ma non la voglia di libertà. Lascia nuovamente casa e famiglia per andare a lavorare come commessa a Ukiah, in California, a circa 185 km a nord di San Francisco. Quando ritorna, lei e suo marito si trasferiscono nel Bronx e gestiscono una piccola azienda, con 20 impiegati, di abbigliamento. Negli anni '20, un incendio distrugge l'azienda, e Annie usa il denaro dell'assicurazione per avviare un'altra attività a Manhattan: mette su la *Grace Strap & Novelty* insieme a un uomo di nome Feldman, conosciuto in un ristorante. Annie muore di ictus l'11 novembre 1947, un anno dopo la morte del marito.

BELLEZZE IN BICICLETTA

La prima gara ciclistica dedicata esclusivamente alle donne si svolge il 1° novembre 1868 a Bordeaux. Nonostante il percorso breve di soli 500 metri, l'aspettativa è enorme. Inizialmente programmata per il 13 settembre, la gara era stata rinviata a causa delle avverse condizioni meteorologiche che avevano reso la pista impraticabile. Il primo novembre, in una domenica tanto attesa, più di tremila persone si radunano al Parc Bordelais per ammirare queste "eroine del velocipedismo", come le definisce il giornale locale *Le Bordelais*: "*Forse attrici dato che indossano costumi da scena. O forse cantanti o acrobate circensi. Donne coraggiose che affrontano l'arena*".

La folla entusiasta supera le recinzioni e le barriere, accorrendo verso le cicliste: vuole vederle da vicino. Le "eroine" sono quattro, come i moschettieri. Si chiamano Mlle Amelie, Mlle Julie, Mlle Louisa e Mlle Louise. *Mesdemoiselles*, signorine. Una di loro indossa un abito da moschettiere, altre due sono vestite come paggi tratti dall'opera "Gli ugonotti" di Giacomo Meyerbeer, che sta riscuotendo grande successo all'Opéra di Parigi. Una delle cicliste indossa una gonna rossa che incendia gli spettatori ma si rivela scomodissima. La competizione è impegnativa, la battaglia è serrata. Il resoconto breve della gara, pubblicato su *Le Monde Illustré*, rivela che Mademoiselle Julie ha fatto uno "sforzo sovrumano" per superare Mlle Louise, che era stata in testa dall'inizio, con Mlle Louisa arrivata terza e Mlle Amélie quarta. L'articolo descrive gli abiti delle donne come "sciocchi" e include uno schizzo, non molto verosimile, delle donne che corrono, i loro vestiti svolazzanti a causa della velocità e le loro gambe nude ben visibili. Lo stesso schizzo viene riprodotto il mese successivo sulla rivista americana *Harper's Weekly, A Journal of Civilization*, ma il puritano disegnatore statunitense ritiene opportuno coprire le gambe delle donne con abbigliamento intimo.

Tra il 1868 e il 1870, negli anni immediatamente precedenti alla guerra franco-prussiana, si svolgono 23 corse riservate alle donne in Belgio e Francia. Molte di queste vedono la partecipazione effettivamente di artiste, poiché il ciclismo è ancora considerato più uno spettacolo che uno sport. Anche in Italia.

Alle Cascine di Firenze pedalano la contessa Talleyrand-Perigord, la contessa Divonne-Laforet, la contessa Della Gherardesca, la contessa FischerD'Aramont, la contessa Clementina Bastogi-Rondinelli, la contessina Cambray-Digny. Sciami di nobildonne invadono i parchi.

Nel marzo del 1872, a Firenze, il velocipedismo balza agli onori delle cronache mondane, grazie alle doti muliebri ed equilibristi che di un'artista americana, tale Miss Victoria, che si esibiva all'Arena Nazionale, uno di quella decina di locali fiorentini che offrivano spettacoli e musiche ogni sera e per tutti i gusti. Miss Victoria aveva il suo pezzo forte nel percorrere una corda, tesa molto in alto sulla testa degli spettatori, con il suo velocipede, cosa che faceva con grande naturalezza e senza l'imbarazzo di mostrar "le sue forme eleganti … ". Il Club dei velocipedisti fiorentini pensò di offrire alla coraggiosa artista una medaglia con la dicitura " Onore al Merito", dopo aver verificato, come cita l'anonimo cronista del quotidiano La Nazione: «quanto sia più difficile correre su un canapo che nel mezzo della Piazza di Santa Maria Novella … ». Il 19 di quel mese, Miss Victoria incappò in uno degli intoppi del mestiere e rimase sul canapo a mezza strada, senza che il velocipede volesse andar più avanti o tornare indietro: venne salvata da un altro acrobata, suo collega, che a braccia la raggiunse sulla corda per portarla poi in salvo sulla piattaforma di partenza. La cosa non piacque al prefetto di Firenze che per motivi di sicurezza, con un'ordinanza, tra le proteste dell'affezionato pubblico di Miss Victoria, sospese d'autorità lo spettacolo[8].

Nel 1888 il Comitato femminile della Federazione Ginnastica di Roma organizza gare di velocipedismo e passeggiate in bicicletta. Le prime velocipediste appaiono a Milano nel 1891 e nel 1893 partecipano a gite e gare (nel 1894 a Genova si svolge la prima corsa agonistica femminile in Italia).

Mentre dall'Austria, dal Belgio e dalla Germania arrivano le notizie dei primi club velocipedistici interamente femminili, in Italia quasi immediata arriva la risposta dell'Unione velocipedistica italiana, che nel 1894 sancisce il divieto per le donne di partecipare a gare su pista e su strada (seguito peraltro nel 1896 dalla federazione tedesca con un divieto che si protrarrà sino al 1966). I moralisti sono scandalizzati dall'effetto che la bicicletta al femminile ha o potrà avere sulla morale pubblica, sulle donne, che pedalano allegramente indossando indumenti più pratici, magari i pantaloni. Anche qualche scienziato ammonisce che la posizione audacemente a cavalcioni sul sellino potrebbe condurre all'infertilità, all'isteria o a qualche forma di licenziosità. Se la donna in bicicletta stenta a trovare spazio sulla strada e nelle competizioni sportive, ben presto riesce, invece, a invadere le pagine delle riviste e i manifesti pubblicitari. Quello del binomio donna-bicicletta diventa un vero e proprio stereotipo della cartellonistica pubblicitaria di inizio Novecento: a dispetto delle forti resistenze, l'immagine della donna in sella alle due ruote viene utilizzata come strumento per attirare le attenzioni sul nuovo mezzo a scopo pubblicitario. E il ciclismo femminile diventa spettacolo.

Nel 1895 mentre a New York si tiene una competizione di sei giorni per cicliste, rimangono celebri le sfide all'Arena e al Trotter di Milano fra Hélène Dutrieu, belga poi divenuta famosa pilota, la fioraia Adelina Vigo e le attrici Rina di Montefalco e Lina Cavalieri. Natalina Lina Cavalieri è una delle più note *chanteuse* e regina dei *caffé chantants* di Napoli, culla delle canzoni popolari oggetto del suo repertorio. Ha grandissimo fascino e il suo canto seducente la spinge oltre i confini italiani: a Parigi per le Folies-Bergères, a Londra per l'Empire, a Vienna per l'English Garden. A Parigi scopre e si fa scoprire in bicicletta mentre corre per il Bois de Boulogne su un velocipede color rosso fuoco: un'abile strategia che le da un'ampia pubblicità gratuita. Nel 1899 affronta e vince la corsa a tappe Roma–Torino e sfida la Dutrieu, imbattibile e imbattuta. La reginetta belga ha stabilito nel 1893 il record del mondo dell'ora femminile, dopo aver percorso 33,1 km e superando di quasi 7 km il record precedente detenuto dalla francese Saint-Saveur. Si ripeterà nel 1895 portando il suo record dell'ora a 33,764 km, e nel 1896 a Ostenda, in casa, vincerà, su un circuito di 2000 metri, il primo Campionato del Mondo femminile.

Lina Cavalieri dimostra di comprendere lo spirito del tempo: diffusione dello sport tra le donne significa emancipazione. Il pedalare un velocipede libera dall'opprimente corsetto, ne scopre il corpo, donando alla donna la coscienza del proprio fisico e della propria sessualità. La *bella epoque* rimane affascinata dalla sua intraprendenza, dalla sua grazia e dalla sua straordinaria bellezza: cominciano a circolare in tutto il mondo cartoline postali che riproducono il suo volto, i suoi favolosi boa di struzzo, i suoi splendidi gioielli. *"La donna più bella del mondo"*, è anche il titolo di un film del 1955 a lei dedicato, con Gina Lollobrigida e Vittorio Gassman, dove si racconta anche del leggendario, e forse fantasioso, duello con una nota attrice di teatro: Lina, a braccia nude e stivaletti, combatte con onore, dimostrando di saper usare la spada, tanto da ferire l'avversaria in modo non grave.

Per le cicliste che cercano l'agonismo ci sono le gare maschili: Maria Forzani, vince la Milano-Varese nell'agosto del 1896, percorrendo i 60 km in tre ore e conquistando le prime pagine dei giornali. Alessandrina Maffi, campionessa italiana dal 1893 al 1897, vince nel 1898 il premio Audax di velocità: 180 km in meno di 18 ore. A Torino, nella piazza d'Armi e al Parco del Valentino, gareggiano Giuseppina Carignano, Anna Gilardini, Maria Milano (che chiese invano di partecipare al Giro d'Italia) e l'emiliana Alfonsina Morini Strada, che partecipa al Grand Prix di San Pietroburgo del 1909 e riceve una medaglia dallo zar Nicola II e dalla zarina Alessandra.

ALFONSINA? MEGLIO SENZA A

Alfonsina Strada, nata Alfonsa Rosa Maria Morini a Castelfranco Emilia nel 1891: una vita tormentata, durissima quella della seconda dei dieci figli di Carlo Morini e Virginia Marchesini, agricoltori e analfabeti, che comincia a gareggiare a 16 anni su una bici di quarta mano girando l'Italia e l'Europa, in tempi in cui le corse sono una rarità e le prove riservate alle donne pura utopia.

Nel 1917, dopo aver sposato il tornitore Luigi Strada che ne diventa mentore, tifoso e allenatore, Alfonsina ottiene dalla Gazzetta dello Sport il permesso di disputare il Giro di Lombardia al fianco di miti come Girardengo, Belloni, Pellissier e Thys: partono da Milano in 54, ci tornarono soltanto in 29 con Alfonsina a chiudere la graduatoria assieme ai colleghi Auge e Sicbaldi.

Nel 1924 Alfonsina Morini Strada decide di iscriversi alla più importante gara ciclistica nazionale dopo che il marito Luigi è stato ricoverato al manicomio di San Colombano al Lambro, da cui non uscirà più fino alla morte dopo venti anni di malattia: c'è da mantenere la famiglia e non è sufficiente la paga di 6 lire al giorno guadagnate con il lavoro da sarta. Tra mille polemiche, Emilio Colombo e Armando Cougnet, rispettivamente direttore e amministratore della Gazzetta dello Sport, le permettono di iscriversi: una scelta di puro carattere promozionale, vista la diserzione delle squadre più prestigiose dopo il secco no alla loro richiesta di ricompense in denaro. Sebbene avesse già partecipato ai Giri di Lombardia, la presenza di Alfonsina Morini Strada al Giro incontra molte contrarietà: si teme che possa risultare una "pagliacciata". E così, nei giorni precedenti al via il suo nome non appare nell'elenco dei partecipanti. Riappare, però, a tre giorni dalla partenza: come "Alfonsin Strada di Milano" senza "a" finale, sulla Gazzetta dello Sport, mentre per il Resto del Carlino la a diventa o: "Alfonsino Strada". Alfonsina con la a parte da Milano con il numero 72 cucito su una divisa nera: per lei è molto complicato reggere il passo dei colleghi maschi, ma riesce a tagliare tutti i traguardi di tappa, qualche volta con alcune ore di ritardo, ma sempre accolta da fiori, donazioni in denaro, bande musicali e striscioni di incoraggiamento. Nella quartultima tappa, L'Aquila-Perugia, sfinita finisce fuori tempo massimo a causa di un meteo pessimo e di una caduta dove le si spezza il manubrio della bici, riparato alla meglio con un manico di scopa. La direzione di gara vuole estrometterla, come da regolamento, ma viene autorizzata a proseguire dal direttore della Gazzetta in persona, Emilio Colombo, che non vuole perdere l'attrazione principale. E le paga il viaggio e gli alberghi di tasca propria.

«In sole due tappe la popolarità di questa donnina si è fatta più grande di quella di tutti i campioni assenti messi insieme. Lungo tutto il percorso della Genova-Firenze non si è sentito che chiedere: – C'è Alfonsina? Viene? Passa? Arriva? A mortificazione dei valorosi che si contendono la vittoria finale, è proprio così. È inutile, tira più un capello di donna che cento pedalate di Girardengo e di Brunero. […] D'altronde a quale scopo, per quale vanità sforzarsi d'arrivare un paio d'ore prima? Alfonsina non contende la palma a nessuno, vuole solo dimostrare che anche il sesso debole può compiere quello che compie il sesso forte. Che sia un'avanguardista del femminismo che dà prova della sua capacità di reclamare più forte il diritto al voto amministrativo e politico?»

(Silvio Zambaldi, "La Gazzetta dello Sport", 14 maggio 1924)

«Sono una donna, è vero. E può darsi che non sia molto estetica e graziosa una donna che corre in bicicletta. Vede come sono ridotta? Non sono mai stata bella; ora sono… un mostro. Ma che dovevo fare? La puttana? Ho un marito al manicomio che devo aiutare; ho una bimba al collegio che mi costa 10 lire al giorno. Ad Aquila avevo raggranellato 500 lire che spedii subito e che mi servirono per mettere a posto tante cose. Ho le gambe buone, i pubblici di tutta Italia (specie le donne e le madri) mi trattano con entusiasmo. Non sono pentita. Ho avuto delle amarezze, qualcuno mi ha schernita; ma io sono soddisfatta e so di avere fatto bene." (Alfonsina Strada, *intervista al Guerin Sportivo tappa Bologna-Fiume*)

---

[1] Martines, E., 2014, *Sporting Bitannia, L'invenzione dello sport moderno*, UniPR-CoLab, Kindle edition

[2] ibidem

[3] Martines, E., 2014, *Sporting Bitannia, L'invenzione dello sport moderno*, UniPR-CoLab, Kindle edition

[4] Cfr. Bilinski, B., 1961, *L'agonistica sportiva nella Grecia antica. Aspetti sociali e ispirazioni letterarie*, A. Signorelli, Roma

[5] *Draisina* dall'inventore dei primi velocipedi in unico blocco di legno, il barone tedesco Von Drais, nel 1816 che funzionava mediante le pedate poderose date sul terreno dal conducente, seduto a cavalcioni sul sellino

[6] Lombroso, C., 1900, *Nuova Antologia*, vol. 170, p. 5

[7] per approfondire: Zheutlin, P., 2010, *Il giro del mondo in bicicletta. La straordinaria avventura di una donna alla conquista della libertà*, Elliot, Roma

[8] Cionfoli, M., 2013, *Pedalare controvento: Ciclismo femminile nella storia: figlio di un dio minore*, Marcianum press

LE DÉJEUNER SUR L'HERBE

Per la popolazione maschile, l'emergere dello sport moderno costituisce un forte elemento di definizione della propria identità e della propria coesione sociale: per la classe operaia, è un elemento di convivialità tra uomini, di coesione comunitaria, di continuità culturale tra generazioni, in un contesto urbano altamente industrializzato. Le classi lavoratrici trovano nello sport una convivenza sociale fatta di istituzioni attraverso le quali gli uomini possono riunirsi per il piacere di stare insieme, per trovare occasioni di distrazione dalla fatica e dalla ripetività del lavoro e per creare un contesto di intimità e di solidarietà.

Il brodo di cultura è la Gran Bretagna vittoriana, dove l'industrializzazione crea immense città piene di fabbriche e commercio, spingendo chi può permetterselo a cercare rifugio nei nuovi sobborghi residenziali. Per tutti gli altri la strada, il pub, il quartiere sono le unità sociali in cui si può esprimere una qualche forma di solidarietà popolare. Lo sport è il collante, l'argomento in comune, l'elemento condiviso per sviluppare piacevolmente il senso di appartenenza. Soprattutto tra uomini e attraverso l'adesione a un club di calcio, di rugby o di cricket.

I pub sono un elemento basilare nella costruzione e nel mantenimento di questa convivialità tutta al maschile: solidarietà e cameratismo sono esaltati dalla passione sportiva con un discreto consumo di alcool che accompagna sia la vittoria che la sconfitta.

La classe media cerca, invece, oasi di benessere, di verde fuori città, in nuovi spazi residenziali lontani dai fumi industriali, sviluppando un nuovo stile di vita, fatto essenzialmente di cura del tempo libero. Ed è proprio la scoperta e la gestione di un "tempo libero" che crea i presupposti per la nascita dello sport moderno. Un tempo libero diverso per classi sociali e genere con un approccio multiforme alle nascenti attività sportive.

L'ambiente femminile altolocato, ad esempio, dopo un'iniziale pregiudiziale diffidenza, cambia gradualmente atteggiamento. Verso la fine del secolo, gli sport diventano sempre più popolari nell'aristocrazia femminile: il discrimine è costituito dalle regole sociali che non vanno infrante. Solo un comportamento decoroso può riuscire a neutralizzare le critiche. Peraltro le donne dell'alta società sono più protette dal biasimo pubblico, ma devono comunque dimostrare che la pratica sportiva, la loro pratica sportiva, è misurata, educata e conforme alla loro femminilità. Con queste caratteristiche lo sport femminile può essere uno strumento per migliorare la condizione delle donne e contribuire all'evoluzione della società. Le donne dell'élite britannica, tra qualche tentativo di ridurre le ineguaglianze, accettano l'idea di una differenza innata tra i sessi, adattandosi a comportamenti differenziati per genere: l'immagine di moralità superiore non deve essere in alcun modo intaccata.

Nella società borghese vittoriana, le donne sono parte integrante della dimostrazione del successo economico dei mariti e simboli viventi dello status della famiglia. Vestite secondo le rigide regole della moda, che impongono abiti limitanti e ingombranti, partecipano a una forma di tempo libero più sociale che sportivo. Le attività ricreative a loro riservate, come il croquet, il badminton, e il tennis, riflettono la condizione di passività e di subordinazione all'uomo: sono giochi leggeri, rispettabili, che non richiedono un grande dispendio di energie a differenza delle attività maschili, alle quali assistono con ammirazione.

Il *lawn tennis* è un chiaro esempio di questo contesto: sport "sociale" e aristocratico, offre una delle prime opportunità alle donne di partecipare attivamente in campo e attorno. Circondato da rigide barriere di genere, il tennis si distingue come uno degli sport che, pur mantenendo un codice sociale restrittivo, permette alle donne, specialmente quelle della borghesia, di mostrare la propria abilità fisica in un ambiente pubblico.

L'ambiente è costituito dai club sportivi, inizialmente esclusivamente maschili, riservati a "gentiluomini" bianchi e benestanti, appartenenti a un'élite aristocratica che domina la scena politica e sociale. Con il graduale declino dell'influenza di questa élite e l'emergere di una nuova classe medio-alta e professionale, la composizione sociale dei club sportivi inizia a cambiare. La nuova élite ibrida, composta da imprenditori e colletti bianchi, cerca di distinguersi non più sulla base della sola ricchezza materiale, ma attraverso la visibilità del comportamento, della moda e dei gusti culturali.

Con l'espansione della classe media, gli sport elitari come il cricket, il bowling e la caccia alla volpe iniziano a perdere popolarità, sostituiti da attività più accessibili come il curling, il golf e, soprattutto, il lawn-tennis, il tennis sull'erba, un simbolo di status per la nuova classe dirigente. Con la sua enfasi su raffinatezza e cortesia, il tennis si adatta perfettamente alle esigenze di questa nuova élite in cerca di affermazione in un contesto socioculturale che si sta aprendo a nuove realtà. Praticato nei verdi giardini delle case signorili e nei club esclusivi, incarna l'ideale di una "società educata", caratterizzata dal gusto per il relax all'aria aperta e da comportamenti misurati. E, velocemente, si diffonde a macchia d'olio: esce dai giardini privati delle case signorili per entrare nella vita sociale dei club, l'altra faccia sociale e sportiva dei pub.

I club sono spazi privati e appartati: frequentati da membri dell'alta società ospitano lo sport come mezzo conviviale per coltivare una certa raffinatezza e per esibire, in un contesto socialmente accettabile, le proprie abilità e qualità fisiche. Anche le giovani donne, pur rimanendo in gran parte figure innocue e subalterne, trovano nel tennis un'opportunità per esprimere una femminilità nuova, forte e atletica, sebbene ancora intrappolata nelle convenzioni sociali dell'epoca dominate dal potere maschile. Si comincia a riconoscere le donne come atlete, ma i manuali minimizzano le loro capacità atletiche: si esalta il fascino e la grazia che portano al gioco e il ruolo di ispirazione e supporto agli uomini. Le imprese agonistiche delle tenniste, seppur apprezzate, sono spesso raccontate in modo paternalistico, enfatizzando la loro femminilità tradizionale.

La partecipazione delle donne alla effettiva pratica sportiva è incoraggiata: nel doppio misto uomini e donne giocano insieme, favorendo la socializzazione e, anche, il corteggiamento all'interno della stessa classe sociale. Il club diventa una sorta di giardino di casa: un ambiente sicuro per le relazioni interpersonali, sotto il controllo dei "genitori". Il tennis diventa l'anello di congiunzione tra alta società e classe media e la vita di club prende il posto dell'aristocratica festa di campagna come luogo di coltivazione delle opportunità sociali.

Già a metà degli anni 1880, le donne competono a Wimbledon, e nel 1891 il *Wright & Ditson Officially Adopted Lawn Tennis Guide* sostiene che: "Il tennis sull'erba ha fatto più per sviluppare nelle ragazze un gusto per gli sport all'aria aperta di quanto abbiano fatto tutti gli altri esercizi messi insieme." Ma, l'eccesso di atletismo va combattuto e le signore vittoriane sono scoraggiate dal giocare in modo competitivo: devono limitarsi a rilanciare la palla verso l'avversario. Anche il *Lawn Tennis Guide* minimizza le capacità atletiche delle donne, elogiando invece il fascino che le donne portano al tennis: "Sono graziose e gentili; hanno spirito ed entusiasmo; e nel tennis, come in altre cose, stimolano l'uomo a dare il meglio di sé. Come ti ringraziano con uno sguardo! Come gioiscono con te! Come ti confortano! Quanto spesso superano le aspettative! E come sono carine! Se combattono contro di te, sono avversarie incantevoli, se non vincenti!"

In un modo o nell'altro il tennis diventa un campo di sperimentazione sociale, dove le dinamiche di genere vengono negoziate in un ambiente controllato: un nuovo palcoscenico che riempie il divario tra sfera pubblica e privata e dove le donne possono mostrarsi come arbitri del buon gusto e della moralità, ma sempre relegate al ruolo di oggetti di bellezza e civiltà.

Ruoli che passano anche per l'abbigliamento. Fino all'inizio degli anni '80 dell'Ottocento, le donne indossano semplicemente i loro abiti quotidiani per giocare a tennis. Le maniche sono lunghe e le gonne spesso sfiorano il terreno. Cappelli a tesa larga rendono impossibile vedere sopra la testa, e stivali con tacco ostacolano ulteriormente i movimenti. E non bisogna dimenticare nessuno strato dell'abbigliamento normale, compresi corsetto, sottoveste e crinolina.

La maggior parte, magari indossa un grembiule per proteggere l'abito da sporco e macchie d'erba. Sul grembiule ci può essere qualche tasca per conservare le palline extra. L'abbigliamento del tennis (così come per il tiro con l'arco, la navigazione, il tiro, la pesca e il ciclismo) inizia ad avere una "identità" peculiare nella moda femminile solo partire dal 1884. Alla fine degli anni 1880 le riviste cominciano a pubblicizzare abiti da tennis alla moda realizzati in lana, seta, raso o flanella a righe. Le gonne sono dritte e spesso pieghettate, con gli orli a 5/10 centimetri dal suolo.

Alla fine dell'era vittoriana, sebbene molto più pratico, l'abbigliamento da tennis è ancora molto restrittivo, specialmente se confrontati con quelli di oggi. Quando nel 1884 l'*All-England Club di Wimbledon* organizza la prima partita del campionato femminile, le sorelle Maud e Lilian Watson indossano abiti che rispecchiano la moda dell'epoca: gonne lunghe, complete di bustini e strati di biancheria intima. Lottie Dodd, che ha solo 15 anni quando vince il campionato *All-England Club* nel 1887, scriverà tre anni dopo: "L'abbigliamento delle signore [...] è una questione da prendere in seria considerazione; infatti, come possono sperare di giocare bene se i loro abiti impediscono il libero movimento di ogni arto?".

Nel 1905, la tennista statunitense May Sutton sconvolge gli ufficiali di gara indossando una gonna da tennis che espone le caviglie, mentre camicetta e gonna sono più ampie e consentono una maggiore libertà di movimento.

Il golf è un altro punto di riferimento sportivo della vita sociale delle comunità agiate dei sobborghi britannici. Anche il golf club diventa il corredo ideale delle zone residenziali di alto livello e il centro della vita sociale delle ricche comunità: un ambiente ancora più esclusivo che definisce l'appartenenza ad un mondo agiato richiamando lo stile della nobiltà terriera. Si formano comunità distintive, formate principalmente dalla borghesia alta e medio-alta, con incursioni di sangue nobile e qualche, limitata, apertura alla piccola borghesia.

Come il tennis, anche nel golf è ammessa la partecipazione delle donne, ma sempre all'interno di un sistema sociale che prevede una certa dose di separazione. Nelle *club houses*, le donne hanno libero accesso, ma, ad esempio, ci sono i bar per le donne e quelli riservati agli uomini. Le donne non hanno diritto di voto e non possono ricoprire ruoli dirigenziali. Nei giorni feriali, frequentano il club in numero con una ricorrenza decisamente maggiore rispetto agli uomini, impegnati nel lavoro: oltre a praticare il golf, le signore possono passeggiare o giocare a carte prendendo il tè pomeridiano. Il golf fornisce un contesto sociale in parte condiviso e in parte separato, che riproduce la struttura della famiglia borghese: forte spirito di solidarietà, ma netta divisione dei ruoli. Gli uomini conversano di politica o di economia, le donne parlano di ricette o di acconciature di capelli.

In un'edizione del 1898 di *The Capital* viene fornito qualche consiglio essenziale per le golfiste che desiderano giocare in compagnia mista.

1. Stai zitta: È meglio essere vista e che sentita quando è in corso una partita. Un buon "putting" richiede assoluta concentrazione mentale.

2. Seriamente. Stai zitta: Una donna che chiacchiera incessantemente e si mostra particolarmente loquace proprio quando sta per essere effettuato un 'drive' critico non è la partner più desiderabile.

3. Non fare ombra sulla palla da golf di un uomo: Posizionarsi in modo che un'ombra cada sul tiro del tuo partner non è solo scortese, ma dannoso per il successo del suo 'drive'.

4. Non Perderti nei sogni e non indugiare: Rimanere sul putting dopo un colpo, sia per guardare il panorama sia per scrivere il proprio punteggio, esaspererà il tuo miglior amico sulla terra se lui o lei sta giocando dopo di te.

5. Stai fuori dal bar degli uomini: Bere nel caffè degli uomini non è appropriato, non è sufficiente che sia in un country club."

Ma ci sono consigli anche per gli uomini. La maggior parte consiste in raccomandazioni per mantenere la pazienza quando si è partner di una donna che rallenta il gioco.

1. Tieni la Giacca: Un uomo non dovrebbe giocare in maniche di camicia quando ci sono donne sul green.

2. Fingi di apprezzarla come apprezzi la tua palla da golf: Non dare l'impressione di preferire la tua pallina alla sua compagnia e non rimanere a guardia di essa mentre lei, a una certa distanza, fa vani tentativi per raggiungerti. Rimani vicino a lei e cerca di farla sentire come se non fosse poi così una cattiva giocatrice.

3. Ricorda che le donne non sono atlete: Un uomo dovrebbe ricordare, quando gioca a golf con una donna, che anche se la sua partner è una ragazza atletica, potrebbe non voler scavalcare recinzioni e muri di pietra da sola: è cortese da parte sua aiutarla."

4. Non urlarle contro per averti rallentato: Se scegli come partner una donna che ti rallenta, non litigare con lei: fai ciò che puoi per aiutarla a divertirsi."

5. Esercita la pazienza: Non dimenticare che anche tu una volta eri un principiante.

Altro terreno di battaglia tra la nuova voglia di emancipazione e le vecchie convenzioni è rappresentato dal nuoto, a cominciare dall'accesso delle donne alle piscine pubbliche. Queste strutture, inizialmente aperte alle donne solo sotto stretto controllo sociale, devono rispettare regole rigide per evitare la commistione con gli uomini, ma anche con le classi considerate inferiori che vengono escluse utilizzando costi di ammissione elevati. Non si possono mostrare porzioni, anche limitate, di corpi non coperti: la società borghese non transige su decenza e moralità giustificate dal presunto beneficio per la salute femminile. Risultato: vasche separate, ingressi distinti e ogni precauzione per evitare che corpi maschili e femminili si avvicinino troppo. Anche nelle località balneari, le famiglie rispettabili si isolano in spiagge private per evitare situazioni imbarazzanti, utilizzando tende mobili per cambiarsi in modo discreto e mantenere intatta la rispettabilità.

Discipline sportive come il nuoto, ma anche ginnastica e atletica plasmano il rapporto delle donne con il proprio corpo, e lo sport agonistico femminile sconta ritardi e l'imposizione di modelli maschili preesistenti. Al contrario degli sport di squadra, gli sport individuali, percepiti come meno minacciosi per la mascolinità, offrono alle donne un'immagine accettabile e più conforme alle aspettative sociali. Tiro con l'arco e croquet, ad esempio, praticati dalle donne delle classi agiate, non suscitano pregiudizi: sono considerati eleganti e richiedono un impegno atletico moderato. E, spesso, vengono regolati da norme meno rigide rispetto alle loro controparti maschili. Il croquet, inizialmente un'attività informale e tipico passatempo domestico per uomini e donne, vede una rinascita con regole e tecniche più raffinate, mantenendo il suo status di passatempo aristocratico.

Canottaggio, scherma, equitazione, vela, sci e pattinaggio, sono attività che vedono una discreta partecipazione femminil: sono percepiti come più conformi al modello di donna dell'epoca, permettono di enfatizzare la femminilità senza sfidare apertamente la supremazia maschile. Anche in questo caso la pratica di questi sport è legata all'affiliazione a club socialmente esclusivi.

L'atletica leggera, invece, pilastro dell'educazione maschile nelle università di Oxford e Cambridge, fatica a trovare spazio tra le donne. Anche in questo caso i motivi sono legati all'esposizione pubblica in abiti succinti e la possibilità di mescolarsi con le classi inferiori crea un ulteriore ostacolo. Una preoccupazione forse superflua: anche tra le famiglie operaie, prevale l'idea che diventare atlete non sia desiderabile per una giovane donna. Solo nel 1922, con la fondazione della Women's Amateur Athletic Association, l'atletica leggera femminile inizia a guadagnare terreno, fino a essere inclusa nelle Olimpiadi del 1928 con un numero limitato di gare.

RACCHETTE D'ARTE, RACCHETTE DI LOTTA

Nei primi decenni del Novecento nel mondo del tennis agonistico emergono tre figure simboliche femminili, accomunate dalla voglia di esaltare il ruolo della donna nello sport, ma con tre atteggiamenti diversi nei confronti del ruolo e del significato di essere atlete. Icone dello sport e simboli di una competizione che incarna lo spirito di progresso e cambiamento sociale.

Helen Wills e Suzanne Lenglen, stili e personalità completamente diverse, si sono trovate di fronte il 16 febbraio 1926, al Carlton Club di Cannes, in uno degli incontri più attesi della storia. La "partita del secolo" segna un momento cruciale e una delle pagine più affascinanti nella storia del tennis femminile. Una rivalità che non conosce solidarietà di genere: da una parte Helen Wills, determinazione glaciale determinazione glaciale, gioco potente e talento ineguuagliabile; di fronte Suzanne Lenglen, una pioniera del tennis, sei volte campionessa di Wimbledon, stile rivoluzionario, personalità carismatica insieme a eleganza e abilità tecnica. La è folla immensa, c'è anche il Re di Svezia. I tremila posti a sedere vengono venduti a 300 franchi ciascuno, e anche i posti in piedi, venduti a 100 franchi, si esauriscono rapidamente. I proprietari delle ville vicine vendono biglietti per seguire lo scontro dai loro tetti, e gli spettatori che non riescono a trovare posto si arrampicano sugli alberi. Helen Newington Wills è nata il 6 ottobre 1905, cresciuta a Berkeley, Helen viene introdotta al tennis da suo padre, il dottor Clarence Wills, a nove anni. Cinque anni dopo i suoi genitori le comprano un abbonamento al Berkeley Tennis Club e a 15 anni vince il campionato nazionale juniores, a 17 quello assoluto. Helen, determinata e imperturbabile, si guadagna il soprannome di "Miss Poker Face", ma dietro quell'apparenza di ghiaccio, batte il cuore di una sensibile amante dell'arte: frequenta la Head-Royce School e l'Università della California, Berkeley, dove studia arti figurative e si laurea con lode, diventando membro della società onoraria Phi Beta Kappa. Dipinge per tutta la vita, esponendo le sue opere a New York e illustrando personalmente il suo libro *Tennis*. È un personaggio iconico, diventando una musa per artisti famosi come Alexander Calder o Diego Rivera, posando anche per il suo famoso murale, *The Riches of California* Scrive anche diversi libri, tra cui la sua autobiografia *Fifteen-Thirty: The Story of a Tennis Player*.

Il suo debutto in Europa, nel 1924, la vede perdere contro la britannica Kitty McKane nella finale di Wimbledon, ma questo è il suo unico insuccesso a Wimbledon. Il 1924 è anche l'anno delle sue due vittorie olimpiche: singolo e doppio a Parigi nell'ultima edizione in cui il tennis è sport olimpico prima del 1988. Un'edizione che vede la partecipazione anche dell'italiana Rosetta Gagliardi unica donna della spedizione azzurra e seconda donna italiana di sempre ad un'Olimpiade, dopo la cavallerizza Elvira Guerra a Parigi 1900.

Dal 1927 al 1933, non perde un singolo set nei tornei del Grand Slam. Raramente parla con le avversari e e sorride ancora meno, ha scarsa mobilità ma il suo gioco è così potente che raramente va in difficoltà: la sua serie di 158 vittorie consecutive rimane imbattuta fino alla finale di Wimbledon del 1933, dove perde il primo set contro Dorothy Round, ma vince il match 6-4, 6-8, 6-3. Continua a giocare a tennis fino agli 80 anni, con un record di 398 vittorie e 35 sconfitte. Muore per cause naturali il giorno di Capodanno del 1998 all'età di 92 anni. Alla sua morte, lascia 10 milioni di dollari all'Università di Berkeley, per finanziare un istituto di neuroscienze.

Abbiamo lasciato in sospeso la partita di Cannes: nonostante la potenza della Wills, vince Suzanne Lenglen, la "divina". La partita è a senso unico e l'esito è perentorio: 6-3, 8-6.

Suzanne Lenglen è nata a Parigi nel 1899 e trascorre la sua infanzia in Piccardia, nella proprietà di famiglia. Pratica golf, equitazione, nuoto, danza e ginnastica. Anche per lei c'è il papà, Charles, a farle da guida nel tennis. Vince il suo primo Wimbledon nel 1919, davanti a re Giorgio V. Come la Wills, Suzanne preferisce allenarsi con gli uomini, ma è molto più leggera e agile, con movimenti sempre molto aggraziati.

Lenglen è stata la più grande tennista francese della storia, la prima stella internazionale dello sport femminile ed è la prima donna a fare del tennis un mestiere. Non è stata solo una campionessa per i suoi titoli, ma per il modo in cui ha cambiato il tennis femminile: con il suo stile glamour ha introdotto il fascino sui campi da tennis, trasformando il modo in cui il mondo percepiva le atlete femminili. Il suo nome è legato alla rivoluzione dell'abbigliamento sportivo nel tennis: nel 1919 incontra il couturier francese Jean Patou. Patou, all'epoca famoso quanto Coco Chanel. E alla finale di Wimbledon di quell'anno, Suzanne indossa per la prima volta una divisa creata da Patou: una gonna a pieghe al ginocchio e una canotta senza maniche, accompagnate da una semplice fascia per capelli. Questo completo, semplice e leggero, l'agevola i movimenti senza ostacolarla. Fino ad allora le tenniste dovevano indossare lunghe gonne fino alle caviglie, corsetti e cappelli a tesa larga.

Tra un set e l'altro, Suzanne sorseggia brandy o cognac: serve dall'alto, viene a rete con continuità mostrando una grande coordinazione nelle volée, probabilmente grazie alle lezioni di danza della sua infanzia.

Anche Helen Jacobs è una straordinaria tennista con una carriera segnata da successi straordinari. Con un solo cruccio: aver incontrato sulla propria strada l'altra Helen, Willis sposata Moody. Nata il 6 agosto 1908 a Globe, in Arizona, si trasferisce in California a Berkeley. Anche lei impara a giocare a tennis al Berkeley Tennis Club. Vince cinque titoli del Grande Slam in singolare, inclusa l'incoronazione a Wimbledon nel 1936. In doppio, vince tre titoli di Grande Slam femminile e uno di doppio misto. La rivalità tra le due Helen entra nella storia. Ma sul campo, gli esiti sono sempre chiari: Jacobs riesce a vincere una sola volta contro Wills, nella controversa finale dei Campionati statunitensi del 1933, quando Wills si ritira per un infortunio alla schiena mentre è in svantaggio per 3-0 nel terzo set.

In compenso Helen Jacobs è molto più di una grande tennista. È una convinta sostenitrice dei diritti delle donne nello sport, lottando per l'uguaglianza di genere e per il diritto delle donne: devono poter competere ai più alti livelli e ricevere la stessa attenzione mediatica e le stesse opportunità riservate agli uomini. Dichiaratamente omosessuale, vive la sua vita con coraggio e integrità, sfidando le convenzioni sociali del tempo. Un esempio significativo delle sue lotte è l'abbigliamento delle tenniste, ma di segno diverso rispetto a quello della Lenglen. Durante Wimbledon, nel 1933, Jacobs si presenta in campo indossando dei pantaloncini maschili. Le autorità del torneo cercano di convincerla a indossare una gonna, conformemente alle regole dell'epoca, ma Jacobs non demorde. Indossare i pantaloncini diventa un gesto simbolico nella lotta per l'uguaglianza. I pantaloncini, spiega al New York Times la Jacobs danno un "enorme vantaggio" in campo. Naturalmente non la pensa allo stesso modo la Wills: "La gonna corta plissettata è l'unica per il tennis", scrive l'altra Helen s nel suo libro "Tennis" "Ha una semplicità classica, e in azione è la più comoda per la giocatrice e la più piacevole per chi la guarda. Da un punto di vista artistico, la gonna plissettata possiede grazia e bellezza nell'azione". I pantaloncini e le braghette attirarono anche le ire di stilisti come Ted Tinling, un ex tennista che denuncia il "look maschile della fine degli anni Trenta" nella moda femminile del tennis. Tinling guida la carica per la femminilizzazione dell'abbigliamento da tennis disegnando abiti e gonne da tennis appariscenti. Tinling è anche l'artefice di uno degli abiti da tennis più controversi degli anni Quaranta, quando la star americana Gussie Moran, "Gorgeous Gussie, sconvolge Wimbledon nel 1949 con una gonna corta che lascia intravedere la biancheria intima di pizzo.

DOPPIO HANDICAP

A confronto con le signore della middle class e dell'aristocrazia, le donne della working class hanno, come si può prevedere, molte meno opportunità di avvicinarsi alla pratica sportiva, perché mancano loro i necessari requisiti di istruzione scolastica, denaro e tempo a disposizione. Da non sottovalutare, poi, la posizione subordinata e remissiva nei confronti tanto dei loro uomini che delle donne delle classi superiori. In ogni caso il risultato è che le donne della *working class* non hanno molte opportunità di avvicinarsi alla pratica sportiva. A differenza delle signore della *middle class* e dell'aristocrazia, che riescono a conquistare spazi anche negli sport di squadra, soprattutto hockey e lacrosse.

La preparazione atletica impartita nelle *elementary schools* è incentrata su un sistema rigido di esercizi, piuttosto che sui giochi di squadra e quindi alle spalle delle ragazze meno abbienti non esiste alcuna tradizione sportiva da voler/poter proseguire nell'età adulta. Per non parlare del tempo libero (?) bisogna aiutare le madri nei lavori di casa. I pochi campi sportivi esistenti nei quartieri popolari sono, di fatto e di regola, riservati esclusivamente ai maschi. Le sportive lavoratrici che riescono a superare i pesanti handicap sociali si trovano limitate da un altro impaccio: sono considerate inferiori sia agli uomini della loro stessa estrazione sociale che alle sportive delle classi superiori.

Per le donne della classe operaia una delle più importanti fonti di opportunità di praticare sport arriva dai programmi dopolavoristici, sviluppati in molte industrie e imprese. Intorno al 1900, comincia a svilupparsi una nuova politica aziendale, che riconosce l'importanza dell'educazione e della ricreazione dei lavoratori di entrambi i sessi. Lo sport sta diventando un'attività fondamentale per la gestione del tempo libero, una pratica che viene promossa e regolamentata anche dalle istituzioni. Le fabbriche, in particolare, istituiscono enti di "dopolavoro" per curare la vita degli operai oltre l'orario lavorativo. Questi enti organizzano attività ricreative, sportive e culturali, con l'obiettivo di migliorare la qualità della vita dei lavoratori e di promuovere una vita più sana e disciplinata.

Aziende come Cadbury's e Rowntree's, guidate da famiglie di quaccheri, riconoscono l'importanza dell'educazione e della ricreazione per i lavoratori di entrambi i sessi. Cadbury's, ad esempio, costruisce il villaggio modello di Bournville, con case, spazi verdi e campi sportivi. L'azienda promuove un senso di appartenenza attraverso lo sport, organizzando competizioni e tornei tra i vari reparti della fabbrica e con altre aziende. Le donne beneficiano di queste opportunità, con accesso a campi da tennis, palestre, piscine coperte e corsi di nuoto, ginnastica e sport di squadra. Cadbury's crea anche il Bournville Girls' Athletic Club (BGAC), che offre alle lavoratrici la possibilità di praticare diversi sport e partecipare a competizioni.

Alla Rowntree's, un programma simile a quello di Cadbury's offre opportunità sportive ai lavoratori, promuovendo la cooperazione e l'uguaglianza sul posto di lavoro. Sebbene le donne siano incluse nei programmi sportivi, restano comunque in una posizione subordinata rispetto agli uomini: hanno meno tempo libero dopo il lavoro e la gamma di attività disponibili è inferiore rispetto a quella offerta agli uomini.

Inoltre, così come la società non gradisce la commistione dei sessi sui campi da gioco, allo stesso modo disapprova la compresenza di persone dello stesso sesso, ma di diversa estrazione sociale. I *gentlemen amateurs* evitano il contatto con i *professional players*, mentre nello sport femminile non è accettabile che, ad esempio, le *Original English Lady Cricketers* giochino contro le aristocratiche del *White Heather Cricket Club*, o che le giocatrici di hockey delle squadre aziendali di Cadbury's o Rowntree's siano chiamate a giocare per squadre della *All England Women's Hockey Association* o per la selezione nazionale. Tra gli strati privilegiati della popolazione femminile, lo snobismo e la segregazione sociale agiscono in modo marcato: le donne non hanno nessuna intenzione di giocare insieme a persone che non frequentano gli stessi salotti.

L'evento più curioso, invece, riguarda la formazione, nel 1890, di due squadre di donne professioniste, il primo caso del genere in qualsiasi sport. Si tratta di un'iniziativa intrapresa da un gruppo di impresari, autonominatisi *English Cricket and Athletic Association*, i quali, calcolando che la crescente popolarità del cricket femminile possa garantire un ritorno economico, riuniscono una serie di giocatrici di estrazione piccolo-borghese e popolare.

Gli impresari si preoccupano di assicurare per le giocatrici un abbigliamento elegante e appropriato e che l'iniziativa possa mantenere un carattere di raffinatezza e decoro. Le due squadre sono vestite, rispettivamente, di rosso e di blu e dunque etichettate come *Reds* e *Blues*. Manca esperienza, ma le giocatrici sono estremamente motivate dalla possibilità di guadagnare denaro in un modo poco convenzionale. E la loro reputazione può rimanere intatta grazie alla possibilità di utilizzare pseudonimi. Dopo essersi allenate in campi privati londinesi, sotto la supervisione di due professionisti uomini, *The Original English Lady Cricketers* cominciano a girare l'Inghilterra giocando tra di loro nei maggiori impianti del Paese. Attirati dalla novità dello spettacolo le partite richiamano un gran numero di spettatori. Ma non dura molto: le squadre vengono smantellate alla fine della prima stagione e l'impresa chiude in passivo. Per il cricket femminile rimane rigorosamente ed esclusivamente la strada del dilettantismo e, a differenza del cricket maschile, nessun conflitto etico e regolamentare tra *amateurs* e *professionals*.

NIENTE CALCIO SIAMO DONNE

Il calcio nasce in un mondo maschile e, inizialmente, viene considerato un assoluto tabù per le donne, indipendentemente dalla situazione sociale. Anche il più convinto sostenitore della libertà femminile avrebbe sconsigliato il coinvolgimento nella troppo rude pratica calcistica.

La presenza delle donne sui campi di calcio è limitata alle tribune. In Scozia, le signore hanno accesso gratuito alle partite, e lo avranno fino al 1918. Altrove l'ingresso è consentito alla metà del prezzo del biglietto. Duemila donne sono presenti a una partita a Preston, nel 1885, e a Leicester, nel 1899. Il loro coinvolgimento nello spettacolo calcistico diminuisce in modo proporzionale all'aumento generale del pubblico negli stadi, anche a causa delle ridotte risorse di tempo libero che le donne hanno a disposizione rispetto agli uomini.

Nel 1881 un gruppo di donne decide di organizzare una serie di sedicenti partite internazionali, tra squadre rappresentative della Scozia e dell'Inghilterra. In realtà alle spalle non c'è nessun movimento o attività diffusa: si punta solo su curiosità e spettacolo. E il 9 maggio, all'Easter Road Stadium di Edimburgo, si gioca la prima partita, che, con molta enfasi viene definita sfida tra le nazionali di Scozia-Inghilterra: in realtà sono ventidue ragazze reclutate, più che selezionate, da una battagliera Helen Graham Matthews.

Helen gioca in porta con qualche talento, ma è una pugnace attaccante nella difesa dei diritti femminili. Siamo nell'Inghilterra vittoriana: le donne non possono votare, citare qualcuno in giudizio, né possedere proprietà. I loro corpi non possono essere adornati con gioielli né essere utilizzati per sforzi fisici o pratiche sessuali: bisogna procreare e occuparsi della casa. Due le professioni ammesse: insegnante o domestica, ma non si può avere un proprio conto o un libretto di risparmio. Le donne sono invitate a studiare e ad affinare solo quelle abilità che le rendono più "maritabili": niente di troppo intellettuale che possa intimidire un potenziale coniuge.

Anche l'abito fa la suora: sottogonne di crinolina con cerchi d'acciaio, gonne di stoffa che tengono le gambe coperte fino alla caviglia e corsetti che stringono stomaco e petto. E la divisa da gioco non si discosta molto dai canoni: inevitabile la curiosità e lo scherno quando scendono in campo. Il *Glasgow Herald* cura ben poco i dettagli tecnici: *"L'età delle giovani donne sembrava variare da diciotto a ventiquattro anni ed erano vestite in modo molto elegante. La squadra scozzese indossava maglie blu, mutande bianche, calze rosse, cintura rossa, stivali con i tacchi alti e cappuccio blu e bianco; mentre le loro "sorelle" inglesi indossavano maglie blu e bianche, calze e cintura blu, stivali con i tacchi alti ("alti" 2 cm, ndr) e cappuccio rosso e bianco".*

LILY ST CLAIR, IL PRIMO GOL

Il primo gol della storia del calcio femminile viene messo a segno da Lily St Clair, grazie a un tiro "controvento", secondo le scarne cronache del tempo. Conserviamo, però, tabellino e schema, il classico, per l'epoca, 2-2-6. Sorpresa: in porta tra le scozzesi c'è Ethel May e non Helen Matthews. Ma è la stessa persona: quasi tutte le calciatrici usano pseudonimi, *noms de football*: la loro vera identità va protetta dalla denigrazione sociale, ma mette a dura prova il lavoro di archivisti e storici. Divise scomode, trappole anagrafiche, in compenso la prima partita è un successo di pubblico.. Il *Dumferline Journal* osserva, però, che la metà degli spettatori abbandona gli spalti prima della fine dell'incontro, perdendo il risultato finale: 2-0 per la "Scozia". E si replica a stretto giro di campo. Il 16 maggio si va a Glasgow. Ancora onori in cronaca, ma senso e tono cambiano completamente: partita sospesa al 55' per un'invasione di campo mal contenuta dalla polizia. Gli hooligans del tempo, maschi *of course*, dopo una serie di oscenità gridate decidono di porre fine a quella profanazione. Pali divelti, botte, cariche, manganellate molto british e fuga precipitosa delle calciatrici su un omnibus trainato da quattro cavalli grigi (sul particolare i giornali sono molto precisi). Va in stampa sul Leeds Mercury l'epitaffio: *"Il calcio femminile ha avuto una vita estremamente breve e non molto allegra (...) L'opinione pubblica si è dimostrata contraria a un'esibizione talmente sconveniente che le autorità ora stanno ripensando la novità".* L'autorevole *Bell's Life in London and Sporting Times* critica non solo *"the girls almost ignorance of the game"*, ma anche gli arbitri, a quanto pare *"even more ignorant of the simple rudiments of the Association rules"*. Un duro colpo per il calcio femminile e una battuta d'arresto per il movimento suffragista che ispira le iniziative della nostra eroina Helen Matthews. Ma ironia della sorte, il giorno dopo la gara della rivolta, alle donne scozzesi viene concesso un primo assaggio di uguaglianza politica: la Regina firma la legge (*Women's Franchise Bill*), che consente alle donne che pagano le tasse di votare per il governo municipale.

Helen Matthews non si dà per vinta. Nuove partite e nuovo nome: diventa Mrs Graham e battezza la sua squadra, con poca originalità, Mrs Graham's XI.

Il 2 aprile del 1887 sul Cardiff Times appare la cronaca, alquanto beffarda, della partita giocata a Wakefield con la squadra di Edimburgo di Madam Kenney che sconfigge le Grimsby Town Ladies per 1-0.

"Sono andato in una città del Nord, signore, per vedere, come annunciato su un volantino dall'aspetto piuttosto bilioso, una "Grandiosa Partita di Calcio Femminile, tra la famosa squadra di Edimburgo di Madame Kenney e la squadra di Grimsby Town di Madame Wills," il premio essendo una "Magnifica Coppa d'Argento." Si noti, signore, che era annunciata come una Grandiosa Partita Femminile — quindi, presumibilmente, una partita tra 'grandi' signore, e non una semplice rissa tra persone del volgo. Scendendo dalla stazione su un calesse, mi è piaciuto notare che quasi tutti i miei compagni di viaggio maschi andavano "solo per curiosità, sapete," e che, senza una voce discordante, condannavano fermamente una tale esibizione. (...) Ma parliamo delle giocatrici. Avendo tolto i loro indumenti sovrastanti, si rivelarono vestite — beh, vestite con gli indumenti

ordinari dei calciatori maschi, niente di più e niente di meno. (...) Se il grasso significava muscolarità, alcune di queste donne, signore, sarebbero state veramente muscolose. Riguardo a certe di loro, non potevo fare a meno di pensare, contemplando la loro mole, che avessero in qualche modo sbagliato strada, e fossero venute al campo di calcio invece di andare, come avrebbero dovuto, alla fiera agricola. (...) Le signore sembravano trovare estremamente difficile la locomozione rapida: correvano, infatti, come se i lunghi abiti solitamente indossati dal loro sesso fossero ancora appesi su di loro, e quando cadevano, lisciavano le caviglie come se pensassero che le sottane fossero ancora lì. (...) La partita divenne sempre più noiosa, nonostante occasionali litigi (che potevano o non potevano far parte dello spettacolo) tra le giocatrici stesse. Riguardo a questi litigi, le evidenze del fatto che le giocatrici fossero donne erano particolarmente evidenti. C'era una chiara inclinazione da parte delle signore a indulgere in contese a denti e unghie — infatti, a prendersi per i capelli e a graffiarsi a vicenda. (...) Forse i giovani delusi si aspettavano di vedere le giocatrici esibirsi in acrobazie, o qualcosa del genere; in ogni caso, stavano evidentemente soffrendo di una grave delusione. Me ne andai presto anch'io, buon signore, poiché ne avevo avuto abbastanza, e più che abbastanza, di una tale esibizione poco edificante.

Oltre alla delusione dei cronisti c'è anche la preoccupazione dei medici, maschi, che decretano: il calcio femminile va cancellato, nuoce al corpo e riduce la capacità riproduttiva.

La scienza non frena le iniziative: il 1° gennaio 1895 nasce il *British Ladies Football Club.* Analogamente a quanto era avvenuto per l'*Original English Lady Cricketers*, vengono reclutate una trentina di giovani di estrazione popolare che non hanno pratica del calcio, se non da spettatrici. Vengono create due squadre e risolto il problema di definire un'uniforme di gioco adatta alla morale vittoriana: un'ampia blusa, pantaloni alla zuava e cappello con il fiocco. Dopo una prima, difficoltosa, fase di allenamenti, il club è pronto a presentarsi al pubblico. Tra le protagoniste dell'iniziativa, ci sono Nettie Honeyball, calciatrice e segretaria del club, e l'aristocratica Lady Florence Dixie, presidentessa, viaggiatrice, corrispondente di guerra, appassionata di caccia, tiro a segno e pesca e sorella di John Sholto Douglas, Marchese di

Queensberry: nato a Firenze ha dato il suo nome alle moderne regole della boxe, ma è ricordato per il combattimento processuale contro Oscar Wilde, per via del burrascoso rapporto sentimentale tra lo scrittore e il figlio del marchese, Alfred. E qualche malelingua sostiene che la Dixie si butta nel calcio per distogliere l'interesse della stampa. Football come distrazione di massa ante litteram.

Il 23 marzo 1895, al *Crouch End Athletic Ground* (il prestigioso Oval non viene concesso), alle ore 17.50, circa, si gioca quella che la storia ricorda come la prima partita di calcio femminile. In realtà, tutto è cominciato 14 anni prima, ma nessuno ha avvertito i diecimila spettatori, assiepati più sul prato che sugli abborracciati spalti. Capitan Honeyball (ma il suo vero nome è Mary Hutson), convoca in porta la scozzese Helen Matthews, anzi Mrs Graham. Le squadre si dividono in North e South London, vestite rispettivamente in un completo rosso e in una tenuta blu-celeste: 7-1 il risultato finale e applausi soprattutto per una giovinetta undicenne, Daisy Allen, per i sarcastici spettatori subito ribattezzata "Tommy". I dubbi di genere su quella tanto indiavolata quanto minuta attaccante vengono confermati nelle successive uscite. Pare ormai certo che Daisy Allen fosse in realtà il figlio, maschio, tredicenne di Nellie Gibson, in arte calcistica, Mrs Robertson. Comunque sia, Tommy o Daisy e nonostante l'interesse del pubblico, le partite che seguono sono ancora rovinate dalle intemperanze maschili.

Fino all'ultimatum del Consiglio della Federcalcio: non è più consentito lo svolgimento di partite di beneficenza contro squadre femminili. Il club cessa le sue attività nel 1896, senza lasciare alcuna eredità nella storia dello sport femminile, né nella cultura delle donne della *working class*. Tuttavia, l'impresa di Miss Nettie Honeyball ha il merito di aver tentato di praticare uno sport universalmente considerato al di là degli ambiti in cui la donna poteva essere ammessa. Squadre di calcio vengono organaizzate da donne che lavoravano nelle fabbriche: il 2 febbraio 1899, una partita a sei vede le *Greener's Violets* vincere per 8-2 sulle *Greener's Cutters*. Entrambe le squadre lavoravano nella stessa vetreria a Sunderland. Si registrano nuovi club anche a Grimsby e Preston. Ma nel 1902 il Consiglio della Football Association emette un nuovo avviso ai suoi membri di non permettere lo svolgimento di partite benefiche che coinvolgono squadre femminili.

PALLONE E PALLOTTOLE

Prima dello scoppio della guerra mondiale, le donne possono praticare una discreta gamma di attività ricreative e sono anche più coinvolte nello sport di quanto lo fossero state le generazioni precedenti. Ma in termini di conformismo sociale, la donna sportiva rimane un'eccezione e un'anomalia.

La Prima Guerra Mondiale con migliaia di uomini mandati a combattere e a morire nelle trincee stravolge la situazione: le donne ora sono chiamate ad assumere ruoli maschili nel lavoro e nell'intrattenimento.

Nel 1914, il governo britannico si affida ai volontari per servire nell'esercito. Tuttavia, presto si rende conto che fare affidamento solo sui volontari non è sufficiente per affrontare le crescenti perdite. Nel gennaio 1916, il governo approva il *Military Service Act*, che impone la coscrizione a tutti gli uomini non sposati di età compresa tra i 18 e i 41 anni. Vengono esclusi solo coloro che sono giudicati inidonei dal punto di vista medico, i membri del clero, gli insegnanti e alcune categorie di lavoratori industriali. Nel primo anno di coscrizione, oltre un milione di uomini si arruolano per combattere, provocando una massiccia carenza di manodopera in patria. Le donne, che per secoli sono state confinate alla sfera domestica, si fanno avanti per colmare i vuoti. Per la prima volta nella storia, milioni di donne assumono ruoli tradizionalmente riservati agli uomini, dimostrandosi estremamente efficienti. Tra questi ruoli c'è il lavoro in fabbrica, uno dei maggiori datori di lavoro femminile durante la guerra, dove le donne producono carri armati, aerei e munizioni; queste lavoratrici vengono soprannominate "munitionettes". Le operaie iniziano a giocare a calcio nel tempo libero e alla fine formano delle squadre. Le "munitionettes" rappresentano un pezzo significativo della storia britannica, non solo sportiva. Nel 1915, con il Regno Unito immerso nel conflitto, la domanda di munizioni cresce incessantemente. Dopo il fallimento della battaglia di Aubers, attribuito alla carenza di esplosivi, il governo britannico reagisce emanando il *Munitions of War Act,* più ore, più operai, più munizioni e apertura anche alle aziende private.

L'utilizzazione delle donne non è accolto con favore dai sindacati: temono che, al ritorno dal fronte, gli uomini possano trovare i loro posti di lavoro occupati dalle donne. Per garantire che i maschi possano riprendersi il posto la richiesta è che le donne ricevano lo stesso stipendio degli uomini. Naturalmente nessuna idea di parità di diritti: occorre, più banalmente, garantire un livello salariale invariato al ritorno degli uomini dal fronte. Un modo per proteggere i diritti e i salari dei lavoratori, maschi, senza svalutazioni legate all'inserimento delle donne come forza lavoro.

Le donne prendono, nelle fabbriche, diventano l'80% del personale qualificato. Lavorano quotidianamente a stretto contatto con il tritolo e la nitroglicerina, che a lungo andare causa l'ingiallimento della pelle, si guadagnano anche il soprannome di *canary girls.*

Nonostante i rischi, la vita per queste donne non si ferma al lavoro: costrette a sostituire gli uomini in tutto e per tutto, fanno proprie anche le abitudini del dopolavoro. Vivono quotidianamente con la paura di esplosioni, ma trovano il tempo per riappropriarsi di una tradizione tipicamente maschile: il calcio. Così, nei cortili delle fabbriche e negli spazi aperti, cominciano a sfidarsi con il pallone tra i piedi.

Nel 1918 ci sono ottocentomila *munitionettes:* lavorano lunghe e faticose settimane di 60 ore in cantieri navali, fabbriche di armamenti, porti, filande, acciaierie. Eppure trovano ancora l'energia per giocare a calcio e raccogliere fondi per i soldati mutilati e ciechi, per le vedove e per gli orfani. I tifosi, che accorrono in massa, pagano sei vecchie pence per entrare (circa £1,50 di oggi): le partite di beneficenza sono una manna. Si moltiplicano i tornei (166 partite in due anni) e le squadre (180 nel pieno dell'attività): gli intenti caritatevoli fanno cadere una pioggia di sterline su ospedali, emarginati, bimbi poveri.

All'inizio, le partite si svolgono in campi di calcio minori e nelle strutture assistenziali dei minatori, ma con il crescere della popolarità, le squadre cominciano a calcare i campi degli stadi professionistici.

Il campionato maschile era stato sospeso dalla federazione nel 1915: una parte dei 7.000 calciatori professionisti si unisce alle forze armate, altri entrano nel mondo del lavoro, molti aiutano ad allenare le donne e organizzano le partite come segretari o ufficiali di gara.

Il primo "derby" documentato tra fabbriche avviene nel Natale del 1916, con una squadra di operaie di Ulverston che sconfigge un'altra squadra locale 11-5. Il calcio femminile è incoraggiato anche dal Primo Ministro David Lloyd George, sempre in funzione della raccolta fondi, non certo per un'idea di parità di diritti. In ogni caso si rafforza il morale.

A Lincoln nascono diverse squadre, tra cui le Ruston Aircraft Girls, le Lincoln Munition Girls, le Foster Tank Girls e, dopo la guerra, le Lincolnshire Ladies.

Migliaia di lavoratrici si riversano al confine scozzese per lavorare nella fabbrica di Sua Maestà a Gretna: molte sono giovani, nubili e per la prima volta lontane dalle loro famiglie. A differenza di altre fabbriche di munizioni non ci sono asili nido per le 11.576 (nel 1917) operaie. L'afflusso di lavoratrici porta alla costruzione di due township, Eastriggs e Gretna e molte delle "Gretna Girls" vivono in ostelli di gruppo. In fretta e furia vengono tirati su gelidi edifici dove le donne hanno poca o nessuna privacy, con semplici tende che separano le zone notte. Ma per dirigenti e istituzioni il problema è soprattutto etico: il reverendo locale J.M. Little si esprime apertamente contro le ragazze affermando che tra loro ci sono certamente donne "di scarsa morale, con poco senso del pudore e ancor meno dell'onore". E per assicurarsi che le operaie siano seguite e intrattenute, nei modi ritenuti accettabili dalle autorità, viene sviluppato un vasto programma di assistenza e attività ricreative. Lo sport è in cima alla lista: le dipendenti devono mantenere una forma fisica perfetta, perché solo lavoratrici in salute possono garantire la massima produttività, fondamentale per vincere la guerra. Tra gli sport proposti ci sono atletica, boxe, lotta, tennis, hockey, bowling, cricket. E calcio, anche se molti ritengono questo sport troppo violento e maschile per le donne. Anzi, proprio il calcio attira il maggiore interesse e le "lavoratrici di guerra" formano ovunque squadre, non sempre ufficialmente riconosciute. E tra molte diffidenze. Il 31 marzo 1917, il *Lincolnshire Chronicle* scrive di una partita tra le Lincoln e le Derby Munition Girls: "Beh, lettori, per essere sinceri, questa partita è stata molto divertente in molti modi… la maggior parte di noi è andata per ridere (anche se non con cattiveria, ne sono sicuro)."

A Gretna nascono la Mossband Swifts, nonostante la diffidenza espressa dal direttore della fabbrica, Ernest Taylor: "*c'erano una o due squadre femminili che giocavano su campi forniti dal Dipartimento Ricreativo, ma c'era una differenza di opinioni sull'opportunità di incoraggiare le donne a perseguire questo ramo dello sport*". L'8 settembre 1917, le Mossband Swifts affrontano le Carlisle Munitionettes a Brunton Park, in aiuto della *Friendless Girls Association*. Le Swifts giocano in divise color kaki e rosso e indossano pantaloncini. La partita termina 1-1 e il Carlisle Journal riferisce che c'è "*un grande numero di spettatori nonostante il pomeriggio piuttosto spiacevole*" e descrive la partita come "*forse la lotta più divertente tra donne che sia stata mai vista a Carlisle*".

DICK, KERR E LE FINESTRE ROTTE

La squadra più iconica di questo periodo è quella della Dick, Kerr & Company di Preston: durante la Prima Guerra Mondiale, l'azienda produce locomotive, tamburi per cavi, pontoni, casse per cartucce e munizioni. Entro il 1917, la produzione viene riconvertita e raggiunge la cifra di 30.000 proiettili a settimana. Negli uffici della fabbrica lavora Alfred Frankland: dalla finestra del suo ufficio, osserva le giovani lavoratrici che, durante le pause pranzo, si divertono a calciare un pallone. Alice Norris, una delle giovani operaie, ricorda questi momenti: "*Giocavamo a tirare*

*pallonate contro le finestrelle degli spogliatoi. Erano finestrelle piccole e
quadrate, e se i ragazzi riuscivano a romperne una prima di noi, doveva-
mo comprargli un pacchetto di Woodbines, ma se vincevamo noi, loro dovevano comprarci una barretta di cioccolato Five Boys."*[1]

Tra le donne che amano giocare a calcio durante le pause,
Grace Sibbert emerge come leader. Nata il 13 ottobre 1891, Grace ha il marito impegnato nella Battaglia della Somme, e nel
1916 viene catturato dall'esercito tedesco, finendo in un campo
di prigionia. È Frankland a suggerire a Grace Sibbert di formare
una squadra femminile e organizzare partite di beneficenza.
Grace apprezza l'idea e Frankland accetta di diventare il manager della squadra. Frankland organizza la prima partita per il
giorno di Natale del 1917, a favore dell'ospedale locale per soldati feriti a Moor Park. Riesce a convincere il Preston North End
a concedere il loro stadio, Deepdale, per l'evento. È la prima
partita di calcio disputata su quel campo da quando il programma della Football League è stato sospeso dopo lo scoppio della
guerra. Più di 10.000 persone si presentano per assistere alla
partita: non c'è Grace che non può più partecipare a causa di
problemi di salute. Tuttavia, rimane una grande sostenitrice della squadra nei primi anni e gode sempre del rispetto delle ragazze. Dopo aver coperto i considerevoli costi dell'organizzazione,
Frankland riesce a donare £200 all'ospedale, una somma equivalente a circa £41.000 di oggi.

Alfred Frankland è troppo vecchio per arruolarsi come soldato nella guerra e viene impiegato nella fabbrica come impiegato. Ha ottime capacità organizzative e un talento naturale per il
marketing. Distinto, ben inserito nella società è spregiudicato
nello strappare i migliori talenti alle altre squadre che incontrano. Il suo primo acquisto, forse il primo in assoluto nella storia
del calcio femminile si registra nel 1918: Molly Walker, avendo
impressionato nelle due partite che aveva giocato contro di loro
con le Lancaster Ladies, si trasferisce a Preston per l'inizio della
nuova stagione e segna l'unico gol al suo debutto per la squadra
in una vittoria per 1-0 contro le Barrow Ladies. Accanto a Frankland ci sonon due *trainer* come Bob Holmes e Jack Warner, eroi

locali del glorioso Preston North End: le ragazzze della Dick Kerr diventano un vero e proprio fenomeno nazionale, temute e acclamate in ogni campo su cui mettono piede, quasi imbattibili in casa.

Maglie a strisce bianconere, calzoncini blu e cappellino obbligatorio in testa, debuttano ufficialmente il giorno di Natale del 1917 a Preston nello stadio Deepdale. 4-0 sulle rivali della *Arundel Coulthard Factory* davanti a più di diecimila spettatori. è la prima di 828 partite, più di 3500 gol segnati. Continuano poi a giocare e sconfiggere altre squadre di fabbriche di Barrow-in-Furness e Bolton.

Nella prima partita si mettono in mostra Florrie Rance, che segna due gol, uno per tempo. Alta circa 1,73 m, la sua altezza la rende una risorsa preziosa in attacco, e gioca per la squadra per gran parte del 1918. Il secondo, dei 4 gol, è realizzato da Elizabeth Berkins, altra ragazza del posto. Il primo gol è messo a segno, dopo pochissimi minuti di gioco, da Mrs Whittle: non si sa molto di più visto che quella di Deepdale è la sua unica apparizione per le Dick, Kerr Ladies.

La capitana è Alice Kell, figura di riferimento per la squadra, leader estremamente capace, difensore formidabile. In attacco si fa notare Florrie Redford, calcia con entrambi i piedi e possiede una potenza impressionante: nel 1921 va a segno 170 volte. I numeri sono impressionanti: nella prima stagione giocano solo 4 partite, ma arrivano a giocarne 67 nel 1921, percorrendo il Paese in lungo e in largo. Mettono a disposizione il loro unico giorno di riposo. Per le partite infrasettimanali prendono un rimborso di 10 *shillings*.

Nel 1920, le Dick, Kerr Ladies sono la prima squadra femminile a giocare una partita di notte e a usare un pallone bianco. Si rivolgono al Ministero della Guerra per ottenere il prestito due proiettori antiaerei e quaranta razzi di carburo da utilizzare per illuminare il gioco e permettere anche le riprese filmate di Pathé News. Il permesso viene concesso da Winston Churchill.

La partita si gioca a Deepdale contro una squadra rappresentativa composta dalle migliori giocatrici del resto dell'Inghilterra. Ma nemmeno loro riescono a scalfire la forza delle Dick, Kerr Ladies, che vincono la partita per 4-0. I proventi di 600 sterline della partita sono destinati al fondo di soccorso locale per i disoccupati ex militari nella città. Sempre nel 1920, la squadra gioca quattro partite contro una rappresentativa francese guidata dall'avvocato dello sport femminile Alice Milliat a Deepdale, Stockport, a Manchester e poi a Stamford Bridge. La partita di apertura del tour, a Deepdale, la casa del Preston North End, richiama 25.000 spettatori, record per lo stadio. Durante le quattro partite giocate, raccolgono oltre 3000 sterline per l'Associazione Nazionale dei Soldati e Marinai Dimessi e Disabili. La Dick Kerr diventa la prima squadra femminile britannica a intraprendere un tour di calcio all'estero: un viaggio di oltre 2000 miglia, giocando partite a Parigi, Roubaix, Le Havre e Rouen davanti a oltre 62.000 spettatori. Tornano a casa imbattute e ricevono un'accoglienza entusiasta dalle folle che si radunano lungo le strade lungo tutto il percorso della loro vittoria.

Nel febbraio del 1921, il comico di music hall, Harry Weldon, invita le Dick, Kerr Ladies a giocare, ad Anfield, contro una rappresentativa composta dalle migliori giocatrici di tutto il Regno Unito con una giocatrice che arriva addirittura dall'isola di Unst nelle Shetland. Il risultato è una vittoria schiacciante per 9-1 delle Dick, Kerr Ladies davanti a 25.000 spettatori.

Nel corso del 1921 giocano, e vincono, un numero incredibile di sessantasette partite di calcio per beneficenza in tutto il Regno Unito, pur lavorando a tempo pieno nella fabbrica: ad assisterle ci sono, complessivamente, 900.000 spettatori. 448 gol fatti e 22 subiti. La più prolifica marcatrice della squadra è Florrie Redford, nata nello Yorkshire nel 1900 e figlia un imbianchino di carrozze ed Emma. È una tessitrice di velluto, come i suoi fratelli maggiori, alla Spa Mill a Preston, ma il suo sogno è diventare infermiera psichiatrica. In quel magico 1921 segna 170 gol: in una partita dell'aprile 1921 a Barrow, vinta 14-2, ne segna sette!

LILY, IL COLPO MIGLIORE

L'acquisto migliore di Alfred Farkland è <u>Lily Parr</u>, classe 1905, 1 metro e 80 a 15 anni, capelli neri corvini, mancina, 10 scellini per ogni partita disputata (il salario medio di un operaio, maschio, è tra i 30 e i 50 scellini a settimana e cambia in base all'età). C'è anche un premio extra: un pacchetto di sigarette Woodbine. Nella sua prima stagione segna 43 gol. La sua carriera era iniziata nelle St Helens Ladies. Nel 1919, l'incontro con le Dick, Kerr Ladies: nonostante la sconfitta per 6-1 Frankland nota la quattordicenne Parr e le offre un posto nella squadra e un lavoro nella fabbrica.

Lilian Parr nasce il 26 aprile 1905, quarta di sette figli, nella zona più povera di St Helens, a circa 16 chilometri a nord-est di Liverpool, da Sarah e George Parr, un lavoratore in una fabbrica di vetro. Cresce giocando a calcio e rugby con i suoi fratelli, e alla fine si unisce alla squadra femminile di calcio di St Helens. Mancina, istinto naturale e una grande determinazione a non conformarsi agli stereotipi femminili: carattere definito spesso rude e brusco, un vivace senso dell'umorismo e una sottile ironia, coltiva forti amicizie con molte delle sue compagne di squadra Inizias come terzino sinistro per poi avanzare all'ala: per i giornali locali è "probabilmente il più grande prodigio del calcio in tutto il paese".

Si narra che durante una partita all'Ashton Park a Preston, a nord-ovest di Manchester, alla dichiarazione di un portiere professionista maschio che una donna non sarebbe mai stata in grado di segnare contro un uomo Lily gli tira contro una bordata su calcio di rigore così potente da rompergli un braccio. Il suo anno migliore è il 1921: il 5 febbraio segna una tre gol a Nelson. Tre giorni dopo, altri tre gol a Stalybridge (10-0, il risultato). La settimana successiva, nella "Harry Weldon Cup", segna cinque dei 9 gol. Altri cinque gol a maggio nella vittoria per 5-1 contro le francesi.

Il 1921 si conclude con la bellezza di 108 gol segnati. Con l'editto anti femminile della FA la carriera semiprofessionale di Lily Parr finisce a 16 anni.

Continua da dilettante, facendo l'infermiera, amando la collega d'ospedale Mary senza infingimenti e fumando senza freni. A differenza dell'omosessualità maschile, il lesbismo non era mai stato illegale in Inghilterra, poiché si temeva che la legislazione potesse incoraggiare le donne a esplorare l'omosessualità. Diventa la prima della sua famiglia a possedere una casa. Partecipa a un tour negli Stati Uniti, dove lei e altre tre compagne di squadra vincono una corsa contro la squadra femminile olimpica americana di staffetta.

Nel 1926, la squadra cambia nome in Preston Ladies, e Parr rimane con loro, diventando capitano nel 1946. A 45 anni gioca la sua ultima partita: è il 12 agosto 1950. Un gol nella vittoria per 11-1 sulla Scozia. All'attivo 967 dei 3.022 gol messi a segno dalla sua squadra e manca solo cinque partite.

Nel 1965, va in pensione: alcuni anni dopo, le viene diagnosticato un cancro al seno e subisce una doppia mastectomia. Vive abbastanza a lungo da vedere il divieto sul calcio femminile revocato nel 1971, ma muore di cancro il 24 maggio 1978, nella sua casa di Preston. Ha 73 anni. Nel 2002 è diventata la prima giocatrice ad avere una statua nel National Football Museum di Manchester. Attorno a lei 110 uomini.

Il momento più alto nella storia della Dick Kerr è a Liverpool, Goodison Park, 1920, giorno di Santo Stefano. Affrontano il St. Helens Ladies: nello stadio dell'Everton arrivano 53mila spettatori, mentre altri quindicimila rimangono fuori. Tutto esaurito! Per la partita di Natale del 1920 tra la squadra maschile dell'Everton e quella londinese dell'Arsenal c'erano stati 35.000 spettatori. Il giorno dopo, Santo Stefano, del 1920, le riserve maschili dell'Everton contro i rivali locali del Southport raccolgono un pubblico di poco più di 5.000 persone.

Nessuna partita di calcio femminile ha superato la partecipazione della partita del Boxing Day del 1920 fino a 99 anni dopo, il 17 marzo 2019, quando la capolista del campionato spagnolo Atlético Madrid gioca contro il Barcellona allo stadio Metropolitano di Madrid davanti a 60.739 spettatori. Le Dick Kerr Ladies sono così sono così popolari che è necessaria una scorta della polizia per aiutarle a superare la folla di tifosi all'esterno mentre si dirigono verso lo stadio, con la British-Pathé che invia delle telecamere per registrare la partita dalle linee laterali.

Il calcio di inizio viene dato da Ella Retford , una popolare attrice teatrale che all'epoca è la mattatrice del Liverpool Empire Theatre. Florrie Redford, attaccante titolare, perde il treno per la partita e viene sostituita nella formazione dalla sua solita compagna d'attacco Jennie Harris, che segna il gol di apertura. Il capitano Alice Kell, terzino destro, nel secondo tempo si sposta in attacco e segna una tripletta. Risultato finale 4-0, ma quello che conta è l'incasso: 3.115 sterline (i complicati calcoli attuariali riportano più di 150.000, sterlina più sterlina meno, di oggi).

MUNITIONETTES CUP E BELLA REAY

Nonostante la formazione di centinaia di squadre in tutto il Regno Unito, non esistono campionati: fa eccezione il Nord Est dove viene organizzato un torneo ufficiale, l'Alfred Wood Cup, donato da un uomo d'affari di Sunderland.

La *Munitionettes Cup* del 1918, una competizione tra fabbriche del Nord-Est inglese, rappresenta un momento importante del calcio femminile del periodo, con una trentina di team provenienti da tutto il Paese. La prima edizione è vinta dalle Blyth Spartans Ladies di Newcastle, guidate da un'altra stella dell'epoca: Bella Reay, figlia di minatore, attaccante esplosiva, 133 reti in una stagione. In 30 partite Con 133 gol in 30 partite, ha guidato la squadra a un record invidiabile di imbattibilità e al trionfo in diverse coppe. Il 20 agosto, due giorni dopo la schiacciante vittoria degli Spartans contro il Blyth United (10-1), il *Newcastle Daily Chronicle* pubblica un articolo intitolato "Munition Girls' Challenge Cup". Un trofeo d'argento massiccio viene donato per una competizione a eliminazione diretta tra le Munition Girls, lavoratrici delle fabbriche di munizioni. Le organizzazioni benefiche richiedono di ospitare le partite, i cui proventi vanno in beneficenza. Il trofeo prende il nome di "Alfred Wood Munition Girls Challenge Cup", ma è più comunemente chiamato "Munitionettes' Cup". Le "Munition Girls" includono le squadre femminili di varie fabbriche e stabilimenti del distretto di Tyneside. Una delle prime squadre a iscriversi è la Blyth Spartans di Bella Reay, altro simbolo del calcio femminile inglese.

Nata nell'agosto del 1900, Bella è una delle sei figlie di una famiglia operaia di Blyth, Northumberland. Il padre è un minatore e la madre una casalinga. Bella inizia a giocare a calcio a soli cinque anni, fuori dalla casa di famiglia, grazie a un vicino che le insegna i primi rudimenti del gioco. Nonostante il calcio sia considerato un gioco da uomini, Bella si appassiona immediatamente. Nel gennaio del 1917 inizia a lavorare nel molo del porto di Blyth: turni di 12 ore per scaricare le cartucce esaurite. Poco più di un anno dopo aver vinto la sua prima finale della Munitionettes' Cup nel 1918 e sei settimane dopo aver segnato l'unico gol a St. James', Newcastle, nella finale del 1919 per Jarrow Palmers, il 6 maggio nella chiesa di St Mary a Blyth, Bella sposa William Henstock, un minatore di 23 anni, morto ironia della sorte, nel 1940 sulla sua barca bombardata al largo del Tamigi. Dopo il lavoro nel cantiere navale di Blyth, Bella trova un impiego a tempo pieno nella fattoria di Tommy Morrison a Bebside fino al suo pensionamento nel 1965, a 65 anni esatti, come Lily Parr. Ha conservato i suoi risparmi in una scatola di biscotti posta sul ripiano più alto di una credenza, accanto al camino, per darli ai nipoti. Ogni tanto viene chiamata dai vicini per dare sepoltura ai morti. Forza e velocità sono rimaste intatte: ha continuato a giocare e segnare gol fino ai cinquant'anni, con ai piedi le stesse scarpe usate nel 1920. Muore al Preston Hospital di North Shields nel 1979, un anno dopo la Parr. Gli ultimi anni di vita ha convissuta con una forma di demenza.

SUPER SPARTANS

Il 17 novembre, finalmente, si gioca la partita della Coppa contro gli Aviation Athletic, con gli Spartans che vincono 4-2. Bella Reay segna ancora una volta, confermandosi come una delle principali marcatrici della squadra. Le successive partite vedono gli Spartans mantenere il loro slancio vincente, tra cui una vittoria per 5-0 contro le Newcastle Ladies. Il 12 gennaio 1918 giocano contro il North East Marine Engineering a St James's Park, vincendo con difficoltà una partita turbolenta, segnata da una contestazione che rischia di sfociare in una rissa tra gli spettatori. In semifinale le Spartans affrontano l'Armstrong-Whitworth's 57 Shell Shop: è il 9 marzo ed è ancora decisivo un gol di Bella Reay negli ultimi minuti.

La finale, contro Bolckow Vaughan, è fissata per il 30 aprile 1918: 0-0 e una nuova gara che tarda ad arrivare per difficoltà logistiche. Il 14 maggio il via libera: la finale della Munitionettes' Cup si giocherà all'Ayresome Park il sabato successivo. Poche modifiche per le Spartans: Mary Lyons di Jarrow viene inserita come interno sinistro al posto di Dolly Allen. Particolare da non sottovalutare: Mary ha già giocato nel torneo per un'altra squadra, i Palmers ma gli organizzatori fanno finta di niente. Nel tabellino c'è un'altra novità: nel ruolo di terzino sinistro, appare Hannah Weir, ma si tratta di Hannah Malone che gioca con il suo nuovo nome da sposata.

Le formazioni.

Blyth Spartans: Lizzie James, Hannah Weir, Nellie Fairless, Agnes Sample, Martha O'Brien, Bella Metcalfe (cap.), Ada Reed, Annie Allen, Bella Reay, Mary Lyons, Jennie Morgan
Bolckow, Vaughan: Greta Kirk, V. Martin, Amelia Farrell, E. Rowell, Emily Milner, Anne Wharton, Mary Mahon, Mercy Page, Winnie McKenna (cap.), Gladys Reece, A. Leach

22.000 spettatori accorrono per assistere allo scontro decisivo. Spartans devono dare il calcio d'inizio contro sole e vento, ma nel giro di dieci minuti si portano in vantaggio grazie a Jennie Morgan. Segneranno altri quattro gol. Il *Blyth News* riporta che "Bella Reay e Mary Lyons sono perfettamente a loro agio: la prima è autrice di una tripletta. La seconda viene ripetutamente acclamata per il suo gioco e per il dribbling, che raggiunge un punto di brillantezza quando, superando in successione quattro avversarie, si lancia, supera la quinta, il portiere, assicurando così il quinto e ultimo gol." Le Spartans tornano a casa accolte come eroine.

La squadra non si adagia sugli allori: due giorni dopo la finale, accolgono l'Armstrong-Whitworth's 58 Shop a Croft Park. La Munitionettes' Cup è in mostra, per la gioia dei loro fan, e gli Spartans danno loro un altro motivo per essere felici battendo 58 Shop 4-0. Bella Reay segna un gol e la quattordicenne Mary Lyons, ormai tiutolare fissa, festeggia con una tripletta.

GAME OVER

Alla fine del fantastico 1921, arriva per il calcio femminile la doccia fredda, anzi "scozzese": il 5 dicembre la Football Association approva all'unanimità una risoluzione in cui dichiara che il calcio "non dovrebbe essere incoraggiato" tra le donne. Ordina a tutti i club dell'associazione "di rifiutare l'uso dei loro campi per tali partite." Poiché i club dell'associazione possiedono praticamente tutti gli stadi e il calcio femminile su larga scala viene, di fatto, bandito. Per il *Lincolnshire Chronicle* del 9 aprile 1921 diventa una notizia il caso di una ragazza di 14 anni che si è rotta una gamba durante una partita di allenamento, il che "rafforza la tesi secondo cui il calcio è un passatempo inadatto al sesso debole".

La FA aveva riavviato il campionato maschile nell'estate del 1919. Due milioni di britannici, uomini, hanno smesso la divisa. Ci sono serie preoccupazioni per il tasso di natalità: molti, troppi, giovani sono morti. Le donne devono tornare a casa per "fare il loro dovere". Non solo: l'attività benefica delle calciatrici ha spostato il tiro dall'aiuto ai militari a quello verso il movimento operaio e i sindacati. Quelle donne, già poco sopportate, stanno diventando politicamente pericolose.

Il ruolo delle munitionettes si inserisce in un contesto più ampio di lotta per i diritti delle donne, rappresentato in Gran Bretagna dalle *suffragettes*. Questo movimento, guidato da figure come Emmeline Pankhurst e le sue figlie, lotta per il suffragio universale e per il riconoscimento dei diritti delle donne. Le suffragette, con azioni spesso eclatanti e disobbedienza civile, chiedono che le donne possano partecipare attivamente alla vita politica e sociale del Paese.

Il calcio ha rappresentato un'opportunità cruciale come esempio della capacità e del valore delle donne in ruoli tradizionalmente riservati agli uomini. Questa visibilità e dimostrazione di competenza ha contribuito a cambiare la percezione delle donne nella società, ponendo le basi per future conquiste in termini di diritti e uguaglianza. Nel 1918, grazie anche alle pressioni delle suffragette e alla dimostrazione dell'importanza del contributo femminile durante la guerra, il Parlamento britannico approva il *Representation of the People Act*, che concede il diritto di voto alle donne di età superiore ai 30 anni che soddisfano determinate condizioni di proprietà, un passo importante verso l'emancipazione femminile, dimostrando che le donne possono e devono avere un ruolo significativo nella società. Nel 1928, viene approvato un ulteriore atto legislativo che estende il diritto di voto a tutte le donne di età superiore ai 21 anni, segnando una vittoria fondamentale per il movimento suffragista.

Per quanto riguarda il calcio simili si diffondono in tutto il mondo: lo slancio e il fervore che si era costruito si ferma bruscamente. Molte squadre nate nelle fabbriche di munizioni scompaiono rapidamente lo sport, per le donne, appassisce velocemente.

Trenta squadre provenienti da tutta l'Inghilterra si incontrarono a Liverpool il 10 dicembre 1921 per formalizzare l'*English Ladies Football Association* (ELFA) con l'"obiettivo di "rendere popolare il gioco tra le ragazze e aiutare la beneficenza". L'anno seguente si tiene la prima e unica competizione ELFA Challenge Cup. Vincono le Stoke Ladies che battono le Bentley Ladies, 3-1 nella finale del giugno 1922.

Il divieto potrebbe avere avuto non solo una componente sessista, ma anche finanziaria, poiché molte partite femminili vengono giocate a scopo benefico, mentre la FA ha bisogno delle entrate generate dal calcio maschile, più commerciale. Inoltre, niente più arbitri e dirigenti federali. Un colpo mortale.

Nel frattempo c'è anche la crisi delle miniere: quando i proprietari riottengono il controllo dei loro impianti dopo che il governo li aveva praticamente nazionalizzati per lo sforzo bellico. I proprietari chiedono immediatamente un taglio salariale fino al 45% per 'ristabilire la redditività',con conseguente lockout e terribili privazioni nelle aree minerarie, dove le famiglie vengono sfrattate dalle case aziendali e affrontano miseria e persino la fame. Le squadre di calcio si riformano e si raccolgono fondi per le famiglie dei minatori. I minatori vengono sconfitti dopo tre mesi e le miniere riaprono con salari drasticamente ridotti.

Le Dick, Kerr Ladies sono fortunate ad avere il proprio campo da gioco grazie all'acquisto di Ashton Park da parte della Compagnia alla fine del 1919. Nel 1922 attraversano l'Atlantico per partecipare a un altro tour calcistico. Arrivano a Quebec il 22 settembre 1922, solo per essere informate che la Dominion FA ha rifiutato il permesso di giocare in Canada, e inoltre non ci sono squadre femminili contro cui giocare. Scoprono anche che durante il tour dovranno giocare contro squadre maschili negli Stati Uniti. Sono devastate e non hanno altra scelta che accettare di giocare, decidendo di considerare l'esperienza come un esperimento. Il tour dura nove settimane. Giocano 9 partite, ne vincono 3, pareggiano 3 e ne perdono 3. A Washington, D.C. finisce 4-4, ma la cosa più importante è la presenza del presidente Warren G. Harding che dà il calcio d'inizio e autografa il pallone.

Nel 1926 cambiano il loro nome in Preston Ladies, ma continueranno a essere conosciute come le famose Dick, Kerr Ladies fino ai giorni nostri.

Nel 1937 vengono sfidate dalle Edinburgh Ladies a giocare una partita per il Campionato del Mondo. Le ragazze scozzesi si considerano la migliore squadra della Scozia e vogliono mettere le cose in chiaro. La squadra di Preston accetta immediatamente la sfida e la partita si svolge a Squires Gate, Blackpool, nel settembre di quell'anno, e le Edinburgh vengono sconfitte per 5-1.

Durante i loro incredibili quarantotto anni, raccolgono una somma di circa 180.000 sterline per beneficenza, che oggi avrebbe un valore di oltre 10 milioni di sterline.

Ostacolato dalla mancanza di strutture di dimensioni decenti, una parvenza di calcio femminile continua disperatamente a resistere per tutti gli anni '30, '40, '50 e per gran parte degli anni '60. Qualche indomabile appassionata continua a giocare, si organizzano squadre locali. Le partite si disputano in sedi di rugby e campi più piccoli che non possono ospitare molti tifosi: nel 1947, la *Kent County Football Association* sospende un arbitro perché, nei ritagli di tempo, fa il manager per il Kent Ladies Football Club: "il calcio femminile getta discredito sul gioco". Il Manchester Corinthians Ladies FC viene fondato nel 1949: giocano al Fog Lane Park a Didsbury, un sobborgo a sud della città., ma le calciatrici, dopo le partite, devono lavarsi nel locale stagno tra le anatre, visto che non c'è acqua corrente negli spogliatoi. La squadra comunque ha molto successo, vincendo molti trofei nazionali nei primi due anni di vita.

[1] https://spartacus-educational.com/FnorrisA.htm

GINNASTICA E MOSCHETTO

La storia della ginnastica italiana è legata alla nascita e allo sviluppo dello Stato unitario e all'affermarsi della scuola pubblica: l'inizio della modernizzazione del Paese va di pari passo con una nuova concezione del rapporto con il corpo e con l'agonismo e l'educazione fisica viene inserita nei programmi scolastici con lo scopo di far crescere cittadini più sani. Accanto all'analfabetismo e in un contesto di scarsissima cultura motoria, c'è il problema del rachitismo, della malaria, della pellagra, della tubercolosi e di tante altre malattie causate da diete povere e da cattive condizioni di vita e di lavoro.

Le premesse di un diverso rapporto con il corpo e la sua educazione erano già state gettate tanto nel Regno di Sardegna che in quello delle Due Sicilie: a Torino Carlo Alberto cerca di dotarsi di un sistema più moderno e in linea con gli altri Paesi europei, magari in stretto collegamento con le attività dell'esercito; a Napoli, Ferdinando II di Borbone istituisce una Commissione per la riforma della pubblica istruzione con a capo Francesco De Sanctis, letterato e studioso, subito molto attento all'educazione fisica visto che ha che fare con quel *"sistema pessimo di costringere i fanciulli inquieti e mobili per loro natura a una continua attenzione e immobilità"*.

Il concreto artefice dell'introduzione dell'istruzione ginnica in Italia è **Rudolf Obermann**, nato a Zurigo nel 1812, in Italia dal 1833 per curare l'educazione fisica del giovane principe Vittorio Emanuele, futuro re d'Italia. Obermann ha l'incarico di preparare anche gli allievi del corpo di artiglieria e, in seguito, i bersaglieri di La Marmora: occorre introdurre i principi e le tecniche delle scuole di ginnastica tedesche di ispirazione militare nella preparazione dell'esercito dello stato piemontese. Il 9 giugno 1844, Obermann fonda, insieme ad alcuni notabili torinesi, la prima vera società sportiva italiana, la **Reale Ginnastica Torino**. Immediatamente si accende un accanito dibattito sui principi base della disciplina, con protagonisti Emilio Baumann e Costantino Reyer, cresciuti nella scuola di Obermann, ma con un percorso personale che si allontana da quello del maestro: la ginnastica si deve rivolgere più al benessere del corpo che a obiettivi militari. Baumann, Reyer insieme a Pietro Gallo rivendicano anche il diritto di tutte le classi sociali, maschi e femmine, ad avere un'educazione fisica. E sono proprio Costantino Reyer e Pietro Gallo a fondare **La Ginnastica**.

"*L'istituzione della Società torinese rappresenta il tentativo di dare connotati civili all'educazione del corpo. E, di fronte alla prova dell'universalità della ginnastica, lo Stato cerca di utilizzare questa nuova disciplina adattandola alle sue necessità. Benché già nel 1862 si parli di giochi ginnastici come passo volante, cavallina, getto della palla di ferro al bersaglio, tiro alla fine, uomo nero, caccia al circolo, oppure si praticano lunghe passeggiate ginnastiche, è sempre l'addestramento dei giovani alla vita militare a tenere desto l'interesse dello Stato piemontese: la teoria propugnata da Obermann, proprio per il suo carattere militarista, è ampiamente funzionale alle sue esigenze. Inserito in un percorso educativo che prevede il coinvolgimento dei giovanissimi e applicato con rigidità, il metodo scivola però quasi spontaneamente nella pedanteria e nel meccanicismo. Il neonato Regno d'Italia non fa altro che lasciare inalterata questa visione dell'attività fisica organizzata, e, dando campo libero ai privati, i quali stanno fondando le società ginnastiche finisce per demandare loro i compiti di istruzione; sono infatti solo alcuni municipi a rendersi conto dell'importanza dell'educazione fisica nella scuola e a disciplinarne localmente le attività*".[1]

Il 13 novembre 1859 il parlamento sabaudo approva la legge Casati (dopo l'unificazione sarà estesa all'intero territorio nazionale), che introduce, in tutti gli istituti superiori, l'insegnamento della ginnastica e degli esercizi militari. Con il decreto n. 97 del 13 luglio 1861, presso la *Reale Società Ginnastica di Torino* viene istituito un corso magistrale trimestrale, finalizzato alla formazione degli insegnanti di ginnastica. Sulla scia di queste disposizioni, qualche anno più tardi, prima con la legge Coppino (1877, famosa per aver finalmente imposto l'istruzione obbligatoria) e poi con la legge n. 4442 del 7 luglio 1878, voluta da De Sanctis, si introduce l'insegnamento obbligatorio della ginnastica in tutte le scuole di ogni ordine e grado. La diffusione sul territorio nazionale delle nuove scuole magistrali di ginnastica è tutt'altro che omogenea: mancano palestre, insegnanti, fondi. I maestri devono essere reclutati tra il personale militare: il fine è quello di sviluppare nei fanciulli il *"sentimento dell'ordine e il coraggio"* e *"rifare il sangue, ricostruire la fibra, rialzare le forze vitali è il motto non solo della medicina, ma della pedagogia"*.

Per le bambine e le ragazze dell'Ottocento non esistono raccomandazioni per attività fisiche vere e proprie. Al massimo, si suggerisce di fare passeggiate all'aria aperta e qualche "passeggiata igienica" nei parchi cittadini, attività modeste ritenute sufficienti per garantire i benefici del movimento e uno sviluppo fisico armonioso.

Nel 1867, sempre a Torino, viene istituita una scuola di ginnastica preparatoria femminile per maestre e signorine di buona famiglia: le donne non votano, non possono essere votate e potranno frequentare liceo e università solo dal 1874.

Nelle scuole entrano discipline sportive e relativi attrezzi: la palla e il volano alle elementari, il tiro a bersaglio, la scherma, il giavellotto e il disco alle superiori. Dal canto loro, le ragazze si dedicano al volano e saltano alla corda. Si tratta di esercizi obbligatori che vengono insegnati e valutati con finalità educative. Nella commissione incaricata della stesura dei programmi relativi alla legge del 1878, il rappresentante del Ministero della Pubblica Istruzione è affiancato da quello del Ministero della Guerra. Le politiche educative di tutte le nazioni europee si concretizzano con modalità alquanto diverse. In Gran Bretagna prevale la "scelta dello sport e dell'aria aperta" con una lenta ma progressiva formalizzazione, all'interno del sistema scolastico nazionale, dei giochi tradizionali, con una valorizzazione dell'aspetto di battaglia simulata e con la richiesta di grinta, lealtà e spirito di squadra. In Italia invece, viene privilegiata l'analogia con i gesti della scherma e del tiro a segno e una ginnastica da svolgersi in palestra, al chiuso:: l'inquadramento fisico come specchio dell'inquadramento mentale.

Alla fine del XIX secolo, comunque, la Gran Bretagna si impone come modello di riferimento, la via moderna per la formazione del "cittadino-soldato". La ginnastica diventa fondamentale per la crescita fisica e la preparazione al ruolo di cittadino esemplare, fedele al Re e difensore dei confini patrii, ma ai ginnasiarchi non sfugge che i britannici hanno costruito un impero dando centralità ai giochi di squadra e agli sport agonistici. Per contrastare la diminuzione di iscritti alle società di ginnastica locali e nel tentativo di coinvolgere i giovani studenti, nel novembre 1895, la FGI invita le affiliate a introdurre sezioni per il *calcio*, il *tamburello* e la *palla vibrata* detto anche *sfratto*. Lo sfratto è uno sport di squadra che arriva dalla Germania ma si ispira a un antico gioco greco. Si usa la palla vibrata, che è anche il nome della varietà più diffusa del gioco: un pallone di cuoio, piuttosto pesante, 1500 grammi, generalmente riempito di crine animale, al quale è legata una impugnatura flessibile, anch'essa di cuoio o di corda, lunga non più di 9 centimetri.

Nel 1874 c'è la scissione all'interno della Federazione Ginnastica Italiana: nasce la Federazione delle Società ginnastiche d'Italia. Anche Edmondo De Amicis entra in contatto, a Torino, con l'ambiente sportivo. Nel romanzo *Amore e ginnastica*, del 1892, la protagonista è un'appassionata maestra, Maria Pedani, sostenitrice di Baumann e dei suoi principi educativi, che pratica nelle scuole dove insegna.

Ne *Il romanzo di un maestro*, del 1886, De Amicis fa riferimento all'obbligatorietà della disciplina e all'esigenza di formare gli insegnanti: alcune suore, alla luce dei nuovi programmi e in barba ai loro obblighi religiosi, seguono lezioni di ginnastica. *Gli azzurri e i rossi*, pubblicata nel 1897, è verosimilmente la prima opera della letteratura italiana in cui lo sport è protagonista. De Amicis racconta del *"pallone con il bracciale"*, lo spettacolo atletico più popolare in Italia fino agli anni Venti: i professionisti dell'epoca sono tra gli atleti più ricchi del mondo. Al fuoriclasse Carlo Didimi Giacomo Leopardi aveva dedicato l'ode: *"A un vincitore nel pallone"*. Nel 1830 Didimi richiede per una sua esibizione un compenso pari a non meno di 600 scudi romani mentre un maestro elementare dello Stato Pontificio intasca dai 25 ai 60 scudi l'anno.

Nel 1888, con il Congresso federale di Modena, si ricompone la frattura delle federazioni ginniche. Perde peso l'ala "militare" e le società ginniche si trasformano in società sportive con all'interno diverse specializzazioni: nuoto, canottaggio, podismo e ciclismo. Intanto nascono nuovi periodici dedicati esclusivamente al "velocipedismo" a partire dal fiorentino "Cappa e Spada".

La nascita dello sport e di una serie di pubblicazioni tematiche va di pari passo con il processo di industrializzazione e lo sviluppo dell'associazionismo: nei primi anni del Novecento in Italia sono attive circa cinquemila società sportive e i praticanti sono poco più di centomila. Lo sport prende sempre più piede, nonostante il tempo "libero" sia decisamente limitato: la giornata media professionale si protrae dall'alba al tramonto. La nuova parola d'ordine è divertire: la stessa parola *sport*, che nel 1881 entra nel lessico quotidiano deriva dall'antico francese *se déporter*, "svagarsi", "divertirsi".

Nascono le federazioni, chiamate a vigilare sull'attività delle singole discipline. La prima è quella della ginnastica, appunto, fondata a Venezia nel 1869, seguita, per quanto riguarda i principali sport, dal ciclismo (1885) e dal canottaggio (1888). Le federazioni incontrano qualche difficoltà a organizzare eventi e manifestazioni: in soccorso arrivano i giornali sportivi, che si rendono protagonisti della promozione di un'infinità di gare e competizioni. La ginnastica, obbligatoria tra i banchi di scuola dal 1878, non incontra il favore degli studenti. Risulta noiosa e costringe i ragazzi a respirare l'aria chiusa delle aule scolastiche. Il football, invece, affascina per il suo aspetto di "gioco all'aperto", dinamico e collettivo: con il suo aspetto dinamico e collettivo, incuriosisce e appassiona.

Nel 1895, il senatore Gabriele Luigi Pecile di Udine apre un *"Campo di Giuochi"* e pubblica un manuale rudimentale di football. La scuola calcistica del Nordest di derivazione ginnica affianca l'altra matrice formativa legata all'attività della comunità inglese presente a Genova dove mercanti e marinai britannici improvvisano sfide che incuriosiscono gli spettatori locali. È nelle principali città marittime (Genova, Livorno, Napoli, Palermo) che vengono disputate le prime partite di calcio: sono i marinai inglesi a promuovere incontri di football, spesso disputati sui moli dei porti.

Quello degli spazi è un bel problema: mancano impianti adeguati e ci si arrangia come si può nei *"pubblici piazzali"*. La società ginnica Mediolanum, sorta nel 1896 nel capoluogo lombardo, ad esempio, ospita nel suo atto di nascita la missione di *"promuovere l'apertura di pubblici piazzali per gli esercizi fisici e i giuochi, stabilire le norme per l'esecuzione di detti esercizi e renderle popolari con opportune ed economiche pubblicazioni, raccomandare alle società di ginnastica e di sport di favorire la pratiche dei giuochi e di dare ad essi posto nei concorsi"*.

La ginnastica femminile conosce una graduale diffusione, soprattutto tra i ceti medio-alti: occorre temprare il corpo e migliorare la salute. Manuali, riviste e galatei, si adeguano alle nuove teorie mediche e iniziano a consigliare alle donne di andare in bicicletta, pattinare, remare, nuotare e giocare a tennis durante le vacanze. Ma con moderazione. È comunque l'inizio di un cambiamento radicale nei costumi e nella mentalità, anche se, per ragioni economiche e sociali, il tutto è ancora riservato a poche privilegiate.

La partecipazione femminile alle attività atletiche è disapprovata, non solo in Italia ma anche in quei Paesi dove la lotta per l'emancipazione femminile è molto più avanti.

L'opposizione allo sport femminile si fonda su ragioni morali e fisiologiche: è sconveniente che una donna pratichi attività atletiche e il corpo femminile è troppo fragile per sostenere lo sforzo fisico.

Accanto ai concorsi di ginnastica (nel 1901 le società affiliate alla federazione sono 120), sempre più numerose sono corse e marce organizzate su medie e lunghe distanze.

In molte città si corrono i giri dei bastioni e delle mura urbane, diverse competizioni prevedono premi anche in denaro per invogliare la partecipazione di quanta più gente possibile. E parecchie manifestazioni sportive vengono battezzate come *popolari*: lo scopo è quello di renderle aperte a tutti.

Il canottaggio si pratica nei fiumi, in mare, nei laghi e nelle acque dei canali cittadini, mentre il nuoto, in assenza di piscine, viene praticato nei bacini e nei corsi d'acqua naturali. È il lago di Bracciano a ospitare, nell'agosto del 1898, il primo campionato italiano di nuoto: c'è un'unica specialità, quella del miglio marino vinta da Arturo Saltarini. Bisognerà attendere 25 anni, il 1923, prima che un campionato italiano venga disputato in una piscina: l'impianto del Centro di Educazione Fisica di Roma alla Farnesina.

Nel 1907 Ida Nomi Pesciolini, Maestra di sport alla Polisportiva Mens Sana in Corpore Sano, entra in possesso di un libricino scritto da *The Doc* sedici anni prima. Convinta delle potenzialità del nuovo gioco, lo traduce in "palla al cerchio" e organizza, la sera del 27 aprile, la prima partita presso la piccola palestra Sant'Agata di Siena. Lo spazio è talmente esiguo che il match deve essere interrotto, come riportano le cronache dell'epoca. Nonostante ciò, l'esperimento entusiasma il pubblico e Ida, convinta che lo sport sia "particolarmente adatto alle signorine", decide di presentarlo al "Concorso Federale Nazionale di Ginnastica" di Venezia nel maggio del 1907. È un'intuizione determinante, poiché rappresenta il primo passo verso la diffusione in tutta Italia del *Basket-ball, giuoco ginnastico per giovinette*. Ma le "giovanette" devono rimanere lontane dalle competizioni agonistiche, comunque rare e praticamente assenti nel Mezzogiorno e nelle aree rurali.

In Italia non esistono federazioni sportive femminili, come in alcuni Paesi del Nord Europa, né associazioni che aderiscano alla Federazione sportiva internazionale, fondata nel 1921 in Francia.

VENTI SPORTIVI[2]

Gli anni Venti segnano l'affermazione dello sport in Italia. L'inurbamento, la diminuzione e la regolarizzazione degli orari di lavoro, liberano una quota di tempo e favoriscono l'esplosione del fenomeno "sport". Le folle accorrono per acclamare i campioni del volante e del pedale, il calcio fa conoscere i suoi eroi e numerosi fogli sportivi vedono la luce con una crescita travolgente: nascono dieci testate nel 1919, quattro nel 1920, otto nel 1921, dodici nel 1922, altrettante nel 1923. Si tratta di supplementi a quotidiani politici, riviste per una disciplina specifica o che sorvegliano l'attività di una città o di una regione, bollettini federali e sociali.

Ma gli anni Venti sono indelebilmente segnati da altre questioni. Il 30 ottobre 1922, Benito Mussolini, viene incaricato dal re Vittorio Emanuele III di formare il nuovo governo: è l'epilogo dell'eversiva "marcia su Roma". Il fascismo pianta saldamente le sue radici nei gangli dello stato liberale. Il giorno prima, il 29 ottobre un gruppo di camicie nere aveva assaltato la tipografia milanese della Gazzetta: entrati in redazione avevano tagliato i fili del telefono. Due giorni dopo il direttore Emilio Colombo cerca di tenere il giornale fuori dalle tensioni scrivendo che si è *"certamente trattato di un equivoco"*.

Nel 1924 si tengono le elezioni con un nuovo sistema elettorale: il "listone" guidato da Mussolini ha 356 eletti, in Parlamento entrano 275 iscritti al PNF. Il rapimento e l'assassinio, il 10 giugno del deputato socialista Giacomo Matteotti, a opera di una squadra fascista, segna il punto di non ritorno: nel 1925 Mussolini approva leggi draconiane contro l'opposizione, l'anno successivo scioglie di forza ogni partito o associazione contraria al regime. È l'inizio della dittatura.

Mussolini persegue il sogno della "nazione sportiva": intervento dello Stato, dilettantismo, collettivismo e salutismo, i quattro cardini, con l'Opera Nazionale Dopolavoro e l'Opera Nazionale Balilla a costituire il fondamento organizzativo. Poi c'è il Comitato Olimpico Nazionale Italiano, l'organismo liberale nato nel periodo anteguerra, che da semplice ente deputato all'invio della rappresentativa azzurra ai Giochi Olimpici, viene trasformato in una "Federazione delle Federazioni"' con compiti di direzione e controllo sull'impalcatura privata del sistema federazioni/società sportive. Il CONI passa alle dirette dipendenze del Partito Nazionale Fascista: il fascio littorio affianca i cerchi olimpici sotto l'impulso di Lando Ferretti, già vice-direttore de La Gazzetta dello Sport.

Sempre nel 1924 si verifica una vera esplosione dell'editoria sportiva: diciassette nuove testate, tra cui il bolognese *Corriere dello Sport* e il napoletano *Tutti gli Sports*, o le milanesi *La Domenica Sportiva* e *Lo Sport Illustrato*. A Forlì nasce il settimanale *Romagna Sportiva*, mentre l'anno precedente era andato in stampa, a Bologna, *La Pedata*: fondata e diretta da Rodolfo Minelli, si definisce "primo organo sportivo fascista italiano".

Fino alla svolta autoritaria del 1925, Mussolini e i suoi collaboratori faticano a sviluppare una visione coerente riguardo lo sport. Le incertezze di una politica oscillante tra spinte sovversive e tendenze al compromesso politico-istituzionale si riflettono anche nelle prime iniziative contraddittorie in tema di educazione fisica, addestramento premilitare e attività sportiva.

Anche dopo il consolidamento del regime, in ambito sportivo prevalgono elementi di continuità con il periodo liberale piuttosto che di rottura. Il fascismo attinge ampiamente dal patrimonio culturale risorgimentale, nazionalista e futurista, mantenendo molte delle strutture preesistenti. Il progetto di creare una "Corporazione dello sport" rimane solo sulla carta, e il tentativo di sviluppare uno "sport italiano" in concorrenza con i giochi britannici fallisce. Nel 1929, Augusto Turati caldeggia la diffusione del la "volata", un misto tra calcio e rugby ispirato ad antichi giochi come l'harpastrum e il calcio fiorentino. Ma nonostante gli sforzi propagandistici la disciplina non suscita alcun interesse.

Sia la distinzione tra "sport fascisti" e "sport anglosassoni» sia il motto «molti partecipanti, pochi spettatori" vengono abbandonati a favore di un pragmatismo che porta ad accettare lo sport spettacolo e professionistico, inizialmente osteggiati. Le principali innovazioni nello sport riguardano soprattutto l'intervento diretto dello Stato, che amplia le sue funzioni di controllo e coordinamento.

Contrariamente ai governi liberali, il fascismo fa ingenti investimenti nello sport, inizialmente visto come esercizio fisico e esibizione del corpo, e poi sempre più come agonismo e spettacolo. Lo sport viene utilizzato come strumento di rigenerazione fisica, nazionalizzazione autoritaria, controllo, propaganda e prestigio internazionale. Si attribuisce grande importanza alla dimensione simbolica ed estetica, introducendo nello sport riti e liturgie di una nuova «religione civile», funzionale a rendere più comprensibile la dottrina e l'azione fascista. Con il consolidamento del regime totalitario, si afferma l'idea che l'intera società debba essere irregimentata e che il tempo libero degli italiani non debba essere un affare privato. L'educazione fisica e lo sport diventano strumenti pedagogici per politicizzare i cittadini, «migliorare la razza» e formare un «uomo nuovo», sia lavoratore che soldato. È anche strumento fondamentale di educazione per le nuove generazioni: l'attività motoria è considerata essenziale per il rafforzamento fisico e caratteriale dei giovani e lo sport entra così nella quotidianità di bambini e ragazzi

Il fascismo promuove lo sport non solo per controllare la società e superare le divisioni di classe, ma anche per costruire una «fabbrica del consenso». Ma il «modello sportivo fascista» è un percorso irregolare segnato da qualche intuizione e notevoli incoerenze con continui conflitti interni tra i gerarchi. Un dato su tutti: tra il 1922 e il 1944, ben dodici presidenti si susseguono alla guida del CONI.

La "Carta dello Sport" (30 dicembre 1928) fornisce un primo orizzonte organizzativo del settore suddiviso tra l'Opera Nazionale Balilla (sport per i giovani), il CONI (agonistica) e l'Opera Nazionale Dopolavoro (sport per tutti). In questi anni viene poi completata la fascistizzazione del CONI, iniziata nel 1926 e proseguita per tutto il ventennio fascista. Nascono l'Aeroclub (1926), il Motoclub (1927), la Federcaccia (1939) e, nel 1933, la Federazione degli sport invernali (FISI). Viene applicato un progetto "totalitario" allo sport, con un corposo piano di investimenti in infrastrutture e nelle pratiche ginnico-atletiche, funzionali alla mobilitazione del consenso. Al momento di entrare in guerra nel 1940, l'Italia ha 11.267

società sportive con 657.038 atleti inquadrati nel CONI e 520 società e 420.000 appartenenti a GIL-GUF e OND.

Sulla spinta verso la costruzione di un vocabolario italiano dello sport, nei giornali parte una campagna per la pulizia dei termini
stranieri. Nel 1935, il caporedattore del Littoriale, Petroselli, in
piena ripresa della querelle linguistica per via delle "inique sanzio-
ni" imposte dalla Società delle Nazioni, argomenta sulla rubrica
Italianamente la sostituzione della parola "sport" con "diporto", col
conseguente obbligo di uno dei due quotidiani "diportisti" in circolazione di mutare nome e divenire '"La Gazzetta del Diporto". Si
suggerisce di utilizzare al posto di tennis "pallacorda", per il rugby
"pallovale" e per l'hockey "disco al maglio su ghiaccio": ma gran
parte di queste indicazioni rimangono sulla carta, complice anche
la necessaria brevità dei titoli a una colonna, classica collocazione
degli "sports" minori. Nel 1940 l'utilizzazione di forestierismi per
le insegne commerciali è considerato reato e punito con l'arresto
fino a sei mesi.

E non si può tollerare che una squadra di calcio si chiami Inter,
che oltretutto sta per Internazionale: così il club viene ribattezzato
Ambrosiana. Il campione d'Italia di tennis Kucell, che è nato a
Fiume, deve cambiare il cognome in Cucelli, da lui preferito a
Cuicchi e Cucchioni, alternative che il regime gli aveva democrati-
camente offerto.

Sulla stampa sportiva liberale l'uso delle parole straniere è
spropositatamente elevato, anche perché gli sport dei quali si parla
erano stati tutti inventati, e per lo più praticati, all'estero. Le firme
più autorevoli, poi, si crogiolano tra vocaboli tipo *voyant, match,
back* e *pelouse* che all'uomo medio (al quale peraltro il giornale sportivo non era all'epoca destinato) suonano incomprensibili. Nello
sport, quindi, l'aspetto della nazionalizzazione linguistica si fonde
con l'obiettivo di rendere i giornali effettivamente fruibili dalle
masse.

Qualcuno riconosce che «*non bisogna esagerare. Abbiamo visto tra-
durre record con massimo. Allora il record italiano dei cento metri è il massimo tempo in cui si corrono i cento metri in Italia: sarà piuttosto il minimo*».
Alla fine la scrematura linguistica proviene non dalle istruzioni di
vertice ma dal basso, grazie alla diffusione delle pratiche agonistiche e l'elaborazione lessicale che viaggia parallelamente.

Superata la questione linguistica dei forestierismi, alla fine degli anni '30 il fascismo propone di ripulire la lingua italiana anche dall'eccesso di enfasi che caratterizza gli articoli sportivi: per tutto il periodo il racconto sportivo rimane però caratterizzato da un linguaggio decisamente retorico e pienamente inserito nel carattere nazionalista dell'Italia di quegli anni.

Il regime intraprende un investimento politico in sport individuali in sintonia con l'ideologia fascista: l'automobilismo, perché rappresenta la velocità e il rischio, l'atletica che richiama valori del mondo classico o la boxe che esalta la virilità e lo scontro fisico. Anche il ciclismo si presta ad essere sfruttato in chiave propagandistica ma i suoi tratti "plebei" contrastano con la volontà di modernizzazione. Tra gli anni Venti e Trenta, oltretutto, il ciclismo è percorso da profondi mutamenti che riguardano il modo di correre, il profilo dell'atleta, l'organizzazione delle corse: diminuisce la lunghezza delle gare, gli sviluppi tecnologici della bicicletta facilitano il ciclista, i regolamenti diventano meno severi.

Vincere non significa più necessariamente emergere in una prova di resistenza alla fatica rigorosamente individuale. I regolamenti non scoraggiano come in passato qualsiasi forma di collaborazione tra i corridori, favorendo, anzi, un'evoluzione verso il gioco di squadra. C'è un "capitano" intorno al quale si muovono i gregari pronti ad aiutarlo. Magari rinunciando a esprimere le proprie possibilità agonistiche. Si afferma uno stile di corsa fondato sul binomio "campionismo/gregarismo" nel quale convergono gli interessi del fuoriclasse e delle industrie ciclistiche che finanziano le squadre. E le Case programmano la stagione sportiva in funzione *"dell'uomo di più vasta eco pubblicitaria"*.

DONNE FATTRICI

Anche l'atteggiamento nei confronti dello sport femminile è ambiguo, Negli anni della dittatura si sviluppa un dibattito sull'opportunità che le donne partecipino alle attività sportive, sottolineando i rischi che determinate discipline possono rappresentare per il corpo femminile. I congressi della Federazione italiana di medicina dello sport, fondata per volere del PNF nel dicembre del 1929, affrontano frequentemente la questione, suggerendo che le donne possano praticare sport, ma in modo limitato rispetto agli uomini. Occorre dare figli alla Patria e l'attività fisica contribuisce positivamente allo sviluppo delle bambine, rendendole più resistenti e aumentando la loro fecondità: lo sport fa diventare madri più forti, capaci di dare alla luce figli sani e robusti. Una volta sposate, però le donne dovranno cessare la pratica sportiva, per dedicarsi a tempo pieno alla loro "attività di fattrici".

In questa ottica, il regime incentiva l'educazione fisica delle donne, attraverso le organizzazioni giovanili del PNF. I saggi di ginnastica femminile, spesso alla presenza di Mussolini, vengono documentati dalla stampa e dai cinegiornali dell'Istituto Luce, dimostrando come il regime intenda sfruttare lo sport femminile.

Il fascismo, pur focalizzandosi sull'ideale della donna madre, robusta e feconda, finisce per contribuire in modo involontario all'emancipazione femminile. Le donne sportive, promosse e celebrate dal regime, diventano un simbolo di forza e indipendenza, rompendo con l'immagine tradizionale della donna fragile e sottomessa. Le attività sportive, inizialmente promosse per fini demografici e di salute pubblica, aprono la strada a una nuova consapevolezza delle capacità fisiche e mentali delle donne, contribuendo a modificare la loro percezione sociale.

Il regime fascista non prevede che la liberazione del corpo femminile influenzi lo spirito e il comportamento delle donne, che iniziano a superare tabù e falsi pudori. L'educazione fisica non solo migliora la salute e l'estetica, ma anche la fiducia nelle proprie capacità, preparando le giovani a una vita futura più equilibrata e consapevole.

L'immagine della donna sportiva diventa sempre più comune sui media: riviste, giornali, manifesti e manuali di tecnica sportiva cominciano a rappresentare donne giovani, forti, abbronzate e vivaci, distanti dall'ideale della donna fragile e sottomessa. Sebbene il regime promuova l'educazione fisica con l'intento di preparare le donne al ruolo di madri prolifiche, l'effetto collaterale è l'emergere di un nuovo modello di donna, più consapevole delle proprie capacità fisiche e mentali, meno legata ai vecchi pregiudizi sociali. Questo nuovo tipo di donna, pratica e amante dell'attività fisica, inizia a scardinare i tradizionali ruoli di genere imposti dalla società.

Resta viva, però, la polemica su quali sport praticare a tal fine, con alcuni sport tassativamente proibiti alle ragazze e altri poco incoraggiati. La ginnastica rimane la regina delle attività femminili, ma anche altri sport, come il nuoto, il pattinaggio e la pallavolo, sono praticati su larga scala.

Le poche donne che praticano sport agonistico, spesso appartenenti all'aristocrazia o all'alta borghesia e vengono viste come eccentriche o stravaganti. A. Cominciare dalla baronessa Maria Antonietta Avanzo, pilota automobilistico che inizia a gareggiare nel 1920, a 38 anni, partecipando alle più importanti competizioni dell'epoca, tra cui la Mille Miglia, la Targa Florio e le 500 miglia di Indianapolis.

C'è anche la forte opposizione della Chiesa. Nel 1925, la conferenza annuale dei vescovi veneti emette un comunicato in cui afferma: «Vediamo molte donne e fanciulle darsi follemente a forme di sport sotto ogni riguardo incompatibili con la dignità e col pudore che s'addicono ad esse. Questa smania eccessiva di ogni genere di sport espone le donne a pericoli morali, ad abitudini di vita, ad atteggiamenti per nulla conformi alla missione della donna nella famiglia e nella società» (Corriere della Sera, 29 aprile 1925).

Nel 1927 Augusto Turati, segretario del PNF e presidente del CONI, afferma che l'educazione fisica può essere benefica per le donne, e che è necessario superare i pudori. E due anni più tardi emana una direttiva per la ripresa dello sport femminile «secondo nuovi e più adatti criteri». Chiama Marina Zanetti, ex atleta, a collaborare con la segreteria della Federazione italiana di atletica leggera che scrive: Scrisse Marina Zanetti: *Si è molto discusso sullo sport femminile, e non in questi ultimi tempi soltanto. Da tempo, ormai, scrittori ed anche studiosi di valore si preoccupano del problema, ponendolo per solito in questi termini: se e fino a che punto lo sport possa essere favorevole alla speciale e delicata costituzione dell'organismo femminile. Non sono mancati i difensori, troppo difensori, che hanno predicato la parità assoluta tra sport maschile e sport femminile; ed hanno messo in luce quest'ultimo incitando la caccia ai récords, tanto dannosa quanto poco desiderabile. Vi sono stati, per contro, i detrattori a oltranza che hanno segnalato una quantità di pericoli di ordine fisico, sociale, morale. Nessuno più di noi è stato nemico degli eccessi in questo campo, inutili, brutti, dannosi. Esiste, tuttavia, una profonda tecnica derivante dalla pratica che possono fare le donne dello sport, ed è la salute, la forza e l'allegria. Ripetiamo: lo sport praticato con moderazione. La moderazione crea armonia. Ecco perché in questo momento vien data in Italia particolare importanza a delle forme di sport femminile che garantiscono l'armonia e la grazia: l'atletica leggera, i giochi e la danza"*[3].

Nel 1927, il regime organizza in Toscana la prima corsa automobilistica aperta alle donne: al via una sola concorrente. I più decisi avversari della donna sportiva sono i cattolici.

Aspre polemiche solleva il concorso ginnico nazionale del 1928 riservato alle giovani italiane, nel corso del quale le partecipanti si impegnano anche in una prova di tiro con il fucile. «*Se mano di donna si deve alzare ci auguriamo e preghiamo che sia sempre solo in atto di preghiera e benefica azione*» tuona il Papa. L'Osservatore Vaticano commenta: «*Perché le giovani italiane crescano schiette e modeste, abborrano dai belletti e dalle storpiature che con la naturale grazia fisica alterano e deturpano la rettitudine morale, è proprio necessario organizzarle nelle pubbliche gare, presentarle negli stadii, in aperto contrario con quel riserbo ch'è così intimo e proprio della donna da costituire la prima e più gentile ragione del rispetto che l'uomo le deve? Perché non siano ne cattive né tristi le nostre figlie, e siano un giorno buone madri per la famiglia e per la Patria non occorre addestrarle a saltare quattro metri: non occorre cioè dimenticare i più comuni principi igienici, su cui la voce della scienza concorda con la esperienza pratica, contro un sì grave sforzo positivamente, intuitivamente fatale, alla natura stessa della donna*».

Agli inizi degli anni '30, il regime, adotta un approccio contraddittorio e comunque più tradizionalista e restrittivo verso l'emancipazione femminile. In una riunione dell'ottobre 1930, viene emanata una direttiva specifica: "*Il Gran Consiglio del Fascismo dà mandato al presidente del Comitato olimpionico nazionale italiano di rivedere l'attività sportiva femminile e di fissarne, in accordo con le Federazioni competenti e con la Federazione dei medici sportivi, il campo e i limiti dell'attività, fermo restando che deve essere evitato quanto possa distogliere la donna dalla sua missione naturale e fondamentale: la ma-*

ternità".[4] E Il CONI esegue. Nel gennaio del 1931, il presidente, Iti Bacci, convoca una riunione cruciale con i responsabili delle Federazioni con una volontà chiara: limitare drasticamente l'atletismo femminile: lo sport femminile deve avere un carattere puramente educativo, senza distrarre la donna dalla sua "naturale" funzione di madre. Le donne, dunque, devono rimanere il più possibile lontane dalle competizioni agonistiche, consentendo loro di praticare sport solo in modo non competitivo. E guai a prendere a modello quanto accade all'estero: la loro conformazione fisica delle italiane è diversa da quella delle donne di altri Paesi.

Ii canoni estetici fascisti prevedono una donna robusta, con fianchi larghi e la pratica sportiva può inficiare questo modello ideale. In realtà anche per gli uomini, alcuni esponenti del regime, in particolare i dirigenti dell'Opera Nazionale Balilla, esprimono preoccupazioni sugli sforzi eccessivi delle competizioni, temendo danni fisici, ma la diffidenza verso l'agonismo al femminile è molto più marcata. Le famiglie raramente incoraggiano le figlie a partecipare a gare atletiche, e la maggior parte delle ragazze non mostra grande interesse, ma soprattutto possibilità di praticare sport.

La maternità, comunque, rimane il fulcro dell'ideale femminile. La sciatrice Isaline Crivelli Masazza, ad esempio, afferma che lo sport aiuta a sviluppare un corpo armonico e robusto, qualità indispensabili per mettere al mondo figli sani e robusti. È chiaro che, durante la dittatura, la partecipazione delle donne alle attività sportive aumenta, suscitando un crescente interesse sia da parte della popolazione che delle istituzioni.

Sempre negli anni '30, però, si registra una delle iniziative più significative del regime a favore dello sport: la creazione delle Accademie di Educazione Fisica. Un inefficace Ente Nazionale per l'Educazione Fisica era già stato istituito nel 1923.

Viene sostituito dall'Opera Nazionale Balilla e dall'Opera Nazionale Dopolavoro per le attività ludico-sportive, che però continua a lasciare scoperto il problema della formazione degli insegnanti.

Nascono così le Accademie: quella maschile della Farnesina apre nel 1928, mentre quella femminile di Orvieto diventa operativa nel 1932, dopo tre anni di sperimentazione. È destinata a formare non solo insegnanti di educazione fisica, ma ma rappresenta anche un tentativo di professionalizzazione delle donne, offrendo loro opportunità di autonomia economica e professionale.

Le studentesse di Orvieto seguono un programma rigoroso e disciplinato, che include esercitazioni fisiche, lezioni teoriche e attività ricreative.I programmi sono identici per entrambi i sessi, con la sola differenza che gli uomini seguono corsi di tecnica militare e le donne di economia domestica.

Le diplomate assumono ruoli di responsabilità e vivono lontano dalle loro famiglie d'origine, acquisendo autonomia e indipendenza economica. Questo processo, pur volendo promuovere un modello femminile conforme ai valori fascisti, porta inaspettatamente a una maggiore consapevolezza e indipendenza femminile.

Le organizzazioni fasciste femminili incoraggiano le ragazze a praticare sport, a partecipare a soggiorni e attività extra-familiari, e a vedere nelle loro istruttrici un modello da imitare. Questo approccio, sebbene mirato a creare una generazione di donne allineate ai valori fascisti, contribuisce invece a sviluppare una maggiore autonomia e fiducia in se stesse.

Anche il linguaggio dello sport femminile riflette queste ambiguità: termini come "atletessa" a volte sostituiscono "atleta", e "campionessa" viene occasionalmente sostituito dal maschile "campione".

Nonostante le restrizioni, la stampa sportiva mostra generalmente un atteggiamento favorevole alla partecipazione femminile. Il mensile *Lo sport fascista*, per esempio, dedica diversi articoli alla questione.

Nel gennaio del 1930, il giornalista Cesare Grattarolla scrive: *"L'atletismo italiano femminile è giovane di vita e di esperienza, ma è anche magnifica realtà che nessuno può disconoscere, anche se diversi possono essere gli apprezzamenti su quello che è movimento sportivo della donna. Ormai le discussioni pro o contro l'atletismo femminile possono ritenersi superate e rimane, come fatto incontrovertibile, l'esistenza di un rigoglioso, sano, quanto mai promettente movimento sportivo che interessa direttamente la donna italiana"*[5].

Grattarolla è forse troppo ottimista, poiché le diffidenze non sono affatto superate. Proprio nel 1930 il regime impone ulteriori limiti allo sport femminile, evidenziando come l'articolo rifletta più i desideri di una parte dell'opinione pubblica favorevole allo sport femminile che la realtà dei fatti. Le atlete stesse riconoscono la necessità di moderazione.

Si arriva così alla decisione di vietare alle atlete italiane la partecipazione ai Giochi Olimpici di Los Angeles del 1932, che passa alla storia per i successi della squadra italiana, tutta maschile. Il nuovo presidente del CONI, Leandro Arpinati, giustifica l'assenza delle atlete sostenendo che non vi erano donne in grado di partecipare.

Arpinati promette che la preparazione riprenderà, ma non in tutte le specialità, affermando sul Corriere della Sera del 21 agosto 1932: *"Vedere una donna dimenarsi per 800 metri non mi pare opportuno da un punto di vista estetico, oltre che fisico"*. Alle atlete, dunque, viene concesso di partecipare solo alle competizioni meno faticose, mentre discipline come il ciclismo, la corsa di fondo, gli sport di squadra, la ginnastica con attrezzi e il nuoto vengono sconsigliate per il rischio di "deformare" il corpo e per non essere in linea con la morale corrente.

Queste direttive, sebbene tipiche dell'Italia fascista, trovano eco anche in Paesi come gli Stati Uniti e il Regno Unito.

E non mancano le contraddizioni: nel 1933, Achille Starace, segretario del PNF, ordina alle federazioni sportive di creare sezioni femminili, con l'obiettivo di ottenere punteggi favorevoli per l'Italia nelle prossime Olimpiadi, anche in quegli sport dove è ammessa la rappresentanza femminile. Tuttavia, le gare rimangono rigorosamente separate da quelle maschili, e le sportive sono obbligate a indossare abiti copre
nti subito dopo le competizioni, in modo da rispettare il modello tradizionale di donna imposto dalla dittatura.

Anche l'educazione fisica promossa dal regime con l'intento di creare donne sane, robuste e feconde, ha risultati contraddittori: mentre la politica natalista fallisce, l'abitudine alla pratica sportiva sopravvive al crollo del regime, promuovendo l'indipendenza e la libertà delle giovani donne.

Un effetto boomerang, con la ribellione al modello imposto e la formazione di una nuova generazione di donne indipendenti e consapevoli delle proprie capacità.

La retorica fascista pone l'accento sull'educazione fisica come mezzo per formare giovani forti e sani. Le donne sportive , invece, vengono spesso trascurate.

Gli esempi da emulare sono le <u>atlete vincenti</u> come <u>Ondina Valla</u> sul podio olimpico, promossa dalla propaganda del regime come ideale di giovinezza e salute, simbolo dei valori fascisti. Questo approccio contribuisce a cambiare la percezione della donna sportiva, lontana dall'immagine ottocentesca di fragilità e dalla figura frivola della "maschietta".

ONDINA, L'ATLETA DEL DUCE

Ondina Valla, nata Trebisonda Valla nel 1916, è destinata a cambiare per sempre il panorama dello sport femminile italiano. Prima figlia femmina dopo quattro maschi, il suo nome curioso deriva da una città turca sul Mar Nero, scelto dal padre innamorato dell'Oriente. Ben presto, però, quel nome esotico si trasforma in qualcosa di più semplice e poetico: Ondina.

Cresciuta in una famiglia fascista, Ondina non ha il tempo né la possibilità di interrogarsi sulle scelte politiche. Il regime fascista, che da un lato promuove le donne come madri prolifiche, dall'altro è incerto sul loro ruolo nello sport. Mussolini stesso oscilla tra l'idea di una donna confinata alla sfera domestica e quella di un'italiana forte e competitiva, capace di rappresentare la nazione anche sul campo sportivo.

Negli anni '30, però, la situazione non è favorevole alle donne atlete. Gli alti papaveri del fascismo non vedono di buon occhio la loro partecipazione alle competizioni sportive. Enrico Landoni, nel suo libro *Gli atleti del Duce*, sottolinea come dal

1930 le donne siano state sostanzialmente escluse dai programmi di sviluppo agonistico. Renato Ricci, capo dell'Opera Nazionale Balilla e presidente della federazione sciistica, non usa mezzi termini al consiglio del CONI del 29 settembre 1934, dichiarando che bisogna insistere affinché alle Olimpiadi sia eliminata la rappresentanza femminile. In uno stile tipicamente littorio, aggiunge: *"Mi sembra ridicolo che a difendere i colori di una Nazione, potente e civile come la nostra, debba essere chiamato di tanto in tanto un gruppo di donne più o meno interessanti e intelligenti."*

Achille Starace, segretario del partito e presidente del CONI dal 1933, è d'accordo con Ricci e afferma di essere sempre stato del parere che la donna debba essere eliminata dallo sport agonistico. Tuttavia, Starace è costretto ad ammettere che, a livello internazionale, lo sport femminile sta prendendo piede, e conclude che per ora non bisogna rinunciarvi.

Ondina inizia a distinguersi fin da giovanissima. A tredici anni, nel 1929, partecipa alle gare scolastiche a Bologna e si impone nel salto in lungo e in alto, nonostante indossi solo semplici scarpe da tennis. Il suo talento naturale non passa inosservato, e presto diventa il fiore all'occhiello della società sportiva bolognese, sostenuta dal Podestà Leandro Arpinati.

La sua carriera è però costellata di ostacoli, non solo in pista. Nel 1932, quando viene selezionata per partecipare alle Olimpiadi di Los Angeles, è l'unica donna in una squadra tutta maschile. Tuttavia, un veto del Vaticano impedisce la sua partecipazione. Mussolini, legato dai Patti Lateranensi, non può opporsi e così l'Italia perde l'opportunità di vedere la sua giovane promessa gareggiare a livello internazionale.

Negli anni '30, i dubbi verso lo sport femminile persistono, e le atlete non riescono a scuotere significativamente l'opinione pubblica. Tuttavia, nonostante il regime sia nella sua fase di maggiore avversione verso la parità di genere, le sportive acquisiscono una discreta popolarità, e i loro successi diventano un ulteriore tassello a sostegno di chi è favorevole alla loro partecipazione alle competizioni agonistiche. I Giochi Olimpici di Berlino del 1936, complice l'evoluzione del regime fascista, segnano un ulteriore cambiamento in questa situazione.

I Giochi della XI Olimpiade, disputati a Berlino nell'agosto del 1936, vedono la partecipazione delle donne alle attività sportive accettata con meno riserve. L'Italia, uno dei pochi Paesi a prendere parte ai Giochi senza polemiche o tentativi di boicottaggio, porta solo sette atlete a Berlino, tra cui Ondina Valla e Claudia Testoni, entrambe impegnate nella gara degli 80 metri a ostacoli. In semifinale, Valla eguaglia il primato mondiale con un tempo di 11,4 secondi. La finale del 6 agosto, che vede sei concorrenti, è particolarmente emozionante: quattro atlete giungono contemporaneamente sulla linea del traguardo. La vittoria di Ondina, con un tempo di 11,7 secondi, è evidente fin da subito, ma è necessario il fotofinish per stabilire l'ordine di arrivo delle altre concorrenti: seconda la tedesca Steuer, terza la canadese Taylor, quarta la Testoni. È la prima volta che una donna italiana vince una medaglia d'oro ai Giochi Olimpici; inoltre, questo successo negli 80 metri a ostacoli è l'unica vittoria degli "azzurri" nelle gare di atletica leggera a Berlino.

La stampa italiana celebra il trionfo di Valla con grande enfasi. La Gazzetta dello Sport titola: "Il Tricolore d'Italia sul pennone più alto dello Stadio per la vittoria di Ondina Valla negli 80m. ostacoli". La Stampa e il Corriere della Sera esaltano la gloria italiana, con articoli che pongono il successo di Valla tra i più alti risultati sportivi del Paese. Persino i settimanali dedicano ampio spazio a Valla, con La domenica sportiva che le dedica la copertina e il periodico napoletano Tutti gli sports che pubblica una grande foto a colori della campionessa.

Enzo Arnaldi, inviato della Stampa, descrive la cerimonia di premiazione con toni epici: "Ritta sul podio dei trionfatori, tesa tutta dai talloni di gazzella alla mano levata alta nel saluto romano, cinta il capo della corona d'alloro, avvolta nell'azzurra maglietta, l'atleta italiana ha fissato a lungo lo sguardo nella nostra bandiera ondeggiante al di sopra di tutte, mentre dai nostri petti sgorgava impetuoso il canto di 'Giovinezza', accompagnante le note vibranti dell'inno. E da vari punti dell'immensa folla sentivano levarsi lo stesso canto: là erano dei fratelli nostri che della nostra stessa fierezza si inebriavano". Questo trionfo, considerato il frutto dell'educazione fisica fascista, viene presentato come un simbolo della "razza italiana" temprata dal regime.

Ondina Valla diventa una figura centrale nella propaganda fascista, ricevendo onori e riconoscimenti dalle massime autorità dello Stato. Mussolini, consapevole del valore propagandistico della sua vittoria, la elogia pubblicamente, e persino il Papa Pio XI le fa personalmente i complimenti, nonostante la sua nota avversione verso lo sport femminile.

Il successo olimpico di Valla contribuisce a cambiare la percezione dello sport femminile in Italia, suscitando un maggiore interesse e accettazione da parte dell'opinione pubblica. Tuttavia, le resistenze non scompaiono del tutto. Il Ministero della Cultura Popolare impone alla stampa di limitare le fotografie di donne atlete in azione, preferendo ritratti statici delle vincitrici. La partecipazione femminile allo sport, pur riconosciuta, viene ancora vista come subordinata alla funzione materna, con l'ideale di una fisicità estetica più che atletica.

Ondina Valla continua a mietere successi, anche se problemi fisici la limitano progressivamente. La sua rivalità con Claudia Testoni alimenta l'interesse degli appassionati italiani, ma col tempo, la Testoni emerge come l'atleta più forte, stabilendo persino un primato mondiale negli 80 metri a ostacoli.

La carriera sportiva di Valla si conclude nel 1943, con il matrimonio e il trasferimento a Pescara. Negli anni successivi, partecipa a convegni e rilascia interviste, mantenendo viva la memoria del suo trionfo olimpico. In una delle sue dichiarazioni, Valla afferma: "Per me Mussolini era una brava persona", rivelando un legame con il regime che segnerà la sua immagine pubblica anche negli anni a venire.

Quattro anni dopo, nel 1936, Ondina è finalmente pronta per le Olimpiadi di Berlino. Nonostante il regime fascista abbia cambiato atteggiamento nei confronti delle donne nello sport, la pressione su di lei è enorme. Ondina, ventenne, si trova in corsia 4, con il numero 343 sulla pettorina, pronta per la gara degli

80 metri ostacoli. Al suo fianco, in corsia 2, c'è Claudia Testoni, amica e rivale di sempre.

La gara è un momento di pura tensione. Ondina parte male, ma dopo pochi metri inizia a recuperare, superando le sue avversarie e tagliando il traguardo con un tempo straordinario: 11"7. È la prima donna italiana a vincere una medaglia d'oro alle Olimpiadi. La sua vittoria, avvenuta sotto gli occhi del Führer e del mondo intero, diventa immediatamente un simbolo della "sana e robusta gioventù fascista". Sul podio, Ondina saluta con il gesto romano, un omaggio al regime che la celebra come un'eroina.

La sua vittoria non è solo un trionfo personale, ma un evento che scuote profondamente il regime fascista, costringendolo a rivedere le proprie posizioni sul ruolo delle donne nello sport. Starace, il quale solo due anni prima aveva dichiarato che la donna doveva essere esclusa dallo sport agonistico, cambia completamente rotta. Al consiglio del CONI del 28 novembre 1936, dichiara che lo sport femminile è "un terreno sul quale si può marciare con piena sicurezza" e avverte i gerarchi che "addosso a noi si appuntano gli occhi delle donne fasciste, le quali acquistano con molta facilità una spiccatissima competenza in materia sportiva".

Grazie a Ondina, e alle altre atlete italiane che seguiranno il suo esempio, il regime fascista inizia a sostenere lo sport femminile. Le risorse e i riconoscimenti non mancano più, ma è importante ricordare che nulla è stato regalato a queste donne. Hanno conquistato tutto, letteralmente sul campo, piegando con perseveranza e talento i pregiudizi dei governanti fascisti. Ondina Valla, con la sua storica vittoria a Berlino, non solo cambia la propria vita, ma anche la storia dello sport femminile in Italia, dimostrando che le donne possono essere atlete eccezionali e che la loro forza può riscrivere le regole della società.

---

[1] Romanato, M., *Francesco Gabrielli (1857-1899) – Le origini del calcio in Italia: dalla ginnastica allo sport*, Treviso, Antilia, 2008, p. 28

[2] per approfondire: D'Angelo, G., Fonzo, E., 2017, *«Arrivederci a Tokyo». Ondina Valla e lo sport femminile durante il fascismo*, La camera blu n 17 (2017) Sports contexts and gender perspectives / Contesti sportivi e prospettive di genere 332

[3] Zanetti, M., 1930, *Nuovi aspetti dello sport femminile*. Lo sport fascista, 3 (7),53-54.

[4] Corriere della Sera, 17 ottobre 1930

[5] Grattarolla, C., 1930, *Successi dell'atletica femminile*. Lo sport fascista, 3 (1), 38-43.

SOCIETÀ SPORTIVA E MASCHIA

Nonostante i progressi recenti, le donne nello sport sono ancora poche, specialmente nei luoghi cruciali di esercizio del potere. La sproporzione tra gli investimenti nello sport femminile e maschile persiste. La piena parità produce valore per tutto il sistema sportivo, non solo per le donne, e raggiungerla velocemente dovrebbe essere un obiettivo centrale nelle strategie dei decisori e delle organizzazioni.

Il 26 settembre 2023 è stata promulgata e pubblicata nella Gazzetta Ufficiale la legge costituzionale n. 1: il Parlamento italiano ha rinnovato un capitolo fondamentale della Costituzione, l'articolo 33, introducendo un nuovo comma.

«La Repubblica riconosce il valore educativo, sociale e di promozione del benessere psicofisico dell'attività sportiva in tutte le sue forme».

Lo sport non è più una semplice pratica fisica ma gli viene riconosciuto il ruolo di prezioso alleato nell'educazione, nell'inclusione sociale e nel miglioramento del benessere complessivo di ogni cittadina e cittadino. E ora che lo sport occupa un posto d'onore nella Costituzione, è essenziale ricordare che, nella legislazione del nostro Paese, non è stato ancora proclamato il "diritto" allo sport, che deve essere promosso, sviluppato e acquisito così come la formazione e l'educazione.

All'Olimpiade di Parigi 2024 l'Italia ha conquistato 40 medaglie, il 4,1% del totale, con le donne che hanno portato a casa 7 medaglie d'oro su 12. Alle Olimpiadi di Roma, nel 1960, con il 7,8% delle medaglie vinte sul totale, e tredici ori, per le donne solo 2 bronzi.

Quel record romano non rifletteva lo stato dell'arte della pratica sportiva di allora: faceva sport solo il 2,6% della popolazione, 1 milione 309 mila persone. Le donne ancora meno. 121 mila atlete distribuite solo sulle discipline d'élite: sport invernali e alpinismo (33,9%), nuoto (27%), tennis (25,4%).

Nel tempo, fortunatamente, le cose sono notevolmente cambiate, e abbiamo vissuto una crescita costante: la pratica continuativa di sport è arrivata al 28,3% degli italiani, a fronte di una stabilità della saltuarietà (8,6%) e dell'attività fisica non strutturata (27,9%). E le persone si sono attrezzate con ogni mezzo per svolgere attività motorie durante la pandemia con una fiorire di palestre fai-date nei cortili come nei salotti, nei garage come nelle terrazze condominiali. Ma il cambiamento decisivo, che ha contribuito al miglioramento anche dei risultati dello sport di alto livello, è stata la crescita delle attività meno strutturate, dello sport fatto in casa, di una nuova attenzione al benessere psicofisico e al rapporto con la natura. Un cambiamento con molti tratti femminili e con molte disuguaglianze, che andrebbero colmate velocemente, in termini di strutture, di scuola, ma soprattutto di mentalità condivisa: l'inclusività effettiva, il benessere psicofisico generale, servono a migliorare lo stato di salute, anche culturale, del Paese. E, di conseguenza, contribuiscono in maniera sostanziale alle prestazioni dei nostri atleti e delle nostre atlete nelle competizioni sportive internazionali.

Oggi in Italia, circa 8,5 milioni di donne praticano sport, rappresentando il 43,3% degli sportivi. Siccome le donne costituiscano il 51,1% della popolazione, c'è ancora un divario di genere nello sport, sebbene in diminuzione. Il 29,2% delle donne sopra i tre anni pratica sport, rispetto al 23,3% di venti anni fa. Circa 6,5 milioni (21,8%) lo fanno con continuità, rispetto al 15,7% di venti anni fa. Poi ci sono 9 milioni di donne (30,2%) che svolgono attività fisica meno strutturata. La pratica sportiva femminile è maggiore nel Nord Est (36,3%), Nord Ovest (34,0%) e Centro (31,9%), ma scende drasticamente nel Sud e nelle isole (19,7%)[1].

A livello regionale, le praticanti vanno dal 50,4% in Trentino-Alto Adige al 13,4% in Calabria. Il Sud raggiunge il 49% di sedentarietà con Campania, Basilicata e Sicilia, che superano il 50%. Il Nord sta al 26,3%, una distanza enorme. Le donne sono più sedentarie degli uomini di 8 punti percentuali, tranne nel caso delle bimbe da 3 a 5 anni.

Restano escluse dalla pratica sportiva circa 12 milioni di donne (40,6%). Le donne sportive lavorano di più e meglio, adottano stili di vita più sostenibili e moderni, sono più istruite e partecipano maggiormente alla vita culturale. C'è una correlazione tra pratica sportiva e occupazione femminile, con regioni più sportive che mostrano tassi di occupazione più alti: nel Centro-Nord la diffusione dello sport diventa un veicolo di emancipazione e riduce anche nel lavoro i divari di genere.

LO SPORT È CULTURA

Già il **Libro Bianco** della Comunità europea del 2007 aveva sancito che lo sport è parte integrante della cultura, passando dall'essere un "mero sforzo fisico" a elemento di cultura.

Lo sport ha quindi mutato la sua concezione: non è più solo una una situazione agonistica dove si cerca l'eccellenza, ma uno straordinario strumento di relazioni sociali e di benessere psicofisico. Lo sport può, e deve, essere considerato uno straordinario mezzo di comunicazione grazie al suo linguaggio universale. Lo sport comunica "naturalmente". Ma lo sport deve anche essere comunicato, in un mondo nel quale i media sono sempre meno "mass" e sempre più "personal". In questo contesto società e federazioni sportive sono chiamate a operare come vere e proprie *media companies:* non basta trasmettere risultati agonistico-competitivi, serve condividere un senso di appartenenza sulla base di una dimensione valoriale comune.

Lo sport è un fenomeno abbastanza complesso, creazione e frutto di chi lo pratica, lo organizza e che, di volta in volta, lo trasforma parallelamente ai mutamenti della società. Lo sport è spettacolo, ma anche la terza agenzia educativa dopo la famiglia e la scuola.

Promuovere lo sport per tutti, superare il divario di genere nella pratica agonistica, favorire l'inclusione sociale ed economica, sono passaggi cruciali. Dove il talento femminile è sottovalutato la società perde risorse preziose. Senza donne che lavorano e praticano sport, il Paese cresce meno di quanto potrebbe: non è solo una questione di giustizia sociale e di pari opportunità, ma una vera e propria questione di sviluppo e di interesse nazionale. La promozione dello sport tra le donne è una leva fondamentale per migliorare il benessere personale e collettivo, oltre che per stimolare una crescita economica sostenibile e inclusiva. Un maggiore coinvolgimento collettivo nello sport porta a un aumento del benessere, della ricchezza, della coesione sociale. Così come a una maggiore attenzione verso il sé, il corpo, il benessere psicofisico e le relazioni interpersonali. Non deve sorprendere che vi sia una correlazione significativa tra l'intensità della pratica sportiva e il tasso di occupazione femminile: dove le donne praticano più sport, vi è anche un maggiore tasso di occupazione e una migliore qualità del lavoro svolto dalle donne.

Ma lo sport è chiamato, a fare un serio esame di coscienza. Le discipline sportive sono, in gran parte, portatrici di norme maschili; gli sport "maschili" sono prioritari rispetto a quelli "femminili", gli atleti maschi hanno la precedenza sulle atlete femmine, le prestazioni sportive degli uomini sono considerate superiori a quelle delle donne. Finché lo sport continuerà a seguire norme pensate al maschile, l'arena sportiva rimarrà una parte diseguale della società. Quando le donne sono state ammesse, lo sport al femminile è stato "adattato" per continuare a rappresentare le donne come fragili e deboli (gare più corte, regole modificate), contribuendo a rinforzare il mito della fragilità femminile.

Nonostante i progressi, le atlete affrontano ancora molti ostacoli, per non parlare dell'universo non binario.

Occorre ricondurre lo sport alla sua radice di pratica "agonale", legata cioè ai valori dell'agorá, dell'incontro, del dialogo, del confronto e della pratica viva della democrazia nella sua applicazione pratica: risolvere concretamente il conflitto sociale, prendendo decisioni sulla base del principio regolativo e bilanciato dell'equità. E la filosofia "slow", con un approccio più riflessivo e meno frenetico alla vita può fornire una prospettiva innovativa. Paradossalmente occorre ripensare l'esperienza corporea in termini di lentezza, ecomobilità e sostenibilità con l'obiettivo di creare concrete opportunità di accesso alla pratica sportiva per tutti i cittadini, indipendentemente dalla condizione economica e sociale, dal paese di nascita o dal territorio di residenza, dal genere e dall'orientamento sessuale, dalle diverse abilità. Non si tratta della scontata affermazione di un diritto, ma di una costante azione sociale e politica fatta di continui cambiamenti, nuove analisi sulle trasformazioni sociali e conseguenti strategie per adeguare la struttura e l'attività sportiva ai mutati contesti.

Lo sport per tutti può interpretare un ruolo di primo piano in questa nuova stagione di protagonismo sociale, fondato sul principio di collaborazione civica e sulla responsabilità diffusa: un modo per far maturare una società sportivamente colta e all'interno della quale si coltivino, percorsi di eccellenza agonistica. L'élite sportiva deve poter contare e contarsi non sull'esasperazione specialistica ma sulla passione, sul divertimento e sul recupero del senso ludico e comunitario dello sport inclusivo.

SPORT, NARCISISMO, INDIVIDUALISMO

Lo sport della modernità ha messo in scena i tratti tipici del narcisismo sociale e dell'individualismo di massa: emozione ed espressività sono la risposta alla routinizzazione della vita quotidiana. Espressione e manifestazione dello sport che trova alveo e percorso naturale attraverso i moderni mezzi di comunicazione: giornali, radio e televisione, in stretto ordine cronologico. I media non hanno semplicemente "trasmesso" lo sport (e non solo) ma hanno assunto una fondamentale funzione di riconoscimento e di identificazione, una sorta di luogo sacro attorno al quale fondare e costruire le comunità.

A cavallo fra XX e XXI secolo, parallelamente allo sviluppo dei mezzi di comunicazione, emerge un sistema di sport amatoriale svincolato, almeno in parte, dal modello della performance che ha accompagnato l'evoluzione della comunicazione, e della società. Questo sport per tutti e a misura di ciascuno ha trovato una particolare coerente declinazione di rete e social: un'impronta *eco* che si coniuga con l'esplosione dell'*ego* e con un serio problema di compatibilità fra rispetto ambientale e attività fisico-motorie in ambiente naturale.

Sullo sfondo c'è un mutamento culturale a raggio più ampio all'interno del quale avanza, inarrestabile, una domanda di libertà, una richiesta di superamento del limite emancipato dal risultato misurabile, quantificabile, remunerabile dello sport di prestazione. Il tentativo è quello di integrare l'emotivo con il cognitivo, favorire il benessere psico-fisico, garantire la fusione tra le diverse dimensioni personali e sociali. L'individuo deve essere inteso come un unicum e lo sport una palestra di relazioni sociali. Una palestra dove mettere alla prova se stessi e gli altri sublimando e contrastando aggressività, inquietudini, malesseri che attraversano una società in progressivo stadio di liquefazione.[2]

Lo sport è una complessa rete di convenzioni, attitudini, valori, costumi, regole che costituiscono una forma di vita in miniatura, sensata per i partecipanti e avulsa dalla vita reale. Questa alterità si è, però, via via dissolta quando la dimensione del display ha quasi completamente assorbito quella del play, ovvero quando l'esibizione, l'interesse (non solo in senso economico) ha avuto la meglio sulla competizione.

L'attività sportiva è una "presenza" antropologica che risale agli albori della storia dell'umanità e che ha assunto, attraverso il matrimonio con i mass media, il carattere di consolidato fenomeno di massa. Con la sua capacità di coinvolgere su scala planetaria folle enormi e di superare barriere geografiche, sociali, economiche e linguistiche, ha costituito una delle componenti più universalmente riconosciute della cultura popolare, diventando esempio, paradigma, metafora della vita di tutti i giorni. E il gioco che diviene spettacolo risponde alla logica estrinseca del pubblico e non più solo a quella intrinseca del piacere nell'azione. L'espressione sportiva ritrova la sua ragion d'essere nel suo mostrarsi all'altro: la dimensione pubblica e comunicativa si porta dietro processi di cambiamento e rinnovamento dello sport e del suo racconto (ma anche ampi momenti di dis-play, ovvero di negazione del gioco "libero").

Da un punto di vista comunicativo, il gioco (e lo sport) è rilevante perché, come ha mostrato Erwin Goffman, costituisce un possibile paradigma per la comprensione dei fenomeni di comunicazione. Nel gioco come nello sport vi sono antagonisti, tattiche, strategie, mete, regole, rischi, interessi, serietà, piacere: c'è sempre una metafora sportiva che possa descrivere le situazioni che si presentano nelle situazioni comunicative reali. Ma lo sport (e il gioco) è anche un campo culturale (e comunicativo) nel quale, come ha affermato Pierre Bourdieu[3], si affrontano attori con interessi specifici legati alla posizione che occupano nello spazio sociale. Lo sport e l'attività fisica sono infatti «*capaci di integrare, di convertire simbolicamente "quelli di fuori" in "quelli di dentro" [...] strumenti capaci di dare identità, di generare identificazione negli individui [...] di renderli partecipi, anche simbolicamente, di una stessa realtà, di condividere, di sentirsi parte di qualcosa di comune: in definitiva di convivere*»[4].

Alla base di ogni dinamica e di ogni espressione e manifestazione sportiva c'è l'analisi dei modi attraverso i quali si snoda il racconto e, ancor prima, si configurano i processi mentali e relazionali: l'evoluzione del fenomeno sportivo e del suo ruolo all'interno della società non può prescindere dall'analisi del dinamismo che caratterizza la formazione di stili e lineamenti del linguaggio: non è l'atto agonistico in sé a essere importante, ma il percorso interpretativo volto a spiegare e a dare senso agli avvenimenti in cui si struttura il contenuto delle esperienze personali e sociali oggetto della comunicazione.

Lo sport è un fenomeno secolare, ampiamente diffuso e strettamente collegato a tutte le altre dimensioni sociali: c'è qualcosa di misterioso nel modo di raccontarsi dello sport e di raccontare la società attraverso lo sport. Accanto al semplice avvenimento nelle sue diverse declinazioni, c'è il fascino di un insieme di fattori misteriosi: dall'incertezza del risultato, al susseguirsi di riti e cerimoniali enfatizzati da una immancabile dimensione spettacolare. Naturalmente entrano in gioco i diversi livelli di mediatizzazione: l'enfasi posta sui toni della cronaca e la coda lunga di commenti, pareri e opinioni del post-evento smontano, analizzano e ricompongono il fatto fino a ridefinirlo completamente.

L'interpretazione e le modalità utilizzate per elaborare le esperienze, naturalmente non solo sportive, fanno riferimento a un confezionamento della narrazione che delinea, rafforza e reitera l'identità personale e collettiva. Le esperienze che accadono all'uomo nel corso della sua esistenza non hanno alcun senso di per sé: assumono un significato a partire dal momento in cui vengono intrecciate all'interno di un linguaggio e delle narrazioni che un tale strumento consente di raccontare a sé stessi e agli altri. Lo sport è un tema familiare, dotato di elementi di facile comprensione: la sua rappresentazione, concorre a definire una visione del mondo.

In tempi più recenti, si assiste a un crescente protagonismo di sportivi ed ex sportivi nella vita sociale, impegnati in attività politico-istituzionali e nei processi di narrazione collettiva. Un protagonismo culturale e comunicativo che non deve intendersi come presenzialismo né personalizzazione, ma espressione di una società che cambia e che modifica i suoi schemi narrativi. Una ridefinizione che può apparire antagonista nei confronti dello sport "genuino", ma che invece definisce la centralità dello sport che, dialogando con altre dimensioni sociali, partecipa e concorre al processo di costruzione del senso. Lo sportivo non è più solo l'emblema del valore dello sport, ma traghetta nella *res publica* quel complesso di valori che altri fenomeni sociali non riescono più a rappresentare. Lo sport è un fenomeno sempre più incisivo nella società e, attraverso i suoi personaggi, testimonia e ridefinisce il racconto e la rappresentazione del reale.

I media presentano gli sport come maschili o femminili, rendendo difficile rompere le barriere di genere tradizionali. Le atlete ricevono copertura mediatica solo se partecipano a sport considerati femminili. Quando si fa riferimento a sport "maschili", la loro sessualità viene spesso messa in discussione.

I media tendono troppo spesso a concentrarsi sull'aspetto fisico e sulla vita privata delle atlete piuttosto che sui loro successi sportivi. E la qualità, prima ancora della quantità, della copertura mediatica è inferiore rispetto a quella degli uomini.

La conseguenza è che gli sport femminili sono percepiti come meno entusiasmanti rispetto a quelli maschili. E non un problema di quantità o di semplice esposizione: la qualitativamente scarsa rappresentazione degli sport femminili contribuisce alla mancanza di interesse del pubblico verso questi sport e rafforza atteggiamenti negativi verso le donne.

È un problema di "agenda setting" e di importanza attribuita agli argomenti: gli sport femminili sono percepiti come meno importanti a causa della più bassa posizione nella programmazione mediatica. I media organizzano opinioni e considerazioni attraverso la selezione e la presentazione delle informazioni: il frame, la cornice è fondamentale.

Questo non significa che vada banalmente aumentata l'esposizione mediale allo sport femminile: occorre cambiare il modo con cui si presenta e si commenta lo sport. L'esagerato riferimento al record, alla misurazione infinitesimale, ai tecnicismi e all'artificio tecnologico, mettono in secondo piano la bellezza del gesto, la passione, il coinvolgimento emotivo.

La continua sottolineatura, anche da parte degli stessi attori, del sacrificio, dello sforzo, delle rinunce, dei patimenti spostano il focus dalla partecipazione all'attenzione. Trascinano l'atleta in uno spazio altro che non corrisponde alle attese e ai desideri di chi vuole intraprendere un'attività sportiva.

La bontà e l'utilità dello sport non può essere limitata al ruolo di ascensore sociale ideale, di strada democratica verso il successo. Se vogliamo mettere a frutto la forza inclusiva dello sport occorre cambiare il punto di vista e mirare al benessere piuttosto che al sacrificio.

IL TEATRO, L'EROE, IL DIVO

La manifestazione pubblica dello sport ha bisogno di un teatro e di attori. Lo scenario reale o virtuale, stadio o smartphone, è l'espressione tangibile dell'importanza attribuita dall'uomo allo sport sin dall'antichità, o ancor meglio, sin da quando ha sentito l'esigenza di strutturarsi in comunità e ha sviluppato civiltà fondate su valori e credenze fatte di eventi e rituali collettivi. Anche lo stadio è mutato nel tempo, non tanto per l'assetto strutturale, quanto per le modalità d'uso, assumendo un forte significato simbolico grazie alla capacità di tenere insieme lo spettacolo sportivo, nuovi modelli sociali ed emozioni collettive. Il pubblico, poi, è parte attiva: i tifosi agiscono sulla forma dello spettacolo e sul clima emotivo arrivando anche a influenzare le prestazioni sportive.

Lo stadio da luogo dello sport si è trasformato in spazio del tempo libero: ospita manifestazioni sportive, ma anche concerti, musei, ambienti di intrattenimento e di consumo. Il luogo "agonistico" si trasforma in una combinazione di aspetti economici, culturali, di marketing sempre più orientati a favorire un'immersione esperenziale del tifoso, dell'appassionato. L'atleta e e il pubblico sono, in modi diversi, protagonisti dell'evento: il primo animando schemi, tattiche e strategie alla conquista del risultato, della prestazione; il secondo, accompagnando e sottolineando i momenti salienti con canti, suoni, danze, ma anche "dialogando" con supporter avversari, giocatori e spettatori tramite coreografie, striscioni.

Se la cerimonia della gara si disputa a spalti vuoti il senso dell'evento perde l'aura di spettacolarizzazione, lo spirito positivista, la sua essenza. La novità, semmai, sta nella necessità di superare il "senso del luogo": il campione sportivo è un soggetto mediale *always-on*. L'immagine del divo sportivo è continuamente presente nel quotidiano con storie personali e una disponibilità che va ben oltre il semplice momento agonistico.

Il mito nello sport, come sostiene Barthes,[5] riproduce una forma di naturalizzazione dell'ideologia, colma il gap tra desiderio e realizzazione. I miti incarnano credenze, valori morali, idealità, costituendo un immaginario collettivo a cui tendere e aspirare attraverso forme irrazionali, ma emotivamente coinvolgenti. Il campione sportivo, da mito dell'era classica si è trasformato in un eroe moderno, espressione di efficientismo, prestanza fisica e capacità di sfidare i limiti dell'essere umano. Attraverso le sue gesta l'eroe esprime il pregio e la potenza di un Paese, ma incarna anche l'identikit del cittadino ideale che esalta e diffonde valori e modelli comportamentali. Al tempo della comunicazione di massa, specie a partire dagli anni '20 del secolo scorso, al mito e all'eroe si sostituisce il divo proposto dal mondo dello spettacolo, della musica, del cinema, della televisione. Il fenomeno del divismo si nutre ed è nutrito dai mezzi di comunicazione che presentano ed esaltano l'immagine riflettendo e rispondendo alle esigenze del pubblico, innescando meccanismi di identificazione e proiezione insieme a modalità di riconoscimento e gratificazione.

La centralità dell'evento sportivo quale rappresentazione della realtà trasforma l'eroe in divo, in idolo mediatico "sconsacrato", da consumare in fretta secondo dinamiche di continuo mutamento. Il divo è un mezzo che alimenta i bisogni del pubblico: l'irraggiungibile viene mostrato nel quotidiano, nel reale e diventa possibile. Lo *sport-man*, l'idolo, conduce l'uomo medio nell'universo delle esperienze reali e lo aiuta nella relazione con l'altro, gli offre modelli di confronto possibile e la speranza di guadagnare un momento di gloria, magari effimera e fittizia[6], ma di efficace uso evocativo.

Lo sport-man (e, speriamo sempre più la sport-woman) è più vicino alle persone, è riconoscibile perché incarna passioni comuni ed è un punto di riferimento in una realtà complessa ormai priva di supporti ideologici universalmente validi. Il binomio sport e comunicazione è dunque tanto imprescindibile quanto complementare nell'affannosa ricerca di modalità, linguaggi, forme e stili espressivi attraverso cui raccontare e rielaborare la rappresentazione del quotidiano. A questo punto il compito di rinnovare la cosiddetta cultura sportiva non può essere affidato esclusivamente a un mondo dei media che già vive complicate crisi di identità: occorre che tutti gli attori politici e sociali, a cominciare da quelli sportivi, facciano per intero la loro parte.

La comunicazione sportiva non si esaurisce nella sua dimensione mediatica. Lo sport, o meglio l'istituzione sportiva quale soggetto, è produttore di comunicazione altrettanto incisiva nei processi sociali. Soddisfa una serie di funzioni riconosciute, formalizzate e promosse dai principali organismi nazionali e sovranazionali. Nel caso europeo si pensi alle disposizioni che definiscono il ruolo sociale dello sport in materia di formazione, benessere psico-fisico, tutela della salute, dinamiche di integrazione e inclusione sociale in favore delle minoranze e del superamento delle barriere razziali e culturali, la promozione della lotta al doping, alla violenza, all'intolleranza, il sostegno all'occupabilità e alla partecipazione civica. L'eterogeneità di funzioni che lo sport quale sistema sociale è in grado di assolvere pone in evidenza quanto la sua comunicazione sia strategica per promuovere, sensibilizzare, stimolare e coinvolgere tutti gli attori sociali.

A questo proposito, nonostante l'ampia visibilità mediatica attribuita allo sport, occorre sempre tener presente che la comunicazione viaggia su binari ben definiti e paralleli: spettacolo agonistico vs essenza del contributo sociale. Nonostante lo sport "da visione" ottenga i massimi consensi, non ci sono palesi ripercussioni né in termini di pratica, né tantomeno in materia di radicamento diffuso, soprattutto in Italia.

Lo sport è l'unico tra i diversi media che trasmetta valori ed emozioni per se stesso, senza bisogno di attingere a elementi esterni al proprio mondo. Non ha bisogno di spettacolo, essendo esso stesso spettacolare; non richiede effetti speciali, ma li crea; non ha bisogno di coinvolgimento ma lo produce. Lo sport appartiene è in grado di raggiungere individui e gruppi sociali in modo assai più pervasivo rispetto ad altri tradizionali media.

L'importanza e l'impatto dello sport nel contesto sociale e culturale di oggi rende evidente che comunicare bene e saper ben comunicare il messaggio sportivo è un compito che coinvolge direttamente le realtà e le aggregazioni sportive di base. Infatti più si è "piccoli e fragili" più è necessario sviluppare buone strategie di sopravvivenza, più la comunicazione sportiva può fare la differenza. Qualcuno ritiene che lo sport, essendo comunemente ritenuto un valore, sia naturalmente incline a comunicare valori. In realtà non è così: non è vero che lo sport sia sempre una realtà positiva. Al contrario molto dipende da come lo si vive e propone; lo sport è non è sempre e solo portatore di messaggi positivi, al contrario molto dipende dalla qualità e dalle scelte nel modo di comunicarlo.

SPORT IN RETE

Nell'attuale panorama mediale e comunicativo il mondo dello sport è chiamato a confrontarsi con forme sempre nuove di "visibilità". Società, federazioni, sportivi, tifosi agiscono come veri e propri operatori mediali: non si limitano a registrare e informare su risultati, gare e classifiche, ma creano comunità, dialogano tra loro e con il resto del mondo, organizzano trasmissioni ed eventi mediali. Comunicano emozioni più che dati. Senza troppe mediazioni, e con la possibilità di gestire in prima persona fatti e luoghi, chiedendo ai mediatori "ufficiali" neanche più una testimonianza, ma una più comoda cassa di risonanza.

La comunicazione "nello sport" e "dello sport" come contributo sociale deve sempre più attrezzarsi per una comunicazione diretta, ma sempre dialogica, fatta di spazi di discussione e di ascolto. Non basta appellarsi al senso etico e deontologico dei media generalisti o di nicchia, occorre gestire con competenza e professionalità spazi autonomi di condivisione e di informazione.

Ma c'è l'altra faccia della medaglia: l'impronta *eco*, l'aspetto della sostenibilità e dell'inclusività deve fare i conti con l'esplosione dell'*ego*.

Sullo sfondo, un mutamento culturale più ampio, con alla base una domanda di libertà, una richiesta di superamento del risultato misurabile, quantificabile, mercantile dello sport di prestazione. Il tentativo è quello di integrare emozioni e razionalità, favorire il benessere psico-fisico, garantire la fusione tra le diverse dimensioni personali e sociali. L'individuo come un *unicum*, corpo e mente finalmente insieme: lo sport diventa così una palestra di relazioni sociali. Una palestra dove mettere alla prova se stessi e gli altri sublimando e contrastando aggressività, inquietudini, malesseri che attraversano una società in progressivo stadio di liquefazione, per dirla con Bauman.[7]

Nel suo libro del 2004[8], *Cold Intimacies*, Eva Illouz illustra il modo in cui il capitalismo è stato trasformato in una cultura emotiva, contrariamente all'opinione diffusa secondo cui il processo di mercificazione, il lavoro salariato e le attività mirate al profitto creano relazioni fredde e calcolate. Nell'«età del disordine» il cambiamento avvenuto nell'educazione sessuale e religiosa, nel campo economico e dei media, ha fatto sì che nascesse una nuova politica neoliberale che, affrancandoci da imposizioni sociali, ci ha portati verso il precariato e l'economia dell'informazione. Non solo: con il lavoratore nomade, lo *smartworker*, ufficio e abitazione privata si confondono così come tempi di lavoro e di svago, sfera pubblica e privata. Da tale "disordine" si arriva alla teorizzazione del capitalismo emotivo:

«Il capitalismo emotivo è una cultura in cui i discorsi e le pratiche emotive ed economiche si modellano reciprocamente, producendo così un vasto movimento in cui il sentire viene posto a componente essenziale dei comportamenti economici e in cui la vita emotiva – quella dei ceti medi in particolare – segue la logica dei rapporti economici e dello scambio».[9]

Le relazioni sociali fra corpi sportivi, maschili e femminili, appaiono come riscatto dal predominio delle "emozioni fredde" e delle "passioni tristi": il "corpo sportivo" non corrisponde solo ed esclusivamente a un dato biologico, ma fa parte di un flusso che interagisce, laddove la vita sociale è vissuta come anonima e disincarnata, sia con i mass/digital media, sia con forme pubbliche di recupero emozionale. Le emozioni andrebbero così a costituire un *habitus* che, oltre a rappresentare uno strumento di classificazione sociale, inciderebbe sulle forme di felicità e di benessere sociale che caratterizzano ogni individuo: è impossibile distinguere la razionalizzazione e la mercificazione della propria individualità dalla capacità dell'io di darsi forma e collocazione sociale nel quotidiano scambio comunicativo con gli altri.

Di fronte a una società sempre più liquida e a una labilità di riferimenti e di valori senza precedenti lo sport ha la possibilità di rappresentare il *"luogo contro il non luogo"*. Di fronte al problema rappresentato, soprattutto tra le fasce adolescenziali, da un disagio di dimensioni straordinarie, lo sport ha l'opportunità di divenire antidoto sociale. A condizione, però, che si riesca a comunicare e a creare modelli innovativi. Lo sport avvicina, crea gruppo, crea continuità, crea la voglia di fare qualcosa di diverso.

Serve un patto tra tutti gli attori territoriali: scuole, organizzazioni sportive, enti pubblici e mondo aziendale che traduca il bisogno di un cambiamento forte di ambiente, di stili di vita. Le società sportive che operano in modo organico rappresentano l'interfaccia diretta, l'agenzia educativa, il presidio di legalità, di lotta al disagio. Sono lo strumento ideale per realizzare politiche di coesione sociale.

C'è però bisogno di un progressivo abbandono di vecchi modelli, per affrontare una società che sappia intercettare i nuovi bisogni, magari con l'aiuto delle amministrazioni pubbliche per arrivare a essere una impresa sociale multifunzionale capace di gestire impianti e non solo. Servono piani strategici fatti di etica e patti educativi tra famiglie, società, pubblica amministrazione, federazioni, enti di riferimento.

SPORT DESPORTIVIZZATO

Agli inizi degli anni '70, alcuni studiosi, tra i quali il politologo francese Jean-Marie Brohm, hanno messo in luce la crisi di un sistema sportivo costruito attorno alla filosofia sociale del produttivismo e dell'industrialismo. Lo sport che nella prima metà del XX secolo, era stato utilizzato come succedaneo delle competizioni fra Stati e strumento di affermazione, deve fare i conti con i processi, apparentemente contraddittori, di sportivizzazione della società e desportivizzazione dello sport[10].

La sportivizzazione della società allontana lo sport dal concetto tradizionale di misurazione e di confronto agonistico, dilatandone la cittadinanza sociale, mentre la desportivizzazione dello sport intercetta una domanda di attività motoria ampia, personalizzata e differenziata[11]. Codici e icone sportive invadono economia, politica, cultura, attraversando e scompaginando classi sociali e classici riferimenti ideologici. Nuovi sport, per nuove persone, in nuovi luoghi: la desportivizzazione dà vita a uno sport fatto di di incroci e contaminazioni che spingono le pratiche motorie verso nuove mete, lontanissime da quelle individuate agli inizi del secolo e legate, anche, alle scelte commerciali di un no-profit sempre più legato a esigenze di qualità. All'interno delle etichette "sport per tutti", "sport del business", "sport del fitness commerciale" e "sport fai da te" con autonome entità organizzative, rimane un irriducibile presenza del *corpo come* contenitore di sensazioni ed emozioni: *fitness* e/o *wellness* accompagnano una attenzione spasmodica per le pratiche salutistiche. Il corpo sensibile e in buona salute deve diventare uno strumento proiettato verso il piacere di qualunque genere. L'obiettivo è la qualità delle sensazioni e non la performance fisica. Per se stessi e per gli altri.

Comunque comunicate o da comunicare, ben oltre il senso del luogo, privato o pubblico: attraverso i mass media, prima, in rete e nei social, oggi. Ieri con le foto di gruppo, oggi con i *selfie* e con le *stories*.

La desportivizzazione dello sport non sembra, però, intaccare lo sport business che anzi conquista uno spazio sempre più importante nell'industria dell'intrattenimento. Accanto alla fabbrica dei sogni, appena sfiorata dalla logica delle piattaforme tv, il mondo dello sport conserva molti tratti di *old economy*: innanzitutto diritti televisivi, poi biglietti, *sponsorship* e pubblicità. Ma anche le vendite di equipaggiamento: abbigliamento e scarpe sportive raggiungono 355 miliardi di dollari l'anno. Lo sport sviluppa un indotto impensabile per altri settori: basti pensare alla medicina sportiva e di riabilitazione, alle scommesse e lotterie (194 miliardi nel 2021), ai videogiochi (e ai tornei di eSports che rappresentano da soli 1,4 miliardi l'anno) e agli integratori. Settori che generano introiti e profitti miliardari.

NIETZSCHE, CHE TRAGEDIA!

Nietzsche disprezzava la cultura di massa e probabilmente anche lo sport ma proprio da lui potrebbe arrivare un filosofico approccio al particolare momento, tragico, che stiamo vivendo.

La straordinaria vitalità della tragedia greca antica, secondo Nietzsche, nasce dall'incontro tra due forze opposte: da una parte l'ebbrezza e la passione sensuale del dionisiaco, dall'altra la ricerca di ordine e armonia dell'apollineo. Nelle tragedie di Eschilo e Sofocle, scopriamo il miracolo dell'unione di questi elementi. Un miracolo che però ha vita breve: con l'arrivo Socrate, nella cultura greca prevale l'atteggiamento apollineo, e l'incapacità di accettare la tragica realtà della vita con i suoi dolori e assurdità. La vita diventa una vicenda ordinata e razionale.

Ne *La nascita della tragedia* del 1872 Nietzsche individua l'inizio della decadenza del mondo occidentale con la perdita dell'elemento dionisiaco: i valori vitali, bellezza, salute, forza e potenza si allontanano. Gli uomini, si auto-ingannano con una serie di menzogne, a partire dalla religione.

Per tutta l'età moderna, lo sport è stato modellato sull'ideale di Pierre de Coubertin, incarnato da una visione "apollinea" dell'attività fisica: razionalità, oggettività e misurabilità soffocano una concezione "dionisiaca" dello sport, intrisa di irrazionalità e di un puro senso ludico della festività. Uno spirito che comunque rimane sottotraccia: lo sport non può fare a meno del gioco, dell'estasi, delll'inventività, del grande spettacolo. Nello sport il gioco e la creazione di giochi rimaangono fondamentali. L'agonismo sportivo costituisce uno dei principali spettacoli della nostra epoca e appartiene al regno del corpo. L'idea "apollinea" dello sport, con il suo focus sulla forma, la misura e l'ordine, ha dominato la modernità, rispecchiando i valori di razionalità e controllo che caratterizzano la società moderna. Lo sport è stato vissuto come un'attività ordinata, razionale, dove la disciplina e l'armonia sono al centro. Un approccio che ha rafforzato i toni di una società maschilista ed esclusiva e che non è riuscita a rispondere alle nuove richieste sociali di inclusività, effettiva globalizzazione dello sport e superamento di qualunque gender gap. Nella società odierna, liquida, postmoderna e digitale, c'è bisogno di una filosofia sportiva che abbracci inevitabilmente aspetti dionisiaci. Il gioco, il ludus, torna in primo piano, insieme a una voglia di benessere psico-fisico lontano dai tempi e dai ritmi di un agonismo competitivoa u Solo un'idea "dionisiaca" dello sport può accogliere queste e darwinista. Serve tornare a celebrare il caos creativo, l'irrazionalità e la fusione tra corpo e spirito, rompendo le rigide strutture apollinee e promuovendo una visione dello sport inclusiva, globale e non discriminatoria. Di uno sport desportivizzato. Nel pensiero di Nietzsche, Dioniso, contrapposto ad Apollo, rappresenta la spontaneità, la passione e l'ebbrezza, elementi che possono trasformare lo sport in una festa universale, aperta a tutti e che riscopra quella vitalità che Nietzsche tanto apprezzava nelle tragedie greche più che nei Giochi olimpici.

---

[1] vedi
https://www.istat.it/it/files/2022/12/Sport-attività-fisica-sedentarietà-2021.pdf
https://www.censis.it/sites/default/files/downloads/Lottomatica%20Rapporto.pdf

[2] Bauman, Z., 2002, *Modernità liquida*, Laterza, Bari.

[3] Bourdieu, P., *Program for a Sociology of Sport*, in «The Sociology of Sport Journal», V, n. 2, 1998, 153-161 1998

[4] Medina, X., 2002, *Deporte, immigración, e interculturalidad*, in «Apunts», *Deporte e immigración*, Generalitat de Cataluniya, INEFC, n. 68, 2002, pp. 18-23

[5] Barthes, R., 1974, *Miti d'oggi*, Einaudi, Torino

[6] Baudrillard J., 1980, *Simulacri e simulazioni*, Cappelli, Bologna

[7] Bauman, Z., 2002, *Modernità liquida*, Laterza, Bari.

[8] Illouz, E., 2007, *Intimità fredde Le emozioni nella società dei consumi*, Milano: Feltrinelli

[9] ivi p. 32

[10] De Knop, P. , Theeboom, M., 1998, *Recreational Games and Tournaments*, Fachverlag und Buchhandel: Meyer & Meyer.

De Knop, P. , 1998, *Sport Tourism: a State of the Art*, in European Journal for Sport Management, 5(2), p. 5-20

De Knop, P., Engstrom, L.M., Skirstad, B. , Weiss, M.R., 1996, *Worldwide trends in youth sport*, Champaign, IL: Human Kinetics.

[11] Piantoni, G., 1999, *Lo sport tra agonismo, business e spettacolo*, ETAS Edizioni

UNA CRONOLOGIA[1]

2134–2000 a.c. – Le illustrazioni sui muri dei templi egizi della XI dinastia mostrano donne che fanno esercizio e giocano a giochi con la palla.

VI secolo a.c. – I Giochi Erei sono la prima competizione atletica femminile documentata. Si disputano a Olimpia.

396 a.c. – Cinisca diventa la prima donna a vincere ai Giochi Olimpici (corsa con quadriga): impiega aurighi maschi per guidare i cavalli che ha addestrato.

368 a.c. – L'auriga spartana Eurileonide vince la corsa con biga alle Olimpiadi di quell'anno. Una statua di bronzo viene eretta in suo onore a Sparta.

II secolo d.c. – Scrittori e storici contemporanei descrivono gladiatrici che combattono a Roma.

25–220 d.C. – Affreschi dell'epoca della dinastia Han raffigurano donne che giocano al Tsu Chu, un antico gioco con la palla.

Medioevo – Le donne partecipano ad attività fisiche attraverso tornei e giochi di corte. In alcuni casi, le dame organizzano tornei o partecipano a giochi di abilità come il tiro con l'arco. Sebbene non siano comuni come gli eventi maschili, queste competizioni rifletto-no il desiderio delle donne nobili di affermarsi in contesti fisici e sociali. Un'altra attività fisica molto popolare tra le donne nobili è la caccia, inclusa quella con il falcone. Questa pratica, che richiede resistenza fisica, abilità e coraggio, è in molte culture, dalla Cina imperiale all'Europa medievale.

1296 – Durante una festa di Natale per Edoardo II d'Inghilterra, un'acrobata di nome Matilda Makejoy esegue acrobazie come parte dell'intrattenimento.

Epoca precolombiana – In America, donne di molte tribù indigene partecipano a corse a piedi, nuoto, giochi con bastone e palla, gare di lotta. A partire dal XVI secolo, però, la colonizzazione europea che cerca di assimilare forzatamente i popoli indigeni alla cultura occidentale limita le opportunità sportive per le donne indigene.

Rinascimento — In Germania, si diffonde la pratica delle *Damenreitturniere*, tornei di equitazione riservati a donne nobili che combinano abilità equestri con spettacolo e dimostrano l'eleganza e la competenza delle partecipanti.

1493 – A Venezia regata in onore di Beatrice d'Este, duchessa di Milano, in visita: gareggiano una cinquantina di donne che sfoggiano leggeri e succinti abiti di lino.

1567 – Maria, regina di Scozia, diventa la prima donna documentata a giocare a golf in Scozia, presso Musselburgh Links.
In Olanda, il pattinaggio sul ghiaccio è un'attività comune anche per le donne non solo come mezzo di trasporto, sui canali ghiacciati, ma anche per svago e competizione. Una famosa rappresentazione di questa pratica è presente nei dipinti di Hendrick Avercamp.

1722 – La campionessa inglese di pugilato Elizabeth Wilkinson vince il suo primo incontro pubblico, dopo aver sfidato una donna locale a combattere.

1745 – Si tiene in Surrey, Inghilterra, la prima partita di cricket femminile documentata. Nella seconda metà del XVIII secolo, le partite di cricket femminili tra squadre locali diventano comuni nel sud-est dell'Inghilterra.
In Irlanda, vi sono testimonianze di donne che partecipavano a gare

di corsa a piedi, a volte come parte di festival locali o di celebrazioni religiose. Queste competizioni risalgono a diversi secoli prima dell'epoca moderna.

1768 – Una donna francese di nome Madame Bunel gioca una partita di tennis molto pubblicizzata contro l'inglese Mr. Tomkins. Dopo tre set, lo sconfigge 2-1, vincendo nuovamente in una rivincita undici giorni dopo.
In Francia le donne partecipano a eventi di lotta. La lotta femminile è un'attrazione nelle fiere e negli spettacoli itineranti, dove le donne mostrano la loro forza e abilità. Queste competizioni sono molto popolari tra il pubblico.

1780 – All'ippodromo americano di Hempstead Plains, Long Island, un evento equestre di tre giorni include una competizione per fantine.

1781 – Con l'aumento della popolarità del tiro con l'arco tra l'aristocrazia in Inghilterra, donne e uomini dell'alta società competono in gare di tiro con l'arco e fondano società di arcieri come la Toxophilite Society.

Il tiro con l'arco diventa un'attività popolare tra le donne delle classi elevate in Gran Bretagna. La Royal Toxophilite Society, fondata nel 1781, apre le sue porte anche alle donne, e queste competono in gare e dimostrazioni di abilità. Mary Queen of Scots è spesso citata come un'appassionata arciera, anche se la sua attività risale al XVI secolo.

1784 – Élisabeth Thible, francese, è la prima donna a volare in una mongolfiera.

1790 – Una competizione annuale di calcio femminile si tiene nel Mid-Lothian, Scozia.

1811 – Primo torneo femminile di golf presso il Royal Musselburgh Golf Club in Scozia.

1816 – La funambola francese Madame Saqui si esibisce in Inghilterra per celebrare l'apertura del Vauxhall Bridge. Dopo aver percorso, su una corda inclinata, 300 piedi fino alla cima di una torre, esegue uno dei suoi trucchi caratteristici, correndo sulla stessa la corda mentre esplodono fuochi d'artificio.

1825 – Madame Johnson si solleva in mongolfiera da New York, atterrando successivamente in una palude nel vicino stato del New Jersey.

1842 – La vogatrice inglese Ann Glanville è campionessa mondiale di canottaggio femminile: il suo equipaggio tutto al femminile spesso vince contro le migliori squadre maschili.

1856 – La nuotatrice svedese e direttrice di stabilimenti balneari Nancy Edberg organizza le sue prime esibizioni pubbliche di nuoto con nuotatrici femminili.

1858 – Il 5 agosto, l'americana Julia Archibald Holmes diventa la prima donna a scalare la vetta del Pike's Peak in Colorado.

1864 – Un gruppo di 25 membri fondatori forma il Park Place Croquet Club di Brooklyn. Si ritiene che il croquet sia il primo gioco praticato da entrambi i sessi negli Stati Uniti.

1866 – Due squadre di baseball composte da giocatrici vengono formate al Vassar College di New York.

1867 – Il primo circolo di golf femminile viene fondato a St. Andrew's in Scozia, raggiungendo 500 membri entro il 1886.

Le Dolly Vardens di Philadelphia, Pennsylvania, una squadra di baseball interamente afroamericana, diventano la prima squadra sportiva professionale femminile.

1870 – Un'immagine di una gara di canottaggio a doppio rematore femminile appare sulla copertina di Harper's Weekly.

1871 — Lucy Walker, una delle prime alpiniste, è la prima donna a raggiungere la vetta del Cervino

1874 – Il tennis viene introdotto negli Stati Uniti da Mary Ewing Outerbridge: porta l'attrezzatura necessaria da Bermuda e allestisce il primo campo americano presso lo Staten Island Cricket and Baseball Club. Giocò la prima partita contro sua sorella Laura su un campo a forma di clessidra.

1875 – La prima partita di baseball giocata da donne davanti a un pubblico pagante si svolge a Springfield, Illinois, l'11 settembre.

Il Wellesley College, un'istituzione interamente femminile, apre una palestra per permettere alle studentesse di esercitarsi e sponsorizza il primo programma di canottaggio femminile negli Stati Uniti. È previsto anche un lago per il pattinaggio su ghiaccio.

1876 – Nel primo incontro di boxe femminile tenuto negli Stati Uniti, Nell Saunders sconfigge Rose Harland. Il premio è un piatto per il burro d'argento.

1882 – La YWCA di Boston sponsorizza i primi giochi atletici per donne.

1884 – Maud Watson, inglese, vince il primo titolo femminile singolare a Wimbledon.

1887 – Ellen Hansell, americana, diventa la prima campionessa di tennis femminile vincendo il titolo agli US Open.

1888 – Prima gara ciclistica femminile al mondo nel Nuovo Galles del Sud, Australia: il percorso è di due miglia (3,2 chilometri).

1889 – Bertha Townsend e Margarette Ballard, entrambe americane, vincono il primo doppio femminile agli US Open.

1890 – Il cricket viene insegnato come sport in diverse scuole pubbliche femminili in Inghilterra, tra cui la Roedean School, Wycombe Abbey, la Royal School e la Clifton Ladies.

Nellie Bly, giornalista per il quotidiano New York World, diventa la prima donna a viaggiare intorno al mondo da sola. Completa il viaggio, di 72 giorni il 25 gennaio.

1892 – A Glasgow, Scozia, si svolge la prima partita di calcio femminile registrata dalla Scottish Football Association.

A San Diego, California, quattro giovani donne fondano quello che diventerà lo ZLAC Rowing Club, oggi considerato il più antico club di canottaggio femminile esistente al mondo.

La prima partita interistituzionale di pallacanestro femminile si tiene tra l'Università della California, Berkeley e la Miss Head's School.

1893 – Viene fondato il Newnham College Boat Club a Cambridge, Inghilterra.

A St. Andrews, Scozia viene fondata la Ladies' Golf Union, l'organo di governo per il golf femminile e giovanile di Gran Bretagna e Irlanda. Il primo British Ladies Amateur Golf Championship viene vinto da Lady Margaret Scott organizzato al Royal Lytham & St Annes Golf Club.

1894 – Il team femminile di calcio più documentato nella prima Europa viene fondato dall'attivista Nettie Honeyball in Inghilterra e

Dribbling e marcatura di un'altra giocatrice vengono proibiti nel basket femminile. chiamato British Ladies' Football Club.

1894/95 — Annie Londonderry compie il giro del mondo in bicicletta. La sua impresa sfida le convenzioni sociali del tempo e dimostra che le donne possono affrontare lunghe e dure prove fisiche.

1895 – In Inghilterra si gioca la prima partita documentata di calcio tra donne.

L'americana Annie Smith Peck scala il Cervino, diventando la prima donna a raggiungere la vetta.

Al Meadow Brook Club di Hempstead, New York, 13 donne competono nel primo campionato amatoriale femminile di golf negli Stati Uniti. Lucy Barnes Brown (iscritta come Mrs. Charles S. Brown, il nome del marito) vince il torneo con un punteggio di 132 e Nellie Sargent si classifica seconda.

Un gruppo di "ragazze agili, flessibili e vivaci" partecipa a quello che è considerato il primo meeting atletico organizzato negli Stati Uniti. Ospitato dal Vassar College e noto come "Field Day", ci sono gare di corsa e salti.

La West Division High School di Chicago forma la prima squadra femminile di softball, ma rimangono senza allenatore per quattro anni fino al 1899.

Clara Gregory Baer scrive il primo libro di regole per il basket femminile.

La prima partita pubblica di basket femminile nel Sud degli Stati Uniti viene giocata presso un club riservato agli uomini, il Southern Athletic Club.

Una corsa ciclistica di sei giorni per donne, la prima del suo genere, inizia al Madison Square Garden di New York City il 6 gennaio.

La Stanford University e l'Università della California a Berkeley si affrontano il 4 aprile nel primo campionato intercollegiale di pallacanestro femminile davanti a un pubblico di 700 donne. Stanford vince 2-1.

Stamata Revithi, della Grecia, corre la maratona di 40 chilometri durante i Giochi Olimpici estivi del 1896 ad Atene, Grecia.

1897 – Adine Masson, francese, diventa la prima vincitrice del singolare femminile agli Open di Francia.

Si tiene la prima partita documentata di basket femminile in Australia, giocata a Victoria, usando sacchetti di carta bagnata come canestri.

1898 – Il 5 luglio 1898, Lizzie Arlington diventa la prima donna a giocare in una squadra di baseball professionistica maschile quando lancia il nono inning per i Reading Coal Heavers contro gli Allentown Peanuts.

1899 – Senda Berenson pubblica il primo numero del Basketball Guide for Women, che curerà e aggiornerà per diciotto anni. Queste regole, con lievi modifiche, rimarranno in vigore fino agli anni '60.

1900 – I Giochi Olimpici estivi del 1900 a Parigi introducono eventi femminili, offrendo gare di golf, tennis e croquet. Hélène de Pourtalès della Svizzera è la prima donna a vincere una medaglia d'oro come parte di un equipaggio misto di vela. Charlotte Cooper della Gran Bretagna diventa la prima vincitrice individuale femminile in un evento olimpico. L'americana Margaret Abbott vince una medaglia d'oro nel golf.

Primi anni 1900 – Edith Garrud diventa la prima insegnante britannica di jujutsu e una delle prime istruttrici di arti marziali femminili nel mondo occidentale.
Annette Kellerman, tenta di attraversare la Manica a nuoto. Kellerman è anche una delle prime donne a indossare un costume da bagno a pezzo unico, sfidando le norme sociali dell'epoca.

---

[1] https://en.wikipedia.org/wiki/Timeline_of_women%27s_sports

BIBLIOGRAFIA

AA.VV.,1976, *Sport e società*, Roma, Editori Riuniti

ABBOTT, A., SMITH, R. D., 1984, *Governmental constraints and labor market mobility: Turnover among college athletic personnel*, Work and Occupations, 11, 29–53.

ALEXANDER, S., 1994, *Newspaper coverage of athletes as a function of gender*. Women's Studies International Forum, 17, 655–662.

ANTONELLI F., SALVINI A., 1978, *Psicologia dello sport*, Lombardo, Roma

FRANCIS, B., ARCHER, L., MOOTE, J., DE WITT, J., YEOMANS, L. 2016. *Femininity, science, and the denigration of the girly girl*. British Journal of Sociology of Education, 38(8), 1097–1110.

AUGÈ M., 2016, *Il football – il calcio come fenomeno religioso*. Edb, Bologna

BALDUCCI S., 2007, *L'industria della comunicazione sportiva: analisi, teorie, metodologie e strumenti*, FrancoAngeli, Milano

BARTHES, R., 2007, *Lo sport e gli uomini*, Einaudi, Torino

BASSETTI, R., 1999, *Storia e storie dello sport. Dall'Unità a oggi*, Marsilio, Venezia

BELL, R., 2011, *Skating in the Eighteenth Century: A Cultural History*. University of Toronto Press

BIRRELL, S., 1989, *Racial relations theories and sport: Suggestions for a more critical analysis*. Sociology of Sport Journal, 6, 212–227.

BLINDE, E. M., TAUB, D. E., 1992, *Homophobia and women's sport: The disempowerment of athletes*. Sociological Focus, 25, 151–166.

BLINDE, E. M., GREENDORFER, S. L., SHANKER, R. J., 1991, *Differential media coverage of men's and women's intercollegiate basketball: Reflection on gender ideology*. Journal of Sport and Social Issues, 15, 98–114.

BOYLE R. , HAYNES R., 2009, *Power play. Sport, the media and popular culture*, Longman, Edinburgh

BOYLE, M., MCKAY, J., 1995, "You leave your troubles at the gate": A case study of the exploitation of older women's labor and "leisure" in sport. *Gender & Society, 9*, 556–575.

BRENNAN, P., 2007, The *Munitionettes*, Donmouth

BROHM J. M., 1992, *Sociologie politique du sport*, Presses universitaires de Nancy

BROHM J., 1978, *Sport et television*, Téléciné, 229 (6)

BROWN, B. A., 1986, *Sport science and the myth of women's sport*. Resources for Feminist Research, *15*, 31–33.

BROWN, K.. 2020, *Women Climbers: The History of Female Mountaineering*. Bloomsbury Publishing

BRYSON, L., 1983, *Sport and the oppression of women*. Australian and New Zealand Journal of Sociology, 19, 413–426.

BUNCK, J. M., 1990, *The politics of sport in revolutionary culture*. Cuban Studies, *20*, 111–132

CAHN, S. K., 1994, *From the "muscle moll" to the "butch" ballplayer: Mannishness, lesbianism, and homophobia in US women's sport*. Feminist Studies, *19*, 343–368.

CAHN, S. K., 1995, *Coming on strong: Gender and sexuality in twentieth-century women's sport*. New York: The Free Press.

CAMPS Y WILANT, N.,. 2016, *A Female Medallist at the 1928 Olympic Art Competitions: The Sculptress Renée Sintenis,* The International Journal of the History of Sport 33,13: 1483-1499

CATOLFI A. e NONNI G., (a cura di), 2006, *Comunicazione e sport*, QuattroVenti, Urbino

CERVELLI P., ROMEI L., SEDDA F., (a cura di), 2010, *Mitologie dello sport*, Nuova cultura, Roma

CLARKE, A.. 2018, *Archeress: Women in Archery from the Middle Ages to the 19th Century*. Routledge.

CONNELL, R. W., 1987, *Gender and power: Society, the person, and sexual politics*. Stanford, CA: Stanford University Press.

CONNELL, R. W., 1990, *An iron man: The body and some contradictions of hegemonic masculinity*. In M. A. Messner , D. F. Sabo (Eds.), *Sport, men and the gender order: Critical feminist perspectives* (pp. 83–96, Champaign, IL: Human Kinetics Books.

CONNELL, R. W., 1992, *A very straight gay: Masculinity, homosexual experience, and the dynamics of gender*. American Sociological Review, 57, 735–751-

CONNELL, R. W. 1995. *Masculinities*. University of California Press, Berkeley

CONNELL, R. W., 2000, *The Men and the Boys*. University of California Press, Berkeley

CONNELL, R. W. 2005, *Change among the Gatekeepers: Men, Masculinities, and Gender Equality in the Global,* Arena.' Signs 30(3): 1801–25

CORBIN A., 1996, *L'invenzione del tempo libero*, Laterza, Roma-Bari

CRAIB, I., 1987, *Masculinity and male dominance*. Sociological Review, 35, 721–743.

CREPEAU R. C., 1981, *Sports, Heroes and Myth*. Journal of Sport and Social Issues, 5, 1

CROSSET, T., 1990, *Masculinity, sexuality, and the development of early modern sport*. In M. A. Messner , D. F. Sabo (Eds.), Sport, men and the gender order: Critical feminist perspectives (pp. 45–54, Champaign, IL: Human Kinetics Books.

CROSSET, T.W., BENEDICT, J. R., MCDONALD, M. A., 1995, *Male student athletes reported for sexual assault: A survey of campus police departments and judicial affairs offices*. Journal of Sport and Social Issues, 19, 126–140.

CROSSMAN, J., Hyslop, P., Guthrie, B., 1994, *A content analysis of the sports section of Canada's national newspaper with respect to gender and professional/amateur status*. International Review for the Sociology of Sport, 29, 123–134.

CURRY, T. J., 1991, *Fraternal bonding in the locker room: A profeminist analysis*. Sociology of Sport Journal, 8, 119–135.

CURRY, T. J., 1993, *A little pain never hurt anyone: Athletic career socialization and the normalization of sports injury*. Symbolic Interaction, 16, 273–290.

DAVIES, P., LIGHT, R.. 2011. Cricket and community in England: 1800 to the present day. Manchester University Press

DE KNOP P., 1999, *Worldwide Trends in Youth Sport*. Hu Kinectics Publisher, Champaign (IL)

DEFRANTZ, A. L., YOUNG, J., 2020, *My Olympic Life: A Memoir*. Cedric D. Fisher & Company Publishers

DISCH, L., KANE, M. J., 1996, *When a looker is really a bitch: Lisa Olson, sport, and the heterosexual matrix*. Signs, 21, 278–308.

DUNCAN, M. C., 1994, *The politics of women's body images and practices: Foucault, the panopticon, and Shape Magazine*. Journal of Sport and Social Issues, 18, 48–65.

DUNDES, A., STEIN, H. F., 1985, *The American game of "Smear the Queer" and the homosexual component of male competitive sport and warfare*. Journal of Psychoanalytic Anthropology, 8, 115–129.

DUNNING E., ELIAS N., 1989, *Quest for Excitement. Sport and Leisure in the Civilizing Process*, Basil Blackwell, Oxford

EDWARDS, H., 1973, *The sociology of sport*. Homewood, IL: Dorsey.

EITZEN, D. S., FURST, D., 1989, *Racial bias in women's collegiate volleyball*. Journal of Sport and Social Issues, 13, 46–51.

EITZEN, D. S., ZINN, M. B., 1993, *The sexist naming of college athletic teams and resistance to change*. Journal of Sport and Social Issues 17, 34–41.

ELIAS N., DUNNING E., 1989, *Sport e aggressività: la ricerca di eccitamento nel loisir*. Il Mulino, Bologna

ELIAS N., 1980, *Il processo di civilizzazione*, Il Mulino, Bologna

ELIAS N., 1983, *Potere e civiltà*. Il Mulino, Bologna

FABRIZIO F., 1977, *Storia della sport in Italia*, Firenze, Guaraldi

FAGRELL, B., 2012, *The game within the game: girls' underperforming position in Physical Education January,* Gender and Education 24(1):101-118

FASTIN G, K., TANGEN, J., 1983, *Gender and sport in Norwegian mass media*. International Review for the Sociology of Sport, 18, 61–70.

FEDER, A. M., 1995, *"A radiant smile from the lovely lady": Overdetermined femininity in "ladies'" figure skating*. In C. Bauman (Ed.), *Women on ice: Feminist essays on the Tonya Harding/Nancy Kerrigan spectacle*. New York: Routledge.

FELSHIN, J., 1974, *The social view*. In E. Gerber (Ed.), The American woman in sport. Reading, MA: Wesley.

FIREBAUGH, G., 1989, *Gender differences in exercise and sports*. Sociology and Social Research, 73, 59–66.

FREYDER, S. C., 1989, *Exercising while pregnant*. Journal of Orthopaedic and Sports Physical Therapy, 10, 358–365.

GANZ W., LEWIS N., 2014, *Sports on Traditional and Newer Digital Media: Is There Really a Fight for Fans?*, Television & New Media, 15 (8)

GEERTZ, C., 1972, *Deep Play: Notes on Balinese Cockfight*, Dedalus, n. 101, Winter 1972, 1 - 37

GEORGE, N., 1992, *Elevating the game: Black men and basketball*. New York: Harper Collins.

GERMANO I., 2012, *La società sportiva: significati e pratiche della sociologia dello sport*. Rubbettino, Soveria Mannelli

GIULIANOTTI R., ROBERTSON R., 2004, *The globalization of football: a study in the glocalization of the 'serious life'*, British Journal of Sociology, 55

GOFFMAN E., 2013, *Frame Analysis. L'organizzazione dell'esperienza*, Armando editore, Roma

GRANT, C. H. B., 1984, *The gender gap in sport: From Olympic to intercollegiate level*. Arena Review, 8, 31–47

GRATTON, C., TICE, A., 1994, *Trends in sport participation in Britain: 1977-1987.* Leisure Studies, 13, 49–66

GREENDORFER S. L., 2002, *Socialization processes and sport behavior,* Advances in sport psychology. 3, 370-401

GREGORI, C.,2005, *Ciclismo* in Enciclopedia dello Sport, Treccani

GRUNEAU R., 2017, *Sport and Modernity,* Polity Press, London

GUTTMAN, A., 1991, *Women's sports,* Columbia University Press, New York

GUTTMANN A., 1994, *Dal rituale al record. La natura degli sport moderni,* Edizioni scientifiche italiane, Napoli

HALBERT, C., 1997, *Tough enough and woman enough: Stereotypes, discussions, and impression management among women professional boxers.* Journal of Sport and Social Issues, 21, 7–36.

HALBERT, C., LATIMER, M., 1994, *"Battling" gendered language: An analysis of the language used by sports commentators in a televised coed tennis competition.* Sociology of Sport Journal, 11, 298–308.

HALL, E. G., DURBUROW, B., PROGEN, J. L., 1986, *Self-esteem of female athletes and nonathletes relative to sex role type and sport type.* Sex Roles, 15, 379–390.

HARGREAVES, J., 1994, *Sporting Females: Critical Issues in the History and Sociology of Women's Sport.* Routledge, London

HARVEY, S. J., 1996, *The construction of masculinity among male collegiate volleyball players.* The Journal of Men's Studies, 5, 131–151.

HAWORTH, K., 1996, *Report notes progress in gender equity in collegiate sports.* Chronicle of Higher Education, September 8, 1996, A40.

HAWORTH, K., 1997, *Briefs filed to back Brown U.'s appeal of sports bias case to Supreme Court.* Chronicle of Higher Education, March 24, 1997, A45.

HECKMAN, D., 1994, *The explosion of title IX legal activity in intercollegiate athletics during 1992-1993: Defining the "equal opportunity" standard.* Detroit College of Law Review, 3, 953–1023.

HEYWOOD, L., DWORKIN, S. L., 2003, *Built to Win: The Female Athlete as Cultural Icon,* NED, University of Minnesota Press

HOCH, P., 1972, *Rip off the big game.* Anchor Press, New York

HOLT, R.,1989, *Sport and the British. A Modern History,* Clarendon Press, London

HORNE J., 2005, *Sport in consumer culture,* Palgrave Macmillan, London

HOUSEWORTH, S., PEPLOW, K., THIRER, J., 1989, *Influence of sport participation upon sex role orientation of Caucasian males and their attitudes toward women.* Sex Roles, 20, 317–325.

HUIZINGA J., 1982, *Homo ludens*, Einaudi, Torino

HUTCHINS B. , ROWE D., 2010, *Reconfiguring media sport for the online world: An inquiry* , in *Sports News and Digital Media,* International Journal of Communication. 4,23

HUTCHINS B., ROWE D., 2012, *Sport Beyond television. The Internet, Digital media and the Rise of networked mediated sports,* Routledge, London

JACOBS, B., 2004, *The Dick, Kerr Ladies,* Constable and Robinson

JACOMUZZI, S., 1973, *Lo sport,* in AA..vv., *Storia d'Italia,* Einaudi, Torino

JACOMUZZI, S., 1976, *Storia delle Olimpiadi,* Einaudi, Torino

JONES, V., 1990, *Women in the Eighteenth Century. Constructions of Femininity,* Routledge, London

KAHN, L. M., 1991, *Discrimination in professional sports: A review of the literature.* Industrial and Labor Relatins Review, 4, 395–418.

KANEZAKI, R., 1991, *Sociological considerations on sport involvement of Japanese female adults.* International Review for the Sociology of Sport, 26, 271–287.

KERBER, L. K., 1988, *Separate Spheres, Female Worlds, Woman's Place: The Rhetoric of Women's History.* The Journal of American History 75,1: 9-39.

KLEIN, A. M., 1993, *Little big men: Bodybuilding subculture and gender construction.* SUNY Press Albany, NY

KLEIN, A. M., 1995, *Tender macho: Masculine contrasts in the Mexican Baseball League.* Sociology of Sport Journal, 12, 370–388.

KLEIN, M. L., 1988, *Women in the discourse of sports reports.* International Review for the Sociology of Sport, 23, 139–152.

KNOPERS, A., 1988, *Coaching as a male dominated and sex segregated occupation.* ARENA Review, 12, 69–80.

KNOPPERS, A., MEYER, B. B., EWING, M. E., FOREST, L., 1989, *Gender and the salaries of coaches.* Sociology of Sport Journal, 6, 348–361.

KNOPPERS, A., MEYER, B. B., EWING, M. E., FOREST, L., 1991, *Opportunity and work behavior in college coaching.* Journal of Sport and Social Issues, 15, 1–20.

LAITINEN, A., TIIHONEN, A., 1990, *Narratives of men's experiences in sport.* International Review for the Sociology of Sport, 25, 185–202.

LAMPRECHT, M., STAMM, H., 1996, *Age and gender patterns of sport involvement among the Swiss labor force.* Sociology of Sport Journal, 13, 274–287.

LANDERS, M. A., FINE, G. A., 1996, *Learning life's lessons in tee ball: The reinforcement of gender and status in kindergarten sport.* Sociology of Sport Journal, 13, 87–93.

LASCH C., 1999, *La cultura del narcisismo.* Bompiani, Milano

LEFKOWITZ, M. R, FANT, M. B., 2016, *Women's Life in Greece and Rome*. Johns Hopkins University Press

LENSKYJ, H. J., 1994, *Sexuality and femininity in sport contexts: Issues and alternatives*. Journal of Sport and Social Issues, 18, 356–376.

LEONARD, W. M., REYMAN, J. E., 1988, *The odds of attaining professional athlete status: Refining the computations*. Sociology of Sport Journal, 5, 162–169.

LO VERDE F. M., 2014, *Sociologia dello sport e del tempo libero*, Il Mulino, Bologna

LUMPKIN, A., WILLIAMS, L. D., 1991, *An analysis of Sports Illustrated articles, 1954–1987*. Sociology of Sport Journal, 8, 16–32.

MACKENZIE, M. 2016,. *The Female Wrestler: Strength and Spectacle in 18th Century France*. Palgrave Macmillan

MADELLA A., 2009, *Sociologia dello Sport*, Edizioni Sds, Roma

MAGNANE G., 1964, *Sociologia dello sport: il loisir sportivo nella cultura contemporane*, La Scuola Editrice. Brescia

MAJORS, R., 1990, *Cool pose: Black masculinity and sport*. In M. A. Messner and D. F. Sabo (Eds.), *Sport, men and the gender order: Critical feminist perspectives* (pp. 109–114, Champaign, IL: Human Kinetics Books.

MALLOZZI P., 2016, *Prefazione*, in Spalletta D. , Ugolini L. *Ti(fare) informazione. Il giornalismo sportivo italiano e la sfida della credibilità*, Aracne editrice, Roma

MALLOZZI, P., 2009, *Lo sport: la cultura del quotidiano* in Mazza. B., Bortoletto, N., (a cura di) *Lo sport al grandangolo. L'evento tra metafora e pragmatismo*. Rubettino, Soveria Mannelli

MALLOZZI, P., 2018, *La notizia sportiva*, in Ruggiero C., Russo P., (a cura di), *Il calcio in tv. Storia, formati, ibridazioni*, Fausto Lupetti Editore, Bologna

MALLOZZI, P., 2018,*Lo sport spettacolo tra regole, emozioni e dinamiche di consumo*, in Mazza, B., (a cura di) *Fair Game. Stili e linguaggi della comunicazione sportiva*, Lulu press, Raleigh, N. Carolina

MANCINI P., 1990, *Sport e pubblicità*, in Borri A., *Sport e mass media*, Laterza, Roma-Bari

MANDELL, R., 1989, *Storia culturale dello sport*, Laterza, Roma-Bari

MARCHESINI, D, 1996, *L'Italia del Giro d'Italia*, Il Mulino, Bologna

MARIN, M., 1988, *Gender differences in sport and movement in Finland*. International Review for the Sociology of Sport, 23, 345–359.

MARKULA, P., 1995, *Firm but shapely, fit but sexy, strong but thin: The postmodern aerobicizing bodies*. Sociology of Sport Journal, 12, 424–453.

MARTELLI S., PORRO N., 2013, *Manuale di sociologia dello sport e dell'attività fisica*, FrancoAngeli, Milano

MARTINES, E., 2014, *Sporting Bitannia - L'invenzione dello sport moderno*, UniPR-CoLab

MARTINES, E., 2016, *Play the game! Come gli inglesi inventarono lo sport moderno*, *libreriauniversitaria.it*

MATCHINSKE, M., 2009, *Women and Sport in Early Modern Britain*. Cambridge University Press

MATTEO, S., 1988, *The effect of gender-schematic processing on decisions about sex-inappropriate sports behavior*. Sex Roles, 18, 41–58.

MAZZA, B., BORTOLETTO, N., 2008, (a cura di), *Sport al grandangolo. L'evento tra metafora e pragmatismo*, Rubettino, Soveria Mannelli

MAZZA, B., BORTOLETTO, N., 2018, (a cura di) *Fair Game. Stili e linguaggi della comunicazione sportiva*, Lulu press, Raleigh, N. Carolina

MCTEAR, W., 1994, *Body talk: Male athletes' reflections on sport, injury, and pain*. Sociology of Sport Journal, 11, 175–194.

MCREYNOLDS, L., 2003, *Russia at Play. Leisure Activities at the End of the Tsarist Era*, Cornell University Press, London, pp. 87-95

MESSNER, M., 1994, *Power at play: Sports and the problem of masculinity*. Beacon Press, Boston

MESSNER, M. A., 1990, *Boyhood, organized sports, and the construction of masculinities*. Journal of Contemporary Ethnography, 18, 416–444.

MESSNER, M. A., SABO, D. F., 1990, *Sport, men, and the gender order: Critical feminist perspectives*. Human Kinetics Books, Champaign, IL

MESSNER, M. A., DUNCAN, M. C., JENSEN, K., 1993, *Separating the men from the girls: The gendered language of televised sports*. Gender & Society, 7, 121–137.

MILANOVIC B., 2005, *Globalization and goals: does soccer show the way?*, Review of International Political Economy, 12 (5), pp. 829-850

MYERS, A. M., LIPS, H. M., 1978, *Participation in competitive amateur sports as a function of psychological androgyny*. Sex Roles, 4, 571–578.

NAUGHTON, J., 1997a, *Confidential report details salaries of athletics officials*. Chronicle of Higher Education, March 28, 1997, A49.

NAUGHTON, J., 1997b, *More colleges cut men's teams to shift money to women's teams*. Chronicle of Higher Education, February 21, 1997, A39.

NELSON, M. B., 1994, *The stronger women get, the more men love football: Sexism and the American culture of sports*. Harcourt Brace, New York

NEWSHAM, G. J., 1997, *In a League of their Own*, Scarlet Press

NICHOLSON, R., 2019, *Ladies and Lords. A History of Women's Cricket in Britain*, Peter Lang, Lausanne

ORMEZZANO, G. P., 1986, *Sport e denaro*, Longanesi, Milano

PESCANTE, M., COLASANTE, G., 2004, *Olimpiadi antiche* in Enciclopedia dello Sport, Treccani

Pirinen, R., M., *The Construction of Women's Positions in Sport: A Textual Analysis of Articles on Female Athletes in Finnish Women's Magazines*, Sociology of Sport Journal, 14 (3), 290–301

PIVATO, S., 1994, *L'era dello sport*, Giunti, Firenze

PLEKET H. W., 1988, *Per una sociologia dello sport antico.* in Bernardini P.A. *Lo sport in Grecia*, Laterza, Roma-Bari

PLEKET H. W., 1996, *L'agonismo sportivo.* in Settis P.., *I greci. Storia, cultura, arte, società. Noi e i greci.* Vol. I. Einaudi, Torino

POMEROY, S. B., 1995, Goddesses, Whores, Wives, and Slaves. Schocken

PORRO N., 2001, *Lineamenti di sociologia dello sport*, Carocci, Roma.

PORRO, N., 1989, *L'imperfetta epopea*, Clup, Milano

PRONGER, B., 1990, *Gay jocks: A phenomenology of gay men in athletics.* In M. A. Messner , D. F. Sabo (Eds.), Sport, men and the gender order: Critical feminist perspectives (pp. 141–152, Champaign, IL: Human Kinetics Books.

RESKIN, B. F, PADAVIC, I., 1994, *Women and men at work. Thousand Oaks*, Pine Forge Press

RICHARDSON, D., 1997, *Sex, lies, and softball.* Women\Sport, 1, 40–45.

RICHARDSON, P. A., Hibbard, J. E., 1986, *Male attitudes toward sport participation by females.* International Review of History and Political Science, 23, 29–40.

RIORDAN, J., 1991, *Sport, politics, and communism.* Manchester University Press, Manchester, NY

ROWE D., 2004, *Sport, Culture and the Media. The Unruly Trinity*, Open University Press, Buckingham UK

ROWE D., 2011, *Global Media Sport: Flows, Forms and Futures* Bloomsbury, A&C Black, New York

RUGGIERO C., RUSSO P., 2018, *(a cura di), Il calcio in tv. Storia, formati, ibridazioni*, Fausto Lupetti Editore, Bologna

RUSSI L., 2003, *La democrazia dell'agonismo. Lo sport dalla secolarizzazione*, Lancillotto e Nausica, Roma

RUSSO P., 2004, *Sport e Società*, Carocci, Romaa

RUSSO P., 2017, *Filippide al Pit Stop. Performance e Spettacolo nello Sport Post-Moderno*, Editpress, Firenze

SABO, D. F., PANEPINTO, J., 1990, *Football ritual and the construction of masculinity*. In M. A. Messner , D. F. Sabo (Eds.), Sport, men and the gender order: Critical feminist perspectives (pp. 115–126, Champaign, IL: Human Kinetics Books.

SABO, D. F., 1997, *Gender equity report card*. Women's Sports Foundation, East Meadow, NY

SABO, D. F., RUNFOLA, R., 1980, *Jock: Sports and the male identity*. Prentice-Hall Inc., Englewood Cliffs, NJ

SABO, D. F., MELNICK, M., VANFOSSEN, B., 1993, *High school athletic participation and post-secondary educational and occupational mobility*. Sociology of Sport Journal, 10, 44–56.

SALVINI, A., 1988, *Il rito aggressivo*, Giunti, Firenze

SAVATER, F. , 1996, *Sport*, in Dizionario filosofico, Laterza, Roma-Bari

SNYDER, E. F., 1994, *Interpretations and explanations of deviance among college athletes: A case study*. Sociology of Sport Journal, 11, 231–248.

SCHIPPERS, M., *Recovering the feminine other: Masculinity, femininity, and gender hegemony*, Theory and Society, 36 (1) (2007), pp. 85-102

STAUROWSKY. E. J., 1996, *Blaming the victim: Resistance in the battle over gender equity in intercollegiate athletics*. Journal of Sport and Social Issues, 20, 194–210.

SUITS B., 2005, *The Grasshopper : Games, Life and Utopia*, Broadview Press

TAUB, D. E., BLINDE, E. M., 1992, *Eating disorders among adolescent female athletes: Influence of athletic participation and sport team membership*. Adolescence, 27, 833–848.

TAYLOR P., DAVIES L., WELLS P., GILBERTSON J., TAYLEUR W., 2015, *A review of the social impacts of culture and sport*, Sheffield Hallam University

THEBERGE, N., 1981, *A critique of critiques: Radical and feminist writings on sport*. Social Forces, 60, 341–353.

THEBERGE, N.,*It's Part of Game. Physicality and the Production of Gender*, Women's Hockey 11 (1)

THEBERGE, N., MINEAU, S., 1995, *Sports, characteristics and sexual differentiation*. Sociologie et Societes, 27, 105–116.

THIRER, J., WRIGHT, S. D., 1985, *Sport and social status for adolescent males and females*. Sociology of Sport Journal, 2, 164–171.

THOMSON, S. M., 1990, *"Thank the ladies for the plates": The incorporation of women into sport*. Leisure Studies, 9, 135–143.

THORNE, B., 1993, *Gender play: Girls and boys in school.* Rutgers University Press, New Brunswick, NJ

TRANI G, 1994, *Bar sport*, Eleuthera, Milano

TRUJILLO, N., 1995, *Machines, missiles, and men: Images of the male body on ABC's Monday Night Football.* Sociology of Sport Journal, 12, 403–421.

VEBLEN T., 1981, *La teoria della classe agiata*, Einaudi, Torino

VOLPICELLI A., 1966, *Industrialismo e Sport*, Armando Editore, Roma

WALKER, A.. 2019, *Women in Tennis: From the Victorian Era to the Modern Game.* Oxford University Press

WANN, D. L., BRANSCOMBE, N. R., 1990, *Die-hard and fair-weather fans: Effects of identity on BIRGing and CORFing tendencies.* Journal of Sport and Social Issues, 14, 103–117.

WEILER, K. H., HIGGS, C. T., 1994, *The Ail-American Girls Professional Baseball League, 1943–154: Gender conflict in sport.* Sociology of Sport Journal, 18, 85–104.

WENNER L.A., 1989, *Media, sports, society*, Sage publication, London

WENNER, L. A., 1994, *Behind the green door of intercollegiate athletics.* Journal of Sport and Social Issues, 18, 107–109.

WENNER, L. A., 1995, *Riding waves and sailing seas: Wipeouts, jibes, and gender.* Journal of Sport and Social Issues, 19, 123–125.

WHITE, A., BRACKENRIDGE, C., 1985, *Who rules sport? Gender divisions in the power structure of British sports organisations from 1960.* International Review for the Sociology of Sport, 20, 95–107.

WHITE, E.. 2015, *Pioneers of Swimming: The Story of Annette Kellerman.* HarperCollins

WHITSON, D., 1990, *Sport in the social construction of masculinity.* In M. A. Messner , D. F. Sabo (Eds.), *Sport, men and the gender order: Critical' feminist perspectives*, Human Kinetics Books, Champaign, IL, pp. 19–30,

WHITSON, D., MCLNTOSH, D., 1989, *Gender and power: Explanations of gender inequalities in Canadian national sports organization.* International Review for the Sociology of Sport, 24, 137–150.

WILLIAMS, J., 2003, *"A Game for Rough Girls?"*, Routledge, London

WILLIAMS, J., 2014 *A Contemporary History of Women's Sport, Part One. Sporting Women, 1850-1960*, Routledge, London

WILLIAMSON, D. J., 1991, *Belles of the Ball*, R&D Associates

WOODWARD, H.. 2018, *Women on Wheels: The Story of Cycling in the 19th Century.* Penguin Books

YOUNG, K., 1993, *Violence, risk, and liability in male sports culture.* Sociology of Sport Journal, 10, 373–396

SITOGRAFIA

Munitionette Matches 1916-1919
Fabulous Females and Ancient Olympia,
Pherenike of Rhodes: The Ancient Greek Mom Who Risked All to
Guarantee Her Son's Olympic Glory by Gregory Pappas,
Pausanius. Pausanius' Description of Greece. Nabu Press, 2010.
Sport, attività fisica, sedentarietà
Donne, lavoro e sport in Italia
Timeline of women's sports
Background into Women in the 19th Century
Mossband Swifts
History of Football Clubs
Bella Reay